교회의 성(性), 잠금 해제?
: 기독 청년들의 성 의식과 성 경험 보고서

IVP(InterVarsity Press)는
캠퍼스와 세상 속의 하나님나라 운동을 지향하는
IVF(InterVarsity Christian Fellowship)의 출판부로서
생각하는 그리스도인을 위한 문서 운동을 실천합니다.

한국교회탐구센터(The Research Center for the Korean Churches)는
'하나님나라를 위한 교회, 한국 교회를 위한 탐구'를 모토로
한국 교회 개혁을 위한 연구에 힘쓰고 있습니다.

이 책은 IVP와 한국교회탐구포럼이 함께 만들었습니다.

교회
탐구
포럼
0 4

교회의 성(性), 잠금 해제?
: 기독 청년들의 성 의식과 성 경험 보고서

한국교회탐구센터 편집

한국교회탐구센터 IVP

차 례

머리말
'교회의 성(性), 잠금 해제?'를 내며 | 송인규 · 007

01
성이란 무엇인가 · 009
− 성경적 · 신학적 · 윤리적 · 생리학적 관점에서 | 이상원

서론 · 010

Ⅰ. 남자와 여자 · 013
1. 남자와 여자
2. 사회적 관계에서의 남자와 여자
3. 결혼관계 안에서의 남자와 여자
4. 교회 안에서의 남자와 여자

Ⅱ. 인격적 연합 안에 있는 성욕과 성교 · 021
1. 성욕과 성교에 대한 아우구스티누스의 사색
2. 아우구스티누스의 사색에 대한 비판
3. 인격성 안에 있는 성
4. 성욕과 혼전관계

Ⅲ. 왜곡된 성과 순결 · 041
1. 타락 이후 전반적으로 왜곡된 성관계
2. 모세의 율법은 의식법인가
3. 수치와 벌거벗음
4. 혼외 관계에서의 페팅
5. 성적인 순결과 자위행위
6. 페티시즘
7. 자학성 변태와 가학성 변태
8. 복장도착/동성애/성전환

결론 · 054

02
기독 청년들의 성 의식과 성 경험 | 정재영 · 061

　Ⅰ. 서론 · 062

　Ⅱ. 자료의 성격 · 063

　Ⅲ. 조사 결과 · 064
　　1. 응답자 특성
　　2. 신앙생활 일반
　　3. 성 의식 일반
　　4. 이성교제와 스킨십 그리고 성 행동
　　5. 성관계 경험

　Ⅳ. 결론 및 제언 · 136

03
스킨십을 청문회에 · 139
－스킨십의 진화와 재평가 | 송인규

　서론 · 140

　Ⅰ. 이성 교제와 스킨십 · 141
　　1. 이성교제가 초래하는 딜레마
　　2. 이성 사이의 친밀성과 스킨십
　　3. 딜레마의 실상

　Ⅱ. 스킨십의 발전과 편만 · 148
　　1. 성 의식의 변화
　　2. 개인주의와 쾌락주의의 결합
　　3. 매스미디어의 부추김
　　4. 새로운 시대의 생활환경
　　5. 길어진 미혼기간

Ⅲ. 스킨십의 허와 실 · 159
　1. 스킨십의 유용성
　2. 스킨십의 폐해성

Ⅳ. 스킨십에 대한 다양한 입장 · 178
　1. 엄정한 금지
　2. 철저한 단속
　3. 신중한 허용
　4. 과감한 완화
　5. 스킨십에 대한 개인적 소견

Ⅴ. 보충적 제안 사항 · 203
　1. 남성과 여성의 차이에 대해 숙지해야 한다
　2. 뚜렷하고 합당한 목표를 가지고 데이트에 임해야 한다
　3. 미래를 위해 자신을 준비해야 한다
　4. 과거의 죄를 청산하고 새 출발을 해야 한다

04
자료 1: 도움이 될 만한 도서 목록 · 229

05
자료 2: 설문조사 문항 · 237

머리말
'교회의 성(性), 잠금 해제?'를 내며

성(性)만큼 여러 면에서 역설적 양상을 드러내는 주제가 있을까? 성은 언제나 우리의 실존적 뿌리였음에도 불구하고 때로 우리는 우리가 성적 존재라는 사실을 매우 낯설어 한다. 성은 그 누군가를 향한 관계 욕구의 진솔한 울부짖음이지만, 동시에 둘 사이를 매섭게 갈라놓는 소외 요인으로도 작용한다. 성은 또 "벗었으나 부끄럽지 않을" 수 있는 관계 형성의 특유한 연결점인가 하면, 겹겹이 감추어도 평생 벗어날 수 없는 수치의 원천이 되기도 한다.

그런가 하면 또 성만큼 복잡다단한 요소의 집합체도 흔치 않을 것이다. 성의 생리학적·신체적 차원은 인간 전체를 쾌락으로 마비하고 몰두시키며 통제한다. 성의 심리적·정서적 차원은 끊임없이 미적 감각과 긴장, 이완과 만족의 욕구 등을 자극한다. 성의 관계적 차원은 친밀성을 추구하고 상호 수납[서로 받아 줌]을 기대하며 투명함과 희생적 사랑을 동경하게 만든다. 성의 사회적 차원은 인간다운 대우와 정의의 실현과 남녀 간의 조화와 평등을 꿈꾼다.

도대체 이토록 역설적이면서도 복잡한 성을 어떻게 젊은이들이 제대로 이해하고 자기 나름대로 관리할 수 있겠는가? 그 질풍노도의 시기에, 그 격정과 혼미의 소용돌이 속에서 될 법이나 하겠는가? 특히 성의 생리학적·신체적 차원이 성의 전부인 것처럼 이미 젊은이들의 의식과 정신상태가 휩싸였는데 말이다.

제4차 교회탐구포럼의 주제는 상기한 상황을 염두에 두고 마련되었다. 오늘날 그리스도인 젊은이들의 성 의식과 성 행동이 어디에 또 어느 정도에 머무르고 있는지, 그리고 이에 대해 우리가 취할 수 있는 (또 취해야 할) 최소한의 방침은 무엇인지 생각해 보고자 이러한 장을 마련했다.

먼저 이상원 교수는 "성이란 무엇인가 -성경적·신학적·윤리적·생리학적 관점에서"라는 제목에 잘 나타나 있듯, 성의 정체를 파악하는 일에 총력을 기울였다. 특히 오늘날 젊은이들의 성 의식과 성 행태에 심각한 문제가 있음을 의식하고, 성욕과 성교에 대한 통전적 관점을 제시하고자 애썼다.

정재영 교수의 "기독 청년들의 성 의식 및 성 경험"은 '글로벌리서치'가 1000명의 20-30대 청년을 대상으로 2013년 11월 25일-12월 6일까지 14일 동안 온라인으로 시행한 조사 내용을 분석한 것이다. 총 37개 항목 가운데 30개 항목이 성의 주제와 연관된 것으로서, 주로 젊은 그리스도인들의 성 의식 및 성 경험을 파악하는 데 초점이 맞추어졌다. 이 가운데 어떤 항목은 우리가 어느 정도 예상하고 있던 바를 확증해 주었지만, 또 어떤 항목은 우리의 예상이나 기대를 상당히 벗어나 우리를 놀라게 만들기도 했다.

송인규 교수는 "스킨십을 청문회에 -스킨십의 진화와 재평가"라는 글을 통해, 스킨십의 제반 사항을 그 문제점과 더불어 제시했다. 이는 그리스도인 젊은이들로 하여금 스킨십을 어떻게 평가하고 또 어떻게 자신의 이성교제에 적용할 수 있을지 일종의 안내를 하기 위함이다.

또 김창서 전도사가 작성한 '도움이 될 만한 도서 목록'을 7가지 사안과 주제로 나누어 수록했다.

우리는 그리스도인 청년들의 성 문제에 대한 이해나 그에 대한 대응이 결코 이 한 권의 책으로 이루어질 수 없다는 것을 뼈저리게 의식하고 있다. 그러나 그럼에도 불구하고 이런 시도를 한 것은, 청년들의 성적 의식과 행습에서 무엇이 문제인지, 또 그 문제가 얼마나 심각한지 조금이라도 더 정확히 실상을 알리려는 데 있다. 누군가 이렇게 작게나마 시작을 해야 한다는 생각이 우리를 사로잡은 것이다. 그리하여 한국 교회가 좀더 그리스도인 청년들의 성적 현주소에 관심을 쏟게 되고, 이로써 한국 교회의 미래를 떠맡을 그들이 좀더 거룩하고 성숙한 성 의식과 성 관념을 가지고 이 젊음의 시기를 헤쳐 나갔으면 하는 열망을 품어 본다.

2014년 3월 26일
송인규

성이란 무엇인가
성경적·신학적·윤리적·생리학적 관점에서

이상원(총신대학교 신학대학원 기독교윤리학 교수)

서론

I. 남자와 여자

II. 인격적 연합 안에 있는 성욕과 성교

III. 왜곡된 성과 순결

결론

서론

최근 정재영이 20-30대 미혼인 기독 청년 1000명을 대상으로 실시한 온라인 성 의식 조사 결과 보고서[1]는 한국의 기독 청년들이 성에 대해 성경적인 가르침과는 상반되는 인식을 가지고 있음을 여실히 보여 준다. 이는 긴급한 윤리적 성찰을 요청한다. 조사문항 11, "성에 관한 고민"에서 응답자의 35.3퍼센트가 성에 대해 지나친 관심을 가졌다고 응답했고, 27.5퍼센트는 성적 호기심에 대한 죄책감으로 고민한다고 응답했다. 이 조사에서 성에 대한 지나친 관심과 죄책감은 연관되어 있다고 해석할 수 있다. 성에 대한 관심이 '지나치다'는 평가 안에는 이미 윤리적으로 넘어서는 안 될 선을 넘었다는 뜻이 함의되었기 때문이다. 이 조사 결과는 기독 청년들이 성에 대해 균형 잡힌 인식을 가지지 못했음을 시사한다. 청년들에게 인간은 태초에 남성과 여성으로 창조되었기 때문에 성은 인간의 본질을 구성하는 것인 동시에 성적 즐거움은 하나님의 선물이므로 성에 대해 생각하고 기대하고 동경하는 것은 죄가 아니라고 인식시켜 줄 필요가 있다. 이와 동시에 성에 대해 생각하는 것이 죄가 된다면, 어떤 의미에서 죄가 되는지 분명히 밝혀 줘야 할 것이다.

아마도 청년들의 죄책감은 혼전 성교에 관한 인식과 유의미한 연관성이 있다고 판단된다. 왜냐하면 전통적인 기독교 성윤리에서 성교는 결혼이라는 제도적 틀 안에서 이루어져야 하며, 이 틀 밖에서 이루어지는 성관계는 죄로 규정하고 있기 때문이다. 이 연관성은 혼전 성교와 관련된 일련의 조사 결과들을 통해 확인된다.

조사문항 18번의 "혼전 순결에 대한 인식"에 대한 응답에서 응답자의 61.3퍼센트가 혼전 순결을 반드시 지킬 필요가 없다고 응답했다. 이 같은 실태는 다른 보완적인 조사항목

---

1 정재영, "기독 청년 성 의식 조사 결과 보고서," 2014.[미출판 프린트물]

들에 대한 응답을 통해 뒷받침된다. 조사문항 21번의 "이성교제/스킨십 경험 여부"에 대한 응답에서 가벼운 손잡기와 팔짱끼기(89퍼센트), 포옹이나 입맞춤(81.8퍼센트)은 물론 사실상의 성관계에 들어간 것이나 다름없는 애무/페팅(58.3퍼센트)에 이어 실제로 성교를 가졌다고 응답한 비율이 52퍼센트로 나타남으로써 혼전 성관계가 기독 청년들 사이에서도 이미 일반화되었음을 보여 준다. 조사문항 22번의 "관계 정도에 따른 최대 가능 스킨십"에 대한 응답에서 남녀 평균 30퍼센트가 넘는 응답자가 성관계를 허용했다고 응답했다. 여기서 부가적으로 주목할 사실은 남자가 혼전 성관계를 허용하는 비율(45.9퍼센트)이 여자(24.8퍼센트)보다 높게 나타났다는 점이다. 이것은 남자가 여자보다 일부다처적 성향이 더 강하며, 여자는 남자보다 일부일처적 성향이 더 강하다는 사실을 시사한다. 조사항목 23번의 "최근 스킨십"에 대한 응답에서 남녀평균 33.3퍼센트가 성관계를 가졌다고 답변했다. 조사항목 32번의 "현재 성관계 빈도"에서 응답자의 64.8퍼센트가 성관계를 가지고 있는 것으로 응답했다.

이 조사 결과는 기독 청년들이 성교는 결혼이라는 지평 안에서 이루어질 때 정당성을 부여받을 수 있다는 표준적인 기독교 성윤리에 대해 충분한 훈련을 받지 못했거나, 아니면 표준적인 기독교 성윤리의 관점이 새로운 시대의 흐름에 맞지 않다고 예단하고 의도적으로 거부하고 있다는 해석을 가능하게 한다. 성교가 결혼관계 안에서만 합당하게 이루어질 수 있다는 관점은 시대와 장소를 초월해 적용되어야 할 보편적인 하나님의 질서이기 때문에 이 관점을 벗어난 기독교 성윤리는 가능하지 않다. 따라서 문제는 성교가 결혼관계 안에서만 타당한 행위라는 점을 어떻게 성경적·신학적·윤리적·생리학적 관점에서 설득력 있게 제시할 수 있겠느냐 하는 것이다. 조사문항 33번의 "성관계 이유"에서 성관계를 갖는 가장 큰 이유를 묻는 질문에 대해 가장 많은 응답자(49.9퍼센트)가 사랑을 확인하거나 확신을 주기 위해서라고 답변했다. 문제는 정말로 혼전의 성교가 이 목적을 이룰 수 있느냐는 것이다.

방금 언급한 조사문항 33번의 질문에 대해 두 번째로 많은 응답자들(32.7퍼센트)이 성적 충동과 욕구를 해소하기 위해 혼전이라도 성관계를 갖는다고 답변했다. 이 응답은 성적 욕구가 너무도 큰 욕구이기 때문에 결혼하는 시점까지 기다리기가 어렵다는 암시를 던져 준다. 이 조사결과는 조사문항 27에 의해 뒷받침된다. 27번 문항은 다양한 성행동 경험을 묻고 있는데, 그 가운데 압도적으로 많은 응답은 두 가지였다. 응답자의 78퍼센트가 포르노 잡지나 비디오를 본 적이 있다고 답변했고, 63.8퍼센트가 자위행위를 해본 적이 있다고 답변했다. 이 답변들이 지니는 의미는 성적 욕구가 매우 절제하기 어려운 욕구이기 때문에 포르노라든지 자위행위에라도 의지하지 않을 수 없음을 시사한다.

나는 이상에 제시된 문제들은 성적 욕구와 성교의 본질에 대한 왜곡된 이해를 바로잡고 바른 이해를 도모하는 것으로부터 해결의 실마리를 찾을 수 있다고 보고, 성욕과 성교에 대한 바른 이해를 위해 이 글을 작성했다. 내가 이 글에서 강조하고자 하는 핵심 논증은 성적 욕구와 성교는 단지 신체적·생리학적 차원에서만 파악해서는 안 되고, 더 넓은 인격적 연합과 사랑의 지평 안에서 파악할 때 그 본질과 목적을 바르게 이해할 수 있고 성취할 수 있다는 것이다. 인간의 인격성은 하나님과의 인격적 관계 안에서 이해할 때 바르게 이해되므로 성욕과 성교는 신학적 차원을 아울러 지닌다. 따라서 성경적·신학적·윤리적·생리학적 관점이 모두 통합된 시각에서 어떻게 성욕과 성교가 인격적 연합과 사랑의 지평 안에서 실현될 수 있는가를 다루고자 한다.

첫째 분단에서는 인간이 본질적으로 성적 존재임을 밝힌 후 남자와 여자의 관계를 사회, 결혼, 교회의 지평 안에서 정리해 제시한다.

둘째 분단은 이 글의 핵심으로서, 성욕과 성교에 대한 통합적 분석이 제시될 것이다. 기독교의 금욕주의적 성 이해에 결정적인 영향을 끼친 아우구스티누스의 성욕과 성교에 대한 이해를 소개하고 비판한 후, 성욕과 성교는 그 자체가 이미 인격성을 내포하고 있다는 점, 특히 그 안에 에로스적 요소뿐만 아니라 아가페적 요소를 담고 있다는 점을 다각도로 분석해 제시할 것이다. 이 논의를 통해 성교는 인격적인 연합과 사랑의 지평 안에서 이루어져야 하는 바, 이는 곧 성교가 결혼관계 안에서만 이루어져야 한다는 점을 논증할 것이다.

셋째 분단에서는 왜곡된 현실 속에서의 성과 관련된 구체적인 문제들을 다룰 것이다. 아담과 하와가 타락한 이후 왜곡된 성이 어떤 모습으로 나타났는지 서술한 후 왜곡된 성의 구체적인 양태들―혼외관계에서의 페팅, 자위행위, 페티시즘, 자학성 및 가학성 변태, 성도착, 성전환, 동성애―에 대한 간략한 분석이 제시될 것이다.

결론에서는 성은 인간의 본질적 존재양식이라는 점, 성욕과 성교는 하나님의 선물로서 그 안에 이미 인격성을 내포한다는 점, 특히 에로스적 요소뿐만 아니라 아가페적 요소를 담고 있으며, 기독교의 아가페는 성욕과 성교의 보다 더 완전한 실현을 가능케 한다는 점, 성욕은 얼마든지 절제가 가능하다는 점, 왜곡된 성적 관행들은 성욕과 성교를 인격성으로부터 분리시키고자 하는 데 근본적인 문제가 있다는 점 등을 강조함으로써 기독 청년들이 어떤 관점에서 성을 이해해야 하는가를 제시할 것이다.

I. 남자와 여자

1. 남자와 여자

플라톤은 그의 작품 「향연」(*The Symposium*)에서 아리스토파네스을 통해 과거 한때 인류는 남녀양성자(Androgynous)로 존재한 적이 있었다고 말한다. 이 남녀양성자는 둥근 모양이었으며, 네 개의 팔과 다리, 그리고 두 개의 얼굴과 귀를 가졌다. 이들은 힘이 막강했는데, 그 힘으로 신들을 공격했다. 공격을 받은 신은 이에 대한 형벌로 인간들을 두 쪽으로 갈라놓았다. 그 이후 인간은 불완전한 남자와 여자로 존재하게 되었으며, 잃어버린 전체성을 향한 끊임없는 욕구를 가지게 되었다.[2] 모든 인간은 남성성과 여성성이라는 두 차원을 가지고 있다는 조지 태버트(George Tavert)의 주장[3]이나 성적 존재로서의 인간은 불완전한 존재로서 완전성을 향한 동경을 가진다는 스탠리 그렌즈(Stanley Grenz)의 주장[4]은 플라톤의 남녀양성자론에 기원을 둔다.

---

2 Plato, "*The Symposium*," *The Rebublic and Other Works*, trans. B. Jowett(New York: Doubleday, 1989), pp. 335-338; J. Douma, *Seksualiteit en huwelijk*(Kampen: Van den berg, 1993), p. 10; 스탠리 그렌즈, 「성윤리학」, 남정우 역(살림, 2003), pp. 49-50.
3 George Tavert, "Theology and Sexuality," *Woman in the World Religion: Past and Present*, ed. Ursula King(New York: Paragon, 1987).
4 스탠리 그렌즈, *op. cit.*, pp. 65, 68.

남녀양성자를 이상적인 신적 상태로 이해한 것은 서양철학에서뿐만 아니라 동양철학에서도 나타난다. 7세기경 힌두교와 불교계 안에서 등장해 티베트 고원지대까지 퍼진 탄트라교도 신을 본질상 양성적인 존재로 이해한다. 남성성(쉬바)은 적극적이고 활발하며 전기적(electric)이고, 여성성(샤크티)은 소극적이고 부정적이며 자기적(magnetic)이다. 성교를 통해 남성성이 여성성에 귀착하고 여성성이 남성성에 귀착하여 상반된 것들이 자연스럽게 끌리며, 조화롭게 연합되어 양성이 하나로 융합된 완전함에 이르게 될 때 고차적인 존재의 영역 곧 신의 영역에 이르게 된다.[5]

그러나 성경은 하나님이 인간을 남자와 여자로 창조하셨다고 말함으로써(일반적인 창조 기사인 창 1:27과 특수한 창조기사인 창 2:23; 마 19:4, 6) 플라톤과는 다른 관점을 보여 준다. 피조물로서 하나님과의 관계 안에 있는 인간은 다른 성과의 관계 안에서 존재한다. 인간은 언제나 남자 혹은 여자로서 존재한다.[6] 인간이 남자와 여자로 존재한다는 사실은 다음과 같은 신학적 근거 위에 서 있다.

첫째, 하나님이 자기 자신을 '우리'라는 복수형으로 호칭함으로써 사회적이고 관계적인 존재임을 계시해 주신다는 사실이 하나님의 형상을 닮은 인간이 홀로 존재하지 않고 복수적·사회적·관계적 존재라는 인간관의 신학적인 터전이 된다.[7]

둘째, 성경의 하나님의 특징들 가운데 하나는 성을 비신성화한다는 것이다. 여호와는 고대의 다른 종교들과 달리 자신의 곁에 여신을 두는 남성신이 아니다. 왜냐하면 그는 유일하신 하나님이기 때문이다. 또한 하나님은 성을 초월한다. 이 말은 하나님이 무성적인 존재라는 뜻이 아니라 성적 구별을 초월한다는 뜻이다. 다시 말해서 하나님 안에는 남성적인 특징과 여성적인 특징이 공존한다. 성경은 압도적으로 하나님을 주, 왕, 아버지, 남편 등으로 표현하는데, 이 표현들은 모두 하나님이 남성적인 속성들을 가졌음을 보여 준다. 그러나 소수이긴 하지만 새끼를 날개 아래 모으는 암탉(마 23:37), 젖을 먹여 키운 자식을 잊지

---

5 러셀 바노이, 「사랑이 없는 성」, 황경식·김지혁 역(철학과 현실사, 2003), pp. 174-175; Omar Garrison, *Tandra: The Yoga of Sex*(New York: Causeway Books, 1964); June Singer, *Androgyny: Toward a New Theory of Sexuality*(Garden City, N.Y.; Doubleday, 1977), pp. 182-183.
6 J. Douma, *op. cit.*, p. 9.
7 스탠리 그렌즈, *op. cit.*, p. 94.

않는 여인(사 49:15) 등과 같이 여성적 속성을 가지셨음을 보여 주는 성경 본문들도 있다.[8]

인간의 타락이 인간과 하나님과의 통일성과 인간들 상호간의 통일성을 깨뜨리고 분리시킨 것은 사실이지만, 남자와 여자의 구분이 인간의 타락으로 말미암은 것은 결코 아니다. 남자인 아담과 여자인 하와의 구분은 타락 이전에 이미 존재했다. 남자와 여자는 하나님의 선한 피조물이요, 완전하고 아름다운 인간 존재방식이다. 남자와 여자의 분리는 극복되어야 할 존재방식이 아니라 그 자체 안에 내적인 통일성을 지닌다. 타락 이전에 시작된 남자와 여자의 구분은 타락 이후에도 계속되는 질서다(창 3:16).

남자와 여자의 구분은 구속사건이 완성된 후 곧 부활한 이후에도 유지된다. 부활하신 예수님의 몸이 부활 이전과는 질이 다른 변형된 몸이었음에도 불구하고 부활 이전에 지녔던 외형적인 남성성이 그대로 보존되었다는 사실은 남성성과 여성성의 특징들이 역사의 종말 때 보편적인 인류의 부활이 일어난 이후의 영광스러운 상태에서도 그대로 유지될 것임을 시사한다. 일부 신학자들은 부활할 때 장가도 가지 않고 시집도 가지 않고 하늘에 있는 천사들과 같다(마 22:30)는 예수님의 말씀에 근거해 부활 상태의 무성성을 주장하기도 하지만,[9] 이 주장은 본문을 잘못 해석한 것이다. 예수님은 이 본문에서 ①성이 없어질 것이라고 선언하신 일이 없고, 다만 결혼이 더 이상 행해지지 않는다는 점을 밝히신 것이며, ②부활 이후 사람들이 천사들과 같이 될 것이라고 했는데, 천사가 성적인 존재가 아니라는 말은 성경에 등장하지 않는다.[10]

2. 사회적 관계에서의 남자와 여자

아담은 동물들의 이름을 짓는 중에 동물들과 달리 자기에게는 짝(돕는 배필)이 없는 것을 알게 되었다. 홀로 있어야 하는 아담의 외로움은 위로는 하나님을 통해서도 그리고 아래로

---

8 *Ibid.*, pp. 89-92.
9 Gene A. Getz, *The Measure of Family* (Glendale, Calif.: Gospel Light/Regal Books, 1976), p. 47.
10 스탠리 그렌즈, *op. cit.*, p. 55.

는 동물과의 교제를 통해서도 채워질 수 없었다.[11] 아담이 혼자 사는 것을 좋지 않다고 보신 하나님(창 2:18)은 아담을 깊이 잠들게 하신 후 갈비뼈로 여자를 만드셨다. 여자에 대해 아담은 "뼈 중의 뼈요, 살 중의 살"이라고 부르고 자기와 같은 어근의 이름을 부여했다. 아담의 이 말에 대한 하나님의 논평은 결혼제도의 수립으로 연결되었다. "이러므로 남자가 부모를 떠나 그 아내와 연합하여 둘이 한 몸을 이룰지로다."(창 2:24)[12]

인간은 혼자 존재하지 않고 둘이 같이 존재하도록 지음 받았다. 타락 이후에 혼자 거하는 자가 생겨났고, 결혼관계 안에도 불행이 찾아들었으나 창세기 2:24 말씀은 타락 이후에도 규범적 힘을 가진다. "남자와 여자는 서로를 필요로 하는 것이다." 남자 또는 여자가 홀로 사는 경우가 있다고 해서 창세기 2:24 말씀의 규범적 의미가 약화되는 것은 아니다. 다만 잠시 그 적용이 보류되는 예외적인 상황이 나타난 것일 뿐이다.

결혼관계를 말하지 않더라도 이미 남자와 여자는 서로를 필요로 한다. 결혼은 성적 필요에 뿌리를 내리고 있고 남자는 어머니, 자매, 직장 동료, 병원의 간호사 등을 여자로 만난다. 남자 혹은 여자들만으로 구성된 공동체보다는 남자와 여자가 눈을 맞대고 바라보면서 어울리는 공동체 안에서 성욕은 훨씬 더 쉽게 극복된다. 수도원에서 수도사들이 성욕의 극복을 마귀와의 힘겨운 싸움으로 생각하고 임한 것이나 군대 안에 동성애가 성행한다는 사실은 같은 성을 가진 사람들만으로 구성된 공동체가 성적 유혹을 극복하는 것이 얼마나 어려운 일인가를 보여 준다. 결혼관계에 들어가지 않더라도 남자와 여자는 서로를 돕는다.[13]

남자와 여자는 특성이 다르고, 이 특성의 차이 때문에 역할의 차이가 생긴다. ①가장 큰 차이는 생식능력의 차이다. 여자가 아이를 낳는 능력을 가진 반면 남자는 아이를 낳을 수 있는 능력이 없다. ②뇌구조적으로 본다면 여성은 언어, 논리, 분석을 관장하는 좌뇌와 정서, 직관, 창조, 통전 등을 관장하는 우뇌를 남성보다 더 쉽게 동시에 사용할 수 있다. 그

---

11 스탠리 그렌즈, *op. cit.*, p. 65; 홀로 있는 아담이 고독했던 것은 분명하지만 아담의 상태를 "아직 인간이 아니며, 창조의 완성이 아니라"고 판단한 틸리케의 판단은 과장된 판단이다(Helmut Thielicke, *Theological Ethics: Sex*, trans. John W. Doberstein(Grand Rapids: Eermands, 1981), p. 5). 아담은 홀로 존재하는 순간에도 이미 완전한 인간으로서 고독한 것이요, 홀로 존재하는 고독한 존재이기 때문에 아직 인간이 아니거나 완성된 인간이 아닌 것이 아니다. 이 평가는 인간존재의 관계적 특성을 과도하게 환원주의적으로 강조한 결과 나온 것이다.

12 J. Douma, *op. cit.*, p. 19.

13 *Ibid.*, pp. 20-21.

결과 좌뇌를 사용하며 우뇌를 사용하는 데 서툰 남성보다 여성이 더 통전적으로 사고할 수 있고, 남성은 여기에 미숙하므로 더 분석적이 되려는 경향이 있다. ③자녀를 키울 때 여성은 몸 안에서 생명을 키우고 양육하는 반면, 남성은 외부적으로 양육한다. 따라서 초기의 양육은 절대적으로 여성에게 의존하지 않을 수 없는 반면 외부 양육을 위한 일의 현장에는 여자보다 남자가 그 숫자나 보내는 시간에서 우위에 설 수밖에 없다. ④남성은 직선적이고 합리적이며, 주장과 공격을 앞세우고, 행동해야 한다는 의식이 강한 반면, 여성은 교감, 관계의 망(network), 친밀성과 돌봄 등을 통해 자신의 정체성을 규정한다.[14]

그러나 이 같은 고유한 역할의 차이 때문에 여자가 남자보다 열등한 인간이라는 결론을 내릴 수는 없다. 하나님은 남자와 여자를 모두 손수 지으셨으며, 남자와 여자에게 동등하게 땅을 정복하라는 문화명령을 주셨다(창 1:28). 남자와 여자는 각자에게 주어진 고유한 기능과 역할을 가지고 함께 땅을 정복하는 문화명령을 수행해야 한다. 여자에게 주어진 능력과 재능은 남자에게 주어진 재능이나 능력과 동등한 것이다. 다만 그 재능과 능력이 향하는 방향과 발휘되는 영역이 다를 수 있을 뿐이다. 남자와 여자는 결혼관계 안에서 뿐만 아니라 결혼관계 밖의 포괄적인 사회적 관계에서 서로의 도움을 필요로 한다. 다만 과제, 능력, 심리적 체험 등의 차이가 결혼관계 안에서 더 분명하게 드러나는 것은 사실이다.[15] 여자가 남자에게 집착하고 남자는 여자를 다스린다(창 3:16)는 것은 타락한 이후의 왜곡된 현실을 반영하는 것으로서 남자와 여자의 규범적인 관계를 제시한 것은 아니다.[16] 인간 창조 시 남자가 여자보다 먼저 지음을 받았다는 근거 위에 확립된 여자에 대한 남자의 우위성은 타락 사건에서는 여자가 주도적인 역할을 했다는 근거 위에서 확립된 남자에 대한 여자의 우위성에 의해 상쇄된 것이라는 그렌즈의 논증[17]은 남자와 여자가 인간존재로서 평등하다는 것을 뒷받침하기 위한 논증으로서는 매우 위험한 것이다. 왜냐하면 죄를 범할 때 하와가 앞장섰기 때문에 도덕적으로 여자가 남자보다 열등하다는 논리가 성립할 수

---

14 Ibid., p. 23; 스탠리 그렌즈, op. cit., pp. 76-78; Carol Gilligan, In a Different Voice(Cambridge, Mass: Harvard University Press, 1982); Janet Spence and Robert Helmerich, Masculinity and Feminity(Austin: University of Texas Press, 1978), pp. 4-5.
15 J. Douma, op. cit., pp. 22-24; Helmut Thielicke, op. cit., p. 7.
16 Helmut Thielicke, op. cit., p. 7.
17 스탠리 그렌즈, op. cit., pp. 83-84.

있기 때문이다.

　예수님 당시의 유대교에서는 여자가 남자보다 열등한 인간이라는 전제 하에 여자의 신분을 남자보다 격하시키는 견해가 지배했는데, 예수님은 이 견해를 비판하며 남자와 여자의 평등성을 강조했다. 당시 유대 사회에서는 남자와 여자가 대화할 수 없었다. 심지어 남자가 자기 아내와도 대화를 해서는 안 되었다. 여자는 게걸스러운 탐식가며, 호기심 가득한 엿듣는 자며, 나태하고, 질투가 심하고, 쓸데없는 일에 참견하는 자다. 여자가 많아질수록 마녀도 많아진다. 열 대 마차 분량의 수다스러움이 세상에 내려왔는데, 그 중 아홉 대 분량의 수다가 여자들에게 임했고, 한 대가 나머지 세상에 임했다. 장례식 행렬에 여자가 선두에 섰는데, 그 이유는 타락에서도 여자가 선두에 섰기 때문이다. 여자는 남자보다 죽음의 운명에 더 가까이 서 있다. 유대교 철학자 필로(Philo)는 남자가 지성(*nous*)을 대표하는 반면 여자는 감각성(*disnuesis*)을 대표한다고 보았는데, 이런 판단의 근거도 타락 이야기에서 기원한다. 여성들은 예배의식으로부터도 배제되었다. 「예루살렘 탈무드」(*Jerusalem Talmud*)는 토라를 여성에게 전수하느니 차라리 불태워 버리는 게 낫다고 말한다. 여성들은 회당에서 천으로 가린 휘장 뒤에 앉아야 했다.[18]

　이런 상황에서 예수님이 여성과 대화를 했다는 사실 자체만으로 이미 당시 유대교의 여성 이해에 반기를 드는 것이었다. 예수님은 여성과의 만남을 주저하지 않았다. 예수님은 가나안 여인의 딸(마 15:21 이하; 막 7:25), 베드로의 장모(마 8:14 이하), 막달라 마리아(눅 8:2 이하), 야이로의 딸(마 9:18 이하)을 치료해 주었다. 여자들이 예수님의 십자가 아래뿐만 아니라(마 27:55 이하; 막 15:40 이하; 눅 23:49; 요 19:25) 부활의 증인들 가운데도 있었다(마 28:1 이하; 막 16:1 이하; 눅 24:10; 요 20:1 이하)는 사실은 당시의 상황에서 볼 때 충격적인 일이다. 예수님은 간음한 여인조차 긍휼히 여기며 용서하는 마음으로 대했으며(요 7:53-8:11), 창녀들에게도 애정을 베풀었다(눅 7:36 이하). 여기서 하나님 앞에서의 여성의 평등성과 남녀의 피조적인 연대성이 종교의식상으로나 사회적으로 여성을 격하한 당대의 관습과 대립되었다.[19]

18　Helmut Thielicke, *op. cit.*, pp. 8-9.
19　*Ibid.*, p. 9.

3. 결혼관계 안에서의 남자와 여자

결혼관계 안에서는 남자에게 지도하는 지위가 부여되고 여자에게는 그의 지도에 따라야 하는 위치가 부여된다(고전 11: 3 이하; 엡 5:22, 23; 골 3:18; 벧전 3:1; 그리고 딤전 2:9 이하). 남자는 아내의 머리로서 지도하는 위치에 서고, 아내는 남편에게 복종하는 것이 기본적인 질서로 나타난다. 그런데 이 같은 질서는 기독론적 배경과 창조론적 배경 안에서 이해되어야 한다.[20]

먼저 에베소서 5:22, 23은 이 질서를 그리스도와 교회와의 관계에 비유한다. 그리스도가 교회의 머리 됨과 같이 남편은 아내의 머리다. 그러나 여기서 '머리'의 개념은 창세기 3:16이 말하는 '다스린다'와는 다른 의미를 지닌다. 이 문맥에서의 '다스린다'는 규범적 진술이 아니라 죄의 결과로서 찾아온 정죄를 말하는 것으로서 극복되어야 할 상태다. 에베소서의 머리 개념이 내포하는 다스림은 아내를 사랑하고 섬긴다는 의미다. 남편과 아내의 관계가 사랑(아가페)으로 정의된 것은 당대의 이방 세계에서는 어디에서도 발견할 수 없었던 것이다. 남편은 그리스도께서 회중을 사랑하고 회중을 위해 자기를 주신 것같이 아내를 사랑해야 한다(엡 5:25). 루이스가 말한 것처럼, 아내의 머리로서 남자가 소유하는 면류관은 가시면류관이다.[21]

이 질서의 또 하나의 전거(典據)는 아담이 먼저 창조되고 그 이후 하와가 창조되었으며(딤전 2:13), 남자가 여자에게서 난 것이 아니라 여자가 남자에게서 났고, 남자가 여자를 위해 지음을 받지 않고 여자가 남자를 위해 지음 받았다(고전 11:9)는 창조질서에 근거한다.[22] 여기서 여자가 남자를 위해 지음 받았다는 언명은 존재의 질서가 아닌 **기능적 질서**의 관점에서 이해되어야 한다. 이 점은 고린도전서 11:3에서 신학적으로 뒷받침된다. 이 본문은

---

20 J. Douma, *op. cit.*, p. 25.
21 C. S. Lewis, *The Four Loves*(London: Geoffrey Bles, 1960), p. 122.
22 틸리케는 고린도전서 11:3의 "각 남자의 머리는 그리스도요 여자의 머리는 남자요 그리스도의 머리는 하나님이시라"는 말씀이 영지주의의 유출설을 반영하는 본문으로서 당시의 머리털 모양에 근거해 남자와 여자를 차별했던 잘못된 사회적 관습이 유래된 사상적 근원을 바울이 밝힌 것이라고 보고 있으나(Helmut Thielicke, *op. cit.*, pp. 10-11), 이 해석은 본문의 어법상 받아들이기 힘든 오류다. 본문은 바울이 남자와 여자의 관계에 대해 하나님이 설정하신 보편적인 질서를 천명한 명백한 직설법 문장이다.

하나님(성부)이 그리스도(성자)의 머리임을 말하는데, 이것은 하나님이라는 본질에서 머리와 몸이 질적 차이가 있다는 뜻이 아니라 기능적 차이를 가진다는 것이다. 같은 맥락에서 남자가 여자의 머리라고 말하고 있으므로, 이 질서는 본질적 의미에서가 아니라 기능적 의미에서 이해되어야 한다.

4. 교회 안에서의 남자와 여자[23]

이 질서는 교회에도 적용된다. 교회를 다스리는 역할은 남자에게 위임되었다(고전 14:34 이하; 딤전 2:11 이하). 창조질서에서 남자가 먼저 창조되었다는 사실이 기능적으로 이해되어야 한다면, 이 질서를 유비로 하여 교회를 다스리는 역할이 남자에게 부과되었다는 사실(고전 14:34 이하; 딤전 2:13 이하)도 기능적으로 이해되어야 한다. 그러나 남자에게 교회를 다스리는 역할이 위임되었다는 말은 드보라 선지자가 그랬던 것처럼(삿 5:1 이하) 비상한 경우에 여성이 교회를 지도하거나, 빌립의 결혼하지 않은 네 딸이 예언의 은사를 받고 활동한 것처럼 여성이 말씀을 전할 가능성을 완전히 차단하는 것은 아니며, 더욱이 교회 안에서 직분자를 선출할 때 여성이 투표권을 행사해서는 안 된다는 뜻은 아니다.

---

23 J. Douma, *op. cit.*, pp. 26-27.

II.
인격적 연합 안에 있는 성욕과 성교

1. 성욕과 성교에 대한 아우구스티누스의 사색

교회사에 심대한 영향력을 끼친 신학자 아우구스티누스는 성욕에 대해 철저하게 생각했다. 성욕에 대한 그의 사상은 매우 부정적이었다. 천국에 성욕이 있다는 것을 상상조차 할 수 없었던 아우구스티누스의 논증은 인간 타락으로부터 시작된다. 인간은 교만으로 말미암아 타락했으며, 타락 이후 타락 이전에는 할 수 있었던 것을 할 수 없게 되었다. 아담과 하와가 타락 이후 할 수 없게 된 것은 무엇인가? 타락 이전에 인간은 육체와 정신을 의지로 억제할 수 있었으나 타락 이후 이것을 할 수 없게 되었다. 이 사실이 가장 극명하게 드러난 곳은 성욕의 영역이다.[24]

아담과 하와는 타락한 이후 자신들이 벗은 것을 발견했다(창 3:7). 어떻게 벗은 것을 알게 되었을까? 새로운 신체적인 운동이 들어옴으로써 알게 되었는데, 아담에게는 외적으로 나타났고, 하와에게는 내적으로 은밀히 숨겨진 형태로 들어왔다.[25] 여기서 아우구스티누스가 말한 아담의 외적인 운동은 발기현상이고, 하와의 내적인 운동은 이에 대한 성적인 반응을 뜻하는 것이 분명하다. 이 운동은 아담과 하와의 의지의 행사가 없이 몸 안에서 일어났다. 의지에 순응하는 벗은 몸은 수치스러운 것이 아니었지만 의지의 통제를 벗어난 이 육체의 작용 때문에 아담과 하와는 수치심을 느꼈고, 이 수치를 가리기 위한 시도를 했다. 타락 이전에는 성적 기관들이 의지의 밖에 있지 않았는데, 이제 의지에 대항하기 시작한 것이다.[26]

아우구스티누스는 성욕을 리비도(libido)라고 명명한다. 리비도는 선악과를 따먹은 교만

24　Augustinus, 「하나님의 도성」, 조호연·김종흡 역(현대지성사, 1997), XIV. p. 15.
25　Ibid., XIV. p. 17.
26　Ibid., XIV. p. 17.

에 대해 하나님이 내리신 형벌이다. 리비도는 의지에 대항해 솟아오른다.[27] 의지를 벗어난 육체의 운동이 가장 극명하게 나타나는 것은 성욕이 오르가즘으로 올라갈 때다. 성욕은 성교를 할 때 육체뿐만 아니라 의지를 포함한 영혼까지도 끌어들여 욕망 안에 함몰시켜 버리고 만다.[28] 최고의 쾌락인 오르가즘은 의지와 오성과 생각을 마비시킴으로써 타락의 가장 깊은 곳에 다다른다. 성교 시에 영혼이 육체 특히 성적 기관들을 통제하지 못하기 때문에 성교를 나누는 인간은 수치를 느끼고 자신이 성교를 한다는 사실을 숨기려고 한다. 그는 심지어 가족이나 자녀들에게까지 성교의 사실을 숨기려고 한다.[29] 그는 심지어 부인과 합법적인 정사(情事)를 할 때도 수치를 느끼고 숨기려고 한다.[30] 뜨거운 리비도가 발기나 오르가즘과 같은 지체들의 운동을 추동(推動)시킨다. 리비도는 인간의 시녀가 아니라 인간의 지배자다. 따라서 리비도는 차단되어야 하며 수치의 대상이다.

그러면 타락하기 전 에덴동산에서의 결혼생활은 어떻게 가능했을까? 분명한 것은 이때 에덴동산에는 불법적이고 의지에 항거하며 영혼을 흐려놓는 리비도는 없었다. 낙원에서는 리비도 없이 의지에 봉사하는 성적 기관을 통해 자녀를 낳았을 것이다. 씨를 뿌리면 수확을 얻는 것과 같은 방법으로 출산이 이루어졌을 것이다. 하와는 의지와 욕구의 싸움 없이 조용히 아이를 낳았을 것이다.[31]

그러나 타락한 이후의 현 세계에서는 사정이 달라졌다. 데살로니가전서 4:4, 5은 기독교인 남편에게 이방인처럼 아내를 상대로 해서 색욕을 좇지 말라고 명령한다. 그러나 이 세상에서는 심지어 그리스도인도 색욕으로부터 자유로울 수가 없다. 독신생활을 하는 사람조차 성적인 투쟁을 계속해야만 한다.[32] 색욕을 완전히 극복하는 것은 불가능하다. 그렇기 때문에 색욕에 대항한 싸움이 필요하다. 리비도는 악이기 때문에 우리는 가능한 한 이 악을 피하고, 대항하여 싸우고 막아야 한다. 최선의 길은 성적인 관계를 중단하는 것이다. 그

---

27 *Ibid.*, XIV. p. 13.
28 *Ibid.*, XIV. p. 16.
29 *Ibid.*, XIV. pp. 18, 23.
30 *Ibid.*, XIV. p. 19.
31 *Ibid.*, XIV. p. 23.
32 Augustinus, *Against Julian*, trans. Matthew A. Schumacher(Washington, D.C.: Catholic University of America Press, 1957), II. VI. p. 15.

리스도의 탄생 이후에는 처녀 상태로 머무는 것이 최선이다. 만일 모든 여자가 다 처녀로 남는다면 인류의 존속이 가능할까? 이 질문에 대해 아우구스티누스는 마태복음 19:11 말씀에 근거해 많은 사람들이 결혼하여 자녀를 출산하리라는 것은 이미 전제된 것이요, 처녀로 남으라는 말은 그것을 받을 만한 사람만 받기 때문에 그런 염려는 할 필요가 없다고 답변한다.[33]

성교를 갖지 않는 것이 최선이지만 결혼도 선한 것이다. 그러나 결혼은 차선책으로서, 리비도라는 질병에 대항해 싸우는 악이라는 점에서만 의미가 있다. 결혼 안에서의 성교도 자녀 출산이라는 목적에 제한해 행해져야 한다. 자녀를 출산하면 리비도라는 악한 수단도 어느 정도 선한 것을 가져오는 셈이다.[34] 그러나 자녀를 출산하고자 하지 않을 경우 성교는 중단되어야 한다. 자녀 출산이라는 목적 없이 성관계를 갖는 것은 죄다. 다만 창녀와의 성교나 이혼처럼 사죄(死罪)는 아니고 용서받을 수 있는 정도의 죄다.[35] 결혼은 선한 것이지만 성욕은 악한 것이다. 성욕이 있는 결혼은 마치 불구자와도 같다. 절뚝거리면서라도 목표 지점에 이르는 것은 좋은 것이지만, 그렇다고 해서 절뚝거리는 것을 찬양할 수 없듯 성욕을 찬양할 수는 없다. 결론적으로 말해 성욕은 가능한 한 적게 만족시켜야 하며 가능한 한 꺼버려야 하는 충동이다. 후기의 아우구스티누스는 낙원에 리비도가 실재할 가능성을 인정했으나, 이 리비도는 오늘날 이해하는 리비도와는 다른 종류의 것이었다.[36]

이상과 같은 아우구스티누스의 성욕관은 중세시대 전체를 사실상 지배했다. 종교개혁기에 들어와서 루터와 칼뱅은 영적 상태를 위해 독신제도가 필요하다는 견해와 결별했다. 이들은 처녀의 순결 유지를 중세시대처럼 칭송하지 않았고, 결혼을 높이 평가했다. 다만 루터의 경우 성욕은 결혼관계에서도 여전히 악한 것으로 판단한 흔적이 남아 있다.[37]

---

33 Augustinus, *De bono conjugali*, VII. p. 6; XXIII. p. 28, J. Douma, *op. cit.*, p. 39에서 재인용.

34 Augustinus, *Against Julian*, III. pp. 15, 29.

35 Augustinus, 「하나님의 도성」 XXII. XXII. p. 2. 결혼은 자녀 출산(proles), 신뢰의 표현(fides), 상대방의 삶과의 연대(sacramentum)를 지향할 때에 한해 선하다.

36 J. Douma, *op. cit.*, pp. 43-44.

37 Luther, *Ausgewahlte werke*, 8(München: Chr. Kaiser, 1962-1965), 654; 12, 114; 43, 454.

2. 아우구스티누스의 사색에 대한 비판

첫째, 성욕은 그 자체가 악하기 때문에 **은밀히** 즐겨야 하는가? 그렇지 않다. 성행위는 죄책이 뒤따르는 행위가 아니라 극히 인격적인 **친밀한**(intiem) 행위이기 때문에 집단의 관음증(voyeurism)이나 호기심 많은 구경꾼들의 관전 대상이 되어서는 안 된다.[38]

둘째, 성행위 시 인간의 영혼과 의지는 정말로 육체의 욕망에 대해 무력해지는가? 오르가즘에 도달할 때 명료하게 깨어 있는 생각이 욕망 안에 함몰되어 버리는 것은 사실이다. 그렇다면 우리가 강력한 성욕의 체험을 하는 순간은 인간이기를 포기하고 동물적인 차원으로 떨어져 버리는 순간인가? 이 질문의 배경에는 합리적인 의식을 가지고 행한 행동만이 인간적인 행동이라는 전제가 깔렸는데, 그렇다면 인간이 기쁨과 슬픔을 느끼는 정서적인 순간은 인간적이 아닌가? 자녀의 죽음으로 인한 슬픔에 압도당한 사람에 대해서 인간적이 아니라고 판단할 수 없지 않은가? 인간은 이성과 오성을 지님과 동시에 감성도 지녔다. 성적인 관계를 가질 때 우리의 감성이 가장 강하게 나타난다. 잠언의 기자는 음녀에게 가는 행동에 대해서는 경고를 발하지만 아내의 품은 연모하라고 권고한다(잠 5:19). 성교 시에 영혼과 의지가 혼미함 속에 빠질 만큼 감성이 고조될 수 있지만, 그렇다고 해서 이 순간이 인간이기를 포기한 순간은 아니다.[39]

셋째, 아우구스티누스는 성욕에 지배당해 거룩한 일들을 생각하지 않는 순간을 견딜 수 없었다. 그 시간에는 성령이 함께하지 않는다고 생각했기 때문이다.[40] 그러나 전도서의 말씀은 안을 때가 있고, 안는 일을 멀리할 때가 있다(전 3:1, 5)고 말한다. 아가서에 등장하는 연인들이 서로를 탐닉할 때는 하늘의 일을 생각하지 않고 창조된 육체성을 체험한다. 성욕이 지배하는 순간은 거룩성과 이성이 욕망에 잠겨 버리는 시간이지만, 그렇다고 해서 그 시간이 악하다거나 필요 없다고 말할 수는 없다. 의지와 오성 밖에서 일어나는 모든 일이 의지와 오성에 대항하는 것은 아니다. 이 두 가지가 대립한다는 생각은 영적인 것은 상위질서에 속하고 육체적인 것은 하위질서에 속한다는 이원론에 기인한 것이다.

---

38 J. Douma, *op. cit.*, pp. 45-46.
39 J. Douma, *op. cit.*, pp. 46-47.
40 Augustinus, *Against Julian*, V. X. p. 42.

물론 인간이 성적인 영역에서 커다란 죄를 범하고 있는 것은 현실이다. 그러나 이때 잘못된 성행위(예컨대 창녀 집에 간다든지 동성애에 빠지는 것 등)는 행위자 자신의 결단에 의해 행해지는 것으로서[41] 의지와 성욕이 대립하거나 천사와 같은 영과 동물적인 몸이 대립하는 것이 아니라 의지와 의지가 대립하는 것이다. 인간의 모든 행동이 의지의 관할 하에 있는 것은 아니다. 의지의 관할 하에 있는 행동만이 선하고 그 밖에서 이루어지는 행동은 악하다고 보는 인간관은 잘못된 인간관이다. 인간 신체의 많은 작용들, 혈액순환, 호흡, 음식물 소화, 출산 등과 같은 활동들은 자동적인 신체·신경 작용에 의해 일어난다. 이 활동들이 의지의 관할 하에서 일어나지 않는다고 죄라고 할 수는 없다. 죄는 의지의 관할 밖에서 일어나는 이와 같은 자동적인 신체적 작용에 있는 것이 아니라 의지와 이성과 감성을 모두 가진 전인에 있는 것이다. 성적인 욕구만을 따로 떼내 죄의 영역으로 만들어서는 안 된다.[42]

넷째, 아우구스티누스는 성욕을 **즐기는** 것을 받아들이지 못한다. 아우구스티누스는 스토아주의적인 관점에서 지상의 재화를 사용하는 것(*uti*)과 즐기는 것(*frui*)을 구분한다. 지상의 재화들은 사용의 대상인 반면 하늘의 일들은 즐김의 대상이다.[43] 지상의 재화들을 즐김의 대상으로 삼는 것, 특히 성욕을 즐김의 대상으로 삼는 것은 악이다.[44] 천국에서는 인간의 성적 감각기관들이 건강과 출산의 필요를 충족시키기 위해서만 사용되었다. 즐김은 오직 고상한 하늘의 일들에 대해 생각할 때만 누리는 것이다.[45]

그러나 칼뱅은 이 같은 금욕주의적인 개념을 거부하며 하나님은 많은 물품들을 생계를 위해 사용할 뿐만 아니라 즐기기 위해서도 주셨음을 강조했다. 피조물을 다만 필요를 위해서만 사용하라고 말하는 사람은 인간에게서 감각기관을 빼앗고 인간을 한 조각의 나무토막으로 만드는 것이다.[46]

---

41 Helmut Thielicke, *Theologische Ethik III* (Tübingen: J.C.B. Mohr, 1964), p. 537.
42 J. Douma, *op. cit.*, pp. 47-50.
43 Augustinus, 「하나님의 도성」, XI: XV. p. 7; XXV.
44 Augustinus, *Against Julian*, IV. XIV. p. 66.
45 *Ibid.*, IV. XIV. p. 69.
46 John Calvin, *Institutes of the Christian Religion*, trans. Henry Beveridge (Grand Rapids: Eerdmans, 1989), III. 10. 2.

다섯째, 아우구스티누스가 말한 것처럼 바울은 적어도 자녀 출산을 목표로 하지 않을 경우에 묵인조항으로서 성적 교류를 갖도록 허용했는가? 아우구스티누스는 고린도전서 7:6의 'κατα συγγνκωμην'을 양해 또는 묵인(venia)으로 해석했다. 바울이 7:1-5에서 결혼관계 안에서의 성교를 허용한 것은 일종의 묵인 또는 양해 조항이요, 따라서 결혼관계 안에서의 성행위도 죄책감으로부터 자유로울 수 없는 것임을 강조했다는 것이다. 아우구스티누스는 바울이 결혼관계 안에서 성행위를 하는 것이 죄지만, 더 큰 악인 음행을 막기 위해 어쩔 수 없이 묵인했다고 보았다.[47] 6절에서 바울은 잠시 동안 성교를 갖는 것을 묵인하는 것이 아니라 잠시 동안 성교를 갖지 않는 것을 묵인하는 것으로 이해되어야 한다. 그렇다면 부부가 성교를 갖는 것이 문제가 아니라 갖지 않는 것이 문제가 된다. 바울은 부부가 성관계를 가지는 것을 정상적인 일로 보고, 오히려 부부가 성관계를 가지지 않는 것을 비정상적인 일로 보고 있는 셈이다.[48] 바울에게 있어서 리비도와 결혼은 함께 간다. 결혼관계 안에서 진행되는 성관계에 대해 묵인해 줄 필요가 없다. 기도할 틈을 얻기 위해 성교를 중단하는 경우 다시 합하는 것은 묵인조항이 아니라 명령이다.[49]

여섯째, **성욕은 사랑의 표현이다.** 아우구스티누스주의적 관점에서는 리비도를 사랑의 표현으로 받아들일 수가 없다. 리비도와 사랑은 긴장관계 안에 있다. 결혼관계 안에서라 할지라도 자녀 출산을 위한 성교는 필요하고 선하지만 자녀 출산을 목적으로 하지 않는 성교는 "묵인할 수 있는 죄"일 뿐이다. 성욕과 성욕의 체험은 자기만족을 추구하는 이기적인 행동이기 때문에 자기희생을 요구하는 사랑과는 양립할 수 없다. 그러나 성경은 성교와 성욕의 표현을 사랑과 관련시킨다.[50]

먼저 성경은 다양한 본문을 통해 성욕과 성교를 선한 것으로 인정하고 권장한다. 잠언 5:15은 "너는 네 우물에서 물을 마시며 네 샘에서 흐르는 물을 마시라"고 말한 후에 그 의미를 18-19절에서 이렇게 말한다. "네 샘으로 복되게 하라 네가 젊어서 취한 아내를 즐거

---

47 Augustinus, *De bono conjugali*, XI. 12; *Enchiridion ad Laurentium*, LXXVIII. 21. J. Douma, *op. cit*., pp. 52-54에서 재인용.

48 J. Douma, *op. cit*., p. 54; Charles Hodge, *A Commentary on 1 & 2 Corinthians* (London: The Banner of Truth Trust, 1978), et al.

49 J. Douma, *op. cit*., p. 55.

50 *Ibid*., p. 55-57.

위하라. 그는 사랑스러운 암사슴 같고 아름다운 암노루 같으니 너는 그의 품을 항상 족하게 여기며 그의 사랑을 항상 연모하라." 이 본문에서는 결혼관계 안에서의 성적인 즐거움이 자기만족과 전혀 연결되지 않으면서 인정되고 있다. **두 당사자가 모두 즐긴다.**

성적인 사랑이 가장 명료하게 인정되고 있는 성경은 아가서다. 여기서는 젊은 연인(결혼식의 신랑과 신부)의 사랑이 솔직하게 묘사된다. 남성이 여인을 안는 장면(2:6)이 등장하고, 비둘기 같은 눈, 머리털, 하얀 이, 붉은 입술, 석류 같은 뺨, 길고 아름다운 목, 쌍태 노루 새끼 같은 유방이 모두 칭송된다(4:1-6). 입술에서 꿀방울이 떨어진다는 표현은 감미로운 입맞춤을 묘사한다(4:11). 아가서는 성적인 사랑이 무엇인가를 보여 준다.

고대 근동 사회에서는 성적인 사랑의 행위가 풍요로운 소출을 기대하는 우상숭배의식과 복잡하게 연루되어 시행되었다. 바알 신 숭배자들은 우상 신들로부터 풍요로운 소출을 얻어내기 위한 의식의 일환으로 상수리나무와 푸른나무 아래에서 성교를 행했다(사 57:5). 이와는 대조적으로 아가서는 성적인 사랑을 우상숭배 관습과는 전혀 연루되지 않은 순수한 자연적 상태로 묘사한다. 이 상태 안에서 성적 사랑을 나누는 두 당사자는 하나님이 주신 선물인 성애(性愛)를 누리는 축복을 만끽한다. 아가서는 성교를 도구화하는 이방 종교의 풍요의 신화를 예리하게 비판한다.[51]

성경이 결혼관계 밖에서 불붙는 불순한 성욕에 대해 비판한다(잠 6:25-29)는 것은 결혼관계 안에서 순수하게 불붙는 성욕의 가능성을 인정한다는 뜻이다. 아가서에 나타난 성욕은 죽음같이 강하고 스올같이 잔인한 질투를 동반하며 여호와의 불과 같이 맹렬한 불이지만(아 8:6) 순수한 불인데, 그 이유는 성욕과 존경이 함께 가기 때문이다. 두 젊은이는 몸을 포함한 상대방의 전인을 서로 가진다. 남자는 여자에게 속하고 여자는 남자에게 속한다. 남자와 여자는 서로를 도장같이 마음에 품고 도장같이 팔에 둔다(아 8:6). 이 사랑은 짧은 기간의 성적 기쁨에 머물지 않고 사랑받는 사람의 마음속에 지속적으로 유지되는 자리를 요구한다. 바닷물이나 홍수로도 이 사랑을 끌 수 없고 온 세상을 다 주고도 바꿀 수 없다(아 8:7).

---

51 앞에서 언급한 탄드라교에서도 성은 신과의 합일에 이르는 수단으로 이용된다(러셀 바노이, *op. cit.*, pp. 175-176; Singer, *Androgyny: Toward a New Theory of Sexuality*, pp. 182-183).

3. 인격성 안에 있는 성

인간의 성의 가장 중요한 특징은 생물학적인 성이 철저하게 인간성 안에 통합되어 있다는 점이다. 이 말은 매우 풍부하고 다양한 의미를 지닌다. 성에 관한 철학적 분석들 가운데 성이 인간성으로부터 분리되어도 존재할 수 있다는 견해가 없는 것은 아니다. 예를 들어 로버트 솔로몬(Robert Solomon)은 인격적인 교감이 없는 낯선 사람과 성관계를 가질 때 찾아오는 두려움, 불안감, 죄의식, 기대감이 오히려 성적 자극을 주는 반면 잘 알고 사랑하는 사람과의 성관계는 성관계 시의 습관과 반응을 이미 완전히 알고 있기 때문에 만족도가 적을 수 있다는 분석에 근거해 인격성으로부터 분리된 성을 옹호했다.[52] 그러나 솔로몬의 견해는 정상적인 성관계에 대한 분석이라기보다는 비정상적이고 변칙적인 성관계에 대한 분석이라는 점에서 일반화시키기 어려우며 설득력이 떨어진다. 정상적으로 진행되는 성관계에 대한 철학적 분석은 오히려 성이 필연적으로 인격성 안에 통합되어 있음을 보여 준다. 화이트레이(C. H. and Winifred Whiteley)는 모든 인간 경험을 초월하는 상승감과 황홀감을 주는 섹스는 사랑과 기쁨으로 상대방과 하나가 될 때 이루어진다고 말한다.[53] 퀘스텐바움(P. Koestenbaum)도 섹스는 사랑과 결합할 때만 통합적 의미를 가진다고 말한다.[54] 오스왈드 슈바르츠(Oswald Schwarz)는 성적 충동은 오직 완전하고 전적으로 성숙한 인간 안에서만 사랑과 융합된다고 말한다.[55] 롤로 메이(Rollo May)는 사랑이 없는 섹스가 자발성과 감정적 복종을 버리고 만족을 얻기 위한 비인간적인 테크닉인데 반해 사랑이 있는 섹스는 전인격적인데, 왜냐하면 인간은 섹스 그 자체가 아니라 관계성, 친밀성, 수용, 인정과 같은 것을 강력하게 필요로 하기 때문이다.[56] 이와 같은 철학적 분석은 성에 관한 생리학적·기독교윤리학적·성경적 분석이 제시하는 몇 가지 특성들에 의해 강화된다.

---

52 Robert Solomon, "Sex and Perversion," *Philosophy and Sex*, ed. Robert Baker and Frederick Elliston(Buffalo, N.Y.: Prometheus Books, 1976), p. 278.
53 C. H. and Winifred Whiteley, *Sex and Morals*(New York: Basic Books, 1967), p. 48.
54 P. Koestenbaum, *Existential Sexuality*(Englewood Cliff, N.J.: Prentice-Hall, 1974), p. 4.
55 Oswald Schwarz, *The Psychology of Sex*(Blatimore: Penguin Books, 1949), p. 21.
56 Rollo May, *Love and Will*(New York: Dell Publishing Co., 1969), pp. 311-314.

1) 인간은 인격적 결단으로 성욕을 조절한다

다른 동물들은 본능적 자동성이 성욕을 조절하나 인간은 그렇지 않다. 이 말의 의미는 성욕을 발동시키고 중지시키는 메커니즘이 본능 안에 내장된 다른 동물의 경우와 달리 인간의 경우는 성욕을 발동시키고 중지시키는 메커니즘이 본능보다는 인간성의 중요한 요소인 인격적 결단에 달렸다는 뜻이다. 모든 동물들에게는 발정기가 있다. 동물들은 발정기에 암컷과 수컷이 만나는데, 이때 동물들이 어떤 결단을 하고 만나는 것이 아니다. 이 만남은 본능에 의해 강제로 이루어진다. 성적 욕구의 통제 또한 본능에 따라 자동으로 이루어진다. 그러나 인간에게는 발정기가 없다. 인간의 성욕은 인간이 어떻게 결단하느냐에 따라 때와 장소에 구애받지 않고 발동될 수도 있고 통제될 수도 있다.[57]

본능적 자동성을 가진 동물은 예외적인 경우(어린 동물들, 창문이 있는 것을 모르고 날아가다가 부딪치는 새처럼 환경에 적응하지 못한 동물들, 기관이 고장 난 동물들)를 제외하고는 교미에서 실수하는 법이 없다. 그러나 이와 같은 본능적 자동성이 결여된 인간은 어떻게 결단하느냐에 따라서 성욕을 바르게 사용하기도 하지만 성관계에서 탈선하거나 잘못 행동하기도 한다. 그러나 본능적 자동성의 결여는 부정적인 것만은 아니다. 본능적 자동성의 결여가 인간의 위대성이 되기도 하기 때문이다. 본능적 자동성이 결여된 자리를 인간성이 채운다. 다시 말해 인간의 인격적 결단이 채운다. 인간은 인격적 결단을 통해 성욕이 발동되어야 할 때 발동시키고 통제해야 할 때 적절히 통제하면 다른 동물보다 우월한 인격체로서 존재할 수 있지만, 이에 실패하면 다른 동물보다 열등한 존재로 전락하게 된다. 여기에 인간의 책임과 과제가 있다.[58]

2) 인간은 쾌락의 영속화를 추구한다

성적 충동에는 쾌락이 뒤따르며, 황홀경에서 이 쾌락을 완성하고자 한다. 그런데 성적 쾌락과 황홀경은 순간성을 특징으로 한다. 성적 쾌락과 황홀경은 지속되지 않는다. 이것들이 안겨 주는 흥분은 솟아오르다가 가파르게 떨어지는 특성이 있다.[59] 그러나 인간은 이와 같

---

57 Helmut Thielicke, *Theological ethics: Sex*, pp. 52-53.
58 *Ibid.*, pp. 53-55.
59 *Ibid.*, p. 35.

은 생물학적인 쾌락과 황홀경에 만족하지 않는다. 인간은 생물학적 쾌감이 줄 수 없는 쾌락과 황홀경의 영속화를 추구한다. 쾌락의 영속화를 추구하는 인간의 태도는 인간의 성이 단지 동물적 본능만으로 이루어져 있지 않고 인간성이라는 더 넓은 지평 안에 있다는 증거다. 순간적인 쾌락과 황홀경만으로 만족하는 동물의 경우와 달리 인간은 영원한 쾌락이라는 이상을 추구하는 바, 이상의 추구는 인간성의 특징이다. 한 여름 밤 벤치에 앉아 있는 연인들은 의식적·무의식적으로 성적 쾌락과 황홀경을 중심에 둔 영원한 사랑의 서약을 주고받는다.[60]

실제 성교를 했을 때 현실적으로 경험하는 쾌락과 황홀경의 순간성은 영속화된 쾌락과 황홀경에 대한 기대를 좌절시킨다. 그 결과 성교 직후 좌절과 냉담이 수반된다. 그리고 다시 쾌락과 황홀경을 그리워하고 또 다시 좌절과 냉담 속에 빠지기를 반복한다. 이 같은 악순환은 돈 후안(Don Juan)이나 카사노바(Casanova)처럼 끊임없이 성애의 대상을 바꾸면서 난잡한 성관계에 빠져 들어가는 행동으로부터 확인할 수 있다.[61]

3) 인간의 성욕은 다른 것으로 승화시키는 것이 가능하다

인간의 성이 인격성 안에 있다는 증거는 인간은 성적 욕구를 반드시 생물학적인 성교를 통해 표현하지 않고 인격적 결단을 통해 다른 정신적인 창조적 활동으로 승화시키는 것이 가능하다는 점에서도 확인된다. 인간은 신체적이고 심리적인 매력이 아주 강하여 신체적인 접촉을 강하게 원하는 상황에서도 신체적으로 성욕을 표현하지 않으면서 성애를 유지하는 것, 곧 거리를 두고 하는 사랑이 가능하다. 예를 들어 독일의 문호 괴테는 샤를로테 폰 슈타인 부인에 대해 강렬한 성애를 느꼈지만 끝까지 신체적 접촉은 하지 않았다. 결혼에 들어가기 전에 약혼 기간을 가지는 경우가 있는데, 약혼 기간 동안 두 연인은 상대방과의 성교를 간절히 원하면서도 성교를 갖지 않고 관계를 유지한다. 인간은 상대방이 존재하는 것을 즐기는 것만으로 만족하며 단순한 신체적 애무조차 요구하지 않는 것이 가능하다. 이 일은 인격적인 사랑이 성적 본능의 영역 속으로 뚫고 들어오지 않으면 불가능한 일

---

60 *Ibid.*, p. 35.
61 *Ibid.*, pp. 35, 38, 58.

이다.[62] 단지 신체적 성교만을 원하는 다른 동물과 달리 인간–특히 여성–은 신체적 성교만이 아니라 지속적인 인격적·성애적 환경을 원한다. 지속적인 성애적 환경 마련을 위한 제도적 장치가 결혼이다. 이 환경은 신체적 성교가 중단된 이후 곧 노년이나 성기능이 장애를 겪는 상황에서도 지속된다.[63]

한 걸음 더 나아가 성애는 성교로부터 해방되어 창조적인 행동으로 승화(sublime)하는 것이 가능하다. 슈타인 부인에 대한 괴테의 사랑은 시적 창작력으로 승화되었다. 가톨릭의 독신제도는 부정적인 금지와 억압을 요구하는 것만은 아니다. 이 제도 안에는 성적인 에너지를 종교적인 에너지로 변형시키는 주도면밀하게 고안된 '승화의 교육학'(pedagogy of sublimation)이 있다. 승화의 교육학이 가능한 이유는 ①다른 동물은 외부의 간섭이 없는 한 성적 자동성의 과정을 중단시킬 수 없지만 인간은 자신의 성욕의 발생을 통제할 수 있으며, ②동물은 자동적인 성적 과정이 방해받으면 공격성을 드러내지만 인간은 성적 욕구를 창조적으로 변형시킬 수 있기 때문이다.[64]

4) 성에 관한 지식은 사랑의 신전이라는 인격적 환경 안에서 드러난다

인간의 성은 객관화할 방법이 없다. 생리학적·의학적 방법만으로는 다 설명할 수 없다. 인간의 성의 비밀은 실험실이 아니라 사랑의 신전에서 벗겨진다. 인간의 성에 관한 지식은 사물을 밖으로부터 보는 지식이 아니라 안으로부터 보는 지식이다. 성교에서는 다른 사람의 신비가 몸에 관한 지식에 의해 표현되는데, 이때 몸은 자기 자신의 인간성, 특히 감성을 표현한다. 성교는 다른 지식들과는 다른 특별한 경험, 특별한 지식을 전한다. 이 지식은 성 문제에 대해 의사가 전하는 지식과는 다른 지식이다.[65]

부모는 자녀들에게 성에 대해 이야기하기를 난감해 하고, 자식들은 부모에게 성에 대해 이야기하기를 주저한다. 이와 같은 난감해 함과 주저함은 어떤 피상적인 결벽증 때문이거

---

62 *Ibid.*, pp. 56-57.
63 가수 강원래 부부의 경우 남편이 하반신 마비로 성기능 장애 상태임에도 불구하고 결혼생활이 가능한 것에서 그 예를 찾을 수 있다.
64 *Ibid.*, pp. 56-57.
65 *Ibid.*, pp. 66-68.

나 점잖함을 잃지 않으려는 의도에서 기인하는 것이 아니라 인간 성의 본질적 구조 그 자체에서 기인한다. 곧 성은 인간의 인간적이고 인격적인 본성 안에 통합되어 있는데, 이 같은 통합적 구조는 성장 초기에는 전달될 수가 없다. 이와 같은 인간의 성의 인간적 지평을 충분히 이해하지 못한 청소년들이나 젊은이들은 성을 동물적인 어떤 것으로만 인식할 우려가 있다. 따라서 성적 지식은 때로는 실상을 정확하게 전달하지 말아야 할 때가 있다.[66]

이처럼 성에 관한 지식은 은폐하고자 하면서 드러내는 지식이다. 따라서 성에 관한 지식은 숨겨진 언어로 말하는데, 오히려 이 때문에 호기심을 자극하는 매혹적인 지식이다. 예를 들어 보자.

첫째, 누드예술은 성욕이 관여하지 않는 무성적인 즐거움을 촉발시킬 수는 있지만 성욕을 촉발시키지는 않는데, 그 이유는 은폐성이 없고 따라서 신비가 없기 때문이다.

둘째, 외설적인 단어나 농담은 단지 암시만을 줌으로써 성적 궁금증을 증폭시키고 투명한 막을 쳐서 의미를 감추면서도 명료하게 드러내는 방법으로 청중의 성적 충동을 일깨우고 행동하도록 촉구한다.

셋째, 반라의 모습이 성욕을 자극한다. 카바레 무희가 걸친 한 조각의 옷이 극히 교묘한 성적 호소력을 지닌다. 가리면서도 허용하는 암시와 은유의 표현방식은 본질적으로 성적이다. 따라서 보수적인 영국의 검열규칙은 무대 위에서 움직임 없이 동상처럼 보여 주는 누드는 예술로 인정한다.

넷째, "소박함과 정절로써 자기를 단장하고"라는 디모데전서 2:9 말씀 안에는 성이 신비하다는 인식이 내재되어 있다. 이 말은 성적 매력을 표현하지 말라는 뜻이 아니라 성의 신비는 보존되어야 하고, 단순한 심리학적인 결과로 전락하지 않도록 해야 한다는 뜻이다. 성의 신비는 가려진 형태로 나타나야 하며, 노골적으로 유혹하는 수단이 되어서는 안 된다.[67]

5) 인간의 성 안에는 에로스적·아가페적 특징이 내재해 있다

인간의 성이 인격성의 지평 안에 있음을 보여 주는 가장 강력한 증거는 인간의 성 안에 에

---

66   *Ibid.*, p. 71.
67   *Ibid.*, pp. 76-78.

로스적인 태도뿐만 아니라 아가페적인 태도도 이미 내재해 있다는 점이다.

에로스는 두 가지 특징을 지닌다. 첫째, 에로스는 쾌락의 향유를 통한 자기만족을 추구한다. 쾌락 추구의 대상이 육체적인 것일 수도 있고(비합리적 에로스) 정신적인 것일 수도 있으나(합리적 에로스), 쾌락을 추구한다는 점에서는 차이가 없다. 따라서 성애는 본질적으로 에로스적이다. 왜냐하면 성교의 목표 가운데 하나는 자기 자신의 성욕 충족이기 때문이다. 그러므로 둘째, 에로스는 타인 그 자체보다 타인이 가진 가치에 치중하게 된다. 특히 내가 가지지 않은 가치일수록 에로스의 추구 대상이 된다. 이 점에 있어서도 성애는 에로스적인 특성을 가진다. 남성은 자신이 가지지 않은 것을 여성이 가지고 있기 때문에 매력을 느끼는 것이며, 여성은 자신이 가지지 않은 것을 남성이 가지고 있기 때문에 매력을 느끼는 것이다. 성애의 상대방은 '내'가 속하지 않은 반대의 성에 속해야 하며, 신체·성격·마음 등에 있어서 '내'가 좋아하는 유형이어야 하며, 성적 매력이 있어야 한다. 성애의 당사자는 상대방으로부터 자신이 필요한 것을 추구하고 발견하며, 자기 자신도 상대방으로부터 필요한 존재로 인식되기를 원한다. 성애의 주체는 상대방에게 줄 것이 있으며, 자기 자신이 일정한 조건을 갖춘 존재이기 때문에 사랑받는다는 것을 안다. 성애의 주체는 상대방이 특별한 존재이기 때문에 많은 사람들 가운데서 특별히 선택했으며, 자기 자신도 다른 사람과 비교해 특별히 상대방이 원해 선택받은 존재다. 단순한 동정심만으로는 성애적 관계가 형성될 수 없다. 심지어 모든 이웃을 사랑하라고 요구하는 아가페만으로도 성애는 온전히 건강하게 유지될 수 없다.[68] 러셀 바노이는 성애의 에로스적 성격에 대해 이렇게 말한다.

> 그들(성애를 하는 자들-필자주)은 상대방이 자신의 감정을 뒤흔들어 놓을 정도로 매력적이고, 아름다움을 목격하고 싶은 욕구와 같은 그런 이기심을 충족시켜 주는 경우에만 사랑할 것이다.…우리가 가진 매력적인 특성들 때문에 선택을 받게 되는 이유 있는 사랑(merit love)을 원한다는 것이다. 그러나 연인들은 오로지 일차적으로 자신들의 필요와 이기심을 충족시켜 주는 매력적인 특성을 지닌 상대만을 선택한다.…우리의 욕구로 인해서 우리는

---

68 *Ibid.*, pp. 28-30, 33-34; Lewis B. Smedes, *Sex for Christians* (Grand Rapids: Eerdmans, 1994), pp. 78-79.

일차적으로 이기적인 이유들 때문에 선택받는다는 것을 인정해야 한다.[69]

따라서 성관계는 일종의 상호이용으로, 각각의 주체가 상대방의 목적을 위한 수단으로 이용되는 것에 동의한다는 버나드 바움린(Bernard Baumrin)의 정의는 옳다.[70]

그러나 성애 그 자체 안에는 아가페적 요소도 내재되어 있다. 아가페는 하나님이 인간을 향해 보여 주신 사랑으로부터 완전한 롤모델을 발견할 수 있는 것으로서 두 가지 의미를 지닌다.[71] 하나는 호감 받을 만한 조건을 갖추지 못한 대상을 호감 받을 만한 조건을 갖춘 대상으로 대우해 준다는 뜻이다. 이 점에서 성애는 아가페적이라고 할 수 없다. 다른 하나는 자기를 희생하고 타인의 유익을 구한다는 뜻이다. 이 점에서 성애는 아가페적이라고 할 수 있다. 이것을 구체적으로 살펴보자.

건강한 성적 충동은 전적으로 이기적이기만 한 것은 아니다. 건강한 성적 충동은 자기를 상대방에게 굴복시키고 내준다는 점에서 다른 사람을 향한 태도이며, 본질적으로 어느 정도 이타적인 특성을 지닌다.[72] 성적 충동은 동반자를 요청한다. 성행위의 주체는 동반자를 단지 자기 자신을 자극하고 만족시키는 대상으로 이용하기만 하는 것은 아니다. 성교의 두 주체 사이에 상호교통이 이루어진다. 성교의 주체들은 동반자가 자기를 성적 기능 수행의 대상으로만 이용하도록 하기 위해 자기를 내주는 것에 머무르지 않고 자기 자신도 성교에 동참해 같이 흥분하고 동반자의 소원에 자발적으로 반응한다. 성욕은 다른 사람의 성욕 안에 들어감으로써만 진정한 만족을 맛볼 수 있다.[73]

남성과 여성의 흥분곡선이 다르기 때문에 아가페적인 태도가 수반되지 않으면 두 사람이 모두 성적인 만족을 얻을 수는 없다. 남성의 흥분곡선은 급격하게 솟아오르고 신속하게 떨어지는 반면 여성의 흥분곡선은 천천히 솟아오르고 완만하게 내려간다. 남성들은 사정을 일차적인 목표로 하는 빠르고 관능적이며 강하고 직접적인 성관계를 원하는 반면 여

---

69 러셀 바노이, *op. cit.*, pp. 398-400.
70 Bernard Baumrin, "Sexual Immortality Delineated," in *Philisophy and Sex*, p. 118.
71 Anders Nygren, 「아가페와 에로스」, 고구경 역(크리스챤다이제스트, 1978), pp. 148-162, 784.
72 Helmut Thielicke, *Theological ethics: Sex*, p. 44.
73 *Ibid.*, p. 46.

성은 지속적이고 부드러우면서 정교한 형태의 성관계를 선호한다. 여성의 흥분곡선은 성애적인 환경, 전희(forplay), 후희(postlude)의 긴 시간에 걸쳐 있다. 만일 성교의 주체(특히 남자)가 자기 자신에 대해서만 생각한다면 동반자를 고독과 불만족 가운데 방치하게 된다. 특히 성교 시 여성은 남성으로부터 자기부인, 자기통제, 사심 없는 순응 곧 아가페를 요구한다. 성교는 자아를 기꺼이 포기하고 동반자를 배려하는 헌신 속에서만 완성된다. 이와 같은 남자와 여자의 성적 본질의 차이 때문에 성교 주체들이 동물적인 방식으로 성적 충동 그 자체만 따라가면 성욕은 충족될 수 없다. 따라서 성교 시에 아가페가 없으면 부부관계가 파경을 맞을 수 있다.[74]

동반자를 향하는 인간의 성욕은 그 자체에 봉사적 요소 곧 섬기는 사랑의 요소를 내포한다. 남성의 성적 흥분곡선과 여성의 성적 흥분곡선의 불일치는 존재론적이고 자연적인 의미에서 결점이 될 수도 있으나 바로 이 결점이 인간의 성욕으로 하여금 심지어 육체의 영역에서조차 인간적이 될 수 있는 기회를 제공한다. 모든 인간의 성교에서 성교의 주체는 동반자에게 성적 즐거움을 주고 그를 섬기기를 원한다. 성교 시에 동반자가 최대의 즐거움을 누릴 때 성교의 주체의 즐거움도 증진된다. 이 태도가 바로 아가페다. 인간 안에서 작용하는 성욕 그 자체가 자신의 전략 때문에 자기 자신의 쾌락만을 추구하지 않는 것이다.[75]

이처럼 성적인 사랑은 자기애에만 머무르는 것이 아니라 성경적인 사랑의 특징을 내포한다. 성적인 사랑은 단지 받기만 하는 것이 아니라 아낌없이 주는 사랑이다. 주는 사랑의 가장 극명한 표현이 성적인 사랑에서 나타난다. 따라서 아가서와 고린도전서 13장은 아우구스티누스가 생각하는 것처럼 서로 대립하지 않는다. 또한 성적인 사랑에서 둘은 인격적으로 한 몸으로 연합된다. 이와 같은 특징들은 그리스도와 교회와의 관계를 설명할 때 좋은 유비가 된다. 따라서 에베소서 5장 이하에서는 그리스도와 교회의 관계를 남편과 아내의 관계에 비유한다. 남자와 여자가 결혼을 통해 한 몸이 된다는 창세기 2:24 말씀에는 그리스도와 교회와의 연합이라는 비밀이 예표되어 있다(엡 5:31). 결혼은 그리스도와 교회의 연합을 보여 주는 거울이다. 이로써 결혼관계는 더욱 깊은 차원을 갖게 된다. 아내는 교회의

---

74 *Ibid.*, pp. 47, 51; 러셀 바노이, *op. cit.*, p. 28.
75 Helmut Thielicke, *Theological ethics: Sex*, pp. 48-49.

머리 되신 주께 하듯 머리 된 남편에게 복종해야 하며(엡 5:22-24), 그리스도께서 교회를 사랑하사 자기 몸을 주심같이 남편들도 아내를 제 몸같이 사랑해야 한다(엡 5:25-28).

6) 아가페는 성관계를 완성시킨다

인간의 성적 충동 안에 아가페적 요소가 내재해 있으나 인간이 타락한 이후 이 요소는 상당히 손상되어 완전하지 못하며, 이로 인해 성관계에 많은 균열이 생길 수밖에 없다. 이런 상황에서 기독교의 아가페 사랑은 불완전한 성관계를 완성시키는 강력한 힘으로 작용한다.

기독교의 아가페는 성애가 지닌 에로스적 요소를 몰아내거나 대체하지 않고, 오히려 풍성하게 하고, 안정시키고, 수정한다.[76]

첫째, 아가페는 사랑받는 사람이 성애의 에로스가 요구하는 바를 성취하지 못할 때도 상대방을 사랑하게 함으로써 성애를 풍성하게 한다. 아가페는 에로스가 매력적으로 보는 부분과 추하다고 판단하는 부분 배후에 있는 인간을 있는 모습 그대로 존중한다. 에로스는 사랑받는 상대방이 제공하는 약속의 성취를 기대하지만, 아가페는 사랑받는 상대방이 약속을 온전하게 성취하지 못하리라는 것을 안다. 왜냐하면 사랑받는 상대방은 에로스가 원하는 그런 존재가 아니기 때문이다. 아가페가 성애의 혈류 속에 들어오면 에로스를 완전히 만족시킬 수 없다는 사실에 눈을 뜨게 한다.[77]

둘째, 아가페는 성애를 안정시킨다. 성애의 에로스적 부분은 바람 앞의 촛불이 깜빡이는 것처럼 불안정하다. 변하지 않고 소멸되지 않는 에로스적 성애는 신화에 지나지 않는다. 성애는 성취의 약속을 실행하는 상대방의 능력에 의존하기 때문에 불안정하다. 신체적인 성적 매력은 욕망의 파도가 생성되었다가 소멸되는 것에 비례해 올라가기도 하고 추락하기도 한다. 정신적인 성적 매력도 사랑받는 자가 약속한 것을 성취하는 정도에 따라서 개화하기도 하고 시들기도 한다. 그러나 아가페는 무한한 사랑의 저수지로부터 오기 때문에, 그리고 '…에도 불구하고' 사랑하기 때문에 안정적이다. 신체적인 무기력, 냉담, 기타 기능저하는 성애를 파국으로 몰고 간다. 정신적인 흠결도 에로스적 정열의 불꽃에 찬물을 끼얹는

---

76 Lewis B. Smedes, *op. cit.*, p. 79.
77 *Ibid.*, p. 80.

다. 그러나 아가페는 사랑받는 사람이 약속을 완전히 성취할 수 없다는 현실을 알면서도 그를 존중하기 때문에 에로스적 성애가 소멸되는 차가운 겨울과 같은 때에도 안정적인 터전을 제공한다. 한 걸음 더 나아가 아가페는 꺼진 에로스를 회복시키기도 한다. 사랑받는 사람은 사랑하는 사람이 보고 원하는 것을 자기 자신 안에서 발견한다.[78]

셋째, 아가페는 성애가 왜곡될 때 성애를 수정한다. 성애는 인격적 존재와의 연합으로부터 쉽게 분리되어 리비도 곧 욕정으로 전락한다. 이때 욕정은 상대방을 착취하게 된다. 아가페는 자기를 희생하고 배려하는 능력, 인격에 대한 고려, 타인이 유익을 얻도록 섬기는 태도 등을 통해 왜곡된 성애를 교정한다.[79]

7) 아가페는 남성의 일부다처적 성향을 강하게 통제한다

아가페가 왜곡된 성애를 수정하는 경우는 쉽게 일부다처적으로 기울어질 가능성이 있는 남자의 성향을 통제하는 강력한 힘으로 작용하는 데서 확인할 수 있다. 성적 교제에서 남자는 여자보다 훨씬 더 작은 부분을 표현한다. 남자는 자기 시간의 훨씬 더 많은 부분을 치열한 싸움을 요구하는 적대적인 외부 세계에서 보낸다. 그러나 여자는 성관계 시 자아를 유보함 없이 준다. 성교 시 여성 성기는 자신의 몸 안으로 무엇인가를 받아들이는 반면 남성 성기는 밖으로 배출한다. 여성의 성기가 정액을 받아들이면 정액은 여성의 성기와 몸 전체에 영향을 준다. 예컨대 잉태는 여성의 몸과 마음 전체의 문제다. 반면에 남성은 정액을 사출하고 난 이후에 성기를 포함한 몸과 마음에 어떤 결정적인 영향을 받지 않는다. 이 생리적 구조를 규범화하면 남성에게는 혼전 순결을 엄격하게 지킬 것을 요구하지 않으면서 여성에게는 철저하게 지킬 것을 요구하는 '이중적 도덕기준'이 등장할 수 있다.[80] 물론 이와 같은 이중 도덕기준은 정당한 것이 아닌데, 그 이유는 인간의 성은 단순한 생리학적인 문제만이 아니라 인격적 결단의 문제이기도 하기 때문이다.

생리학적 구조의 관점에서 볼 때 여성에게는 일부일처 성향이 강하게 나타나는 반면

---

78 *Ibid.*, pp. 80-81.
79 *Ibid.*, p. 81.
80 Helmut Thielicke, *Theological ethics: Sex*, pp. 80-81, 83.

남성에게는 일부다처 성향이 강하게 나타난다.[81] 여성은 성교 시 상대방을 온몸으로 받아들이며, 자기 자신 전체를 주며, 전 존재로 성교에 참여한다. 처음 성관계를 가지는 남성은 여성의 존재에 깊은 각인을 남긴다. 이 때문에 여성은 일부일처를 지향한다. 특히 젊은 시절 성교와 일부일처가 연결되지 않은 여성은 심리적으로 깊은 상처를 받게 되며, 이 상처는 한편으로 불감증을 낳을 수 있고, 다른 한편으로는 끊임없이 성적 충족을 갈망하는 요부증(vamp)과 같은 정신병리학적 증후들을 낳을 수 있다.[82]

남성의 일반적·생리적 현상을 자연스럽게 따르게 되면 성교의 동반자를 자유롭게 바꿀 수 있게 된다.[83] 그러나 이것은 신체적인 성을 인격성으로부터 분리시키는 태도다. 인간의 성은 인격성 안에 있고 인격성으로부터 분리시킬 수 없다. 한 사람의 인격성은 독특한 것으로서 재생이 불가능한 것이다. 그러므로 신체적 성을 인격성으로부터 분리해 일반화할 수 없다. 남성이 다처 생활을 할 수 있는 것은 극히 인위적인 추상화된 환경 안에서 뿐이다. 다처주의에 굴복한 인간은 자신의 본질을 상실할 각오를 해야 한다. 남성이 일부일처를 해야 하는 근거는 신체적 성보다는 인격성에 근거한다. 남성의 성적 완성은 동반자의 성적 본성 속으로 들어갈 때 완성된다. 상대방을 배려해야 할 성적 관계에서 동반자에게 상처를 주며 다처성을 추구하는 태도는 기괴한 것이다.[84]

인격성의 핵심인 아가페는 명백히 일부일처를 지향한다. 아내는 이웃이므로 남편은 아내의 독특한 물리적·인격적·통전적 여성성의 대체불가성을 존중하지 않고는 성적 본질을 구현할 수 없다. 이 원리는 외부에서 부과되기 이전에 이미 성적 욕구의 본질 안에 있는 상호순종의 법과 근본적으로 일치한다. 아가페는 이웃을 있는 모습 그대로 받아들이는 것, 이웃인 아내의 성적 본성을 있는 그대로 받아들이는 것을 의미하므로, 다처제가 아내에게 상처를 준다면 남편은 다처제를 거부해야 한다. 사랑은 남자로 하여금 아내를 독특하고 대체 불가능한 인격체로 다루게 하면서 자기 자신의 다처적 성향을 통제하도록 요구한다. 아

---

81 예컨대 바노이가 행한 조사에 따르면, 젊은 여성의 80퍼센트가 자신을 인격적으로 사랑하는 사람과의 성관계를 원하는 반면 젊은 남성들의 경우는 그 비율이 20퍼센트를 넘지 않았던 데서도 이와 같은 성향을 확인할 수 있다. 바노이, *op. cit.*, p. 28.

82 Helmut Thielicke, *Theological ethics: Sex*, pp. 84-85.

83 *Ibid.*, p. 86.

84 *Ibid.*, p. 89.

가페는 이성의 성적 본성을 이해할 것을 요구한다.[85]

에로스 안에는 일처제를 향한 본질적 성향이 없다. 에로스는 동반자를 나에게 결여된 다른 반쪽 기능을 보완해 주는 기능적 존재로 파악한다. 이 관점에서 성을 보면 ①상대방이 나의 부족한 반쪽을 채워 줄 수 있는 기능을 가진 존재인가를 끊임없이 재고한다. ②시간이 흐름에 따라 성기능도 변화하는데, 두 당사자의 성기능의 변화가 동시에 진행되지 않을 때 위기가 찾아온다. ③황홀경 다음에는 무관심과 심지어 동반자를 배격하고자 하는 순간이 찾아온다. 왜냐하면 황홀경이 너무 짧고 기대에 못 미치기 때문이다. 이때 동반자를 다른(특히 더 젊은) 이성과 비교하기 시작하면 간음(절반의 해결)이나 이혼(극단적인 해결)을 추구하게 된다.[86]

4. 성욕과 혼전관계

"이러므로 남자가 부모를 떠나 그의 아내와 합하여 둘이 한 몸을 이룰지로다"라고 한 창세기 2:24 말씀과 "만일 절제할 수 없거든 결혼하라 정욕이 불 같이 타는 것보다 결혼하는 것이 나으니라"는 고린도전서 7:9 말씀은 성교는 결혼관계 안에서 행해져야 한다는 것을 규정한 규범적 선언이다. 그런데 한 '몸'이라는 표현은 별개로 존재하던 두 신체가 하나로 통합된다는 의미로 이해될 필요가 없다. 이 말은 인격적 연합으로 이해되어야 한다. 스코러(C. G. Scorer)는 '한 몸이 된다'는 말의 의미를 인격적 연합으로 이해해야 한다고 다음과 같이 적절하게 설명한다.

> 그들은 주위 자연세계에 대해 일치된 반응을 보이는데, 이것이야말로 아주 폭 넓은 일치다. 무슨 일이 일어나도 그 영향에 관계없이 서로 그 일에 관련될 수밖에 없다. 그들은 듣고, 보고, 만져 본 것을 서로 나눈다. 그들은 즐거운 일들과 언짢은 일들, 인내와 통증, 그리고 세

---

85 *Ibid*., pp. 90-93.
86 *Ibid*., pp. 93-95.

상에서 일어나는 모든 일을 한 몸이 되어 받아들인다. 이것은 그들의 반응이 동일하다는 얘기는 아니다. 마음과 몸이 개별적이요 독립해 있다는 점을 생각할 때 이것은 불가능한 일이다. 그러나 인격체(person)로서 그들은 아주 밀착해 있기 때문에 자신들의 체험을 함께 겪어 나간다. 한 사람이 승리할 경우 다른 사람은 그 성과를 마냥 흐뭇해하고 자랑하며 한 사람이 병으로 몸져누울 경우 다른 사람은 그 침입자인 병을 상대로 방어 태세를 갖춘다. 성적인 친밀성에 있어서 각자는 전적으로 상대방과 함께 즐기며 상대방의 생각을 앞세운다.[87]

성교는 남자와 여자 사이의 이와 같은 전체적인 인격적 연합의 표현수단이어야 한다. 이 연합은 현실적으로 결혼[88] 이외의 다른 것이 될 수 없다. 그러므로 결혼관계 밖의 성교는 허용될 수 없다. 남성 성기가 여성 성기에 삽입되는 것은 연합의 신비를 간직한 행위이며, 마지막 오르가즘은 한 사람이 다른 사람에게 자기 자신을 완전히 줄 뿐만 아니라 가장 격렬하지만 가장 민감한 신뢰의 경험이기도 하다. 그러므로 삶 전체의 연합이라는 의도를 가지고 행해지지 않는 성교는 비윤리적이다. 삶 전체의 연합은 공간적으로는 삶의 영역 전체가, 시간적으로는 죽는 날까지의 모든 기간이 포함된다.[89]

그렇다면 혼전의 연인들은 어느 정도까지 성적인 사랑을 표현해야 하는가? 성(sexuality)은 성교보다 더 넓은 개념이다. 성이란 남자와 여자를 서로 끌어당기는 육체적 욕구로서 생각, 감정, 행동, 그리고 성교 등과 같은 다양한 경로를 통해 표현된다. 성적 욕구는 재빨리 꺼버려야 할 위험한 불이 아니라 마음을 따뜻하게 하는 불이다. 그러나 하나님이 주신 모든 좋은 선물들이 다 그렇듯 성적 욕구는 죄로 들어서는 문의 역할을 할 수도 있다. 마음을 따뜻하게 해주는 것이 성경이 인정하지 않는 억제할 수 없는 열정으로 바뀔 수 있다. 그리스도인들은 정과 욕심을 십자가에 못 박고(갈 5:24) 자신들의 육체를 예수

---

87 C. G. Scorer, 「성경과 현대 성윤리」, 이종태 역(생명의 말씀사, 1981), p. 29.
88 우리 사회에서 결혼하기 전에 약혼을 하는 경우와 유대 사회에서 결혼 전에 정혼을 하는 경우는 구별되어야 한다. 우리 사회에서 행하는 약혼은 법적 효력이 없지만 유대 사회에서의 정혼은 법적 계약이 성사되었음을 의미하며 사실혼 관계에 이미 들어가는 것이다. 이 관계를 깨려면 정식으로 이혼 수속을 밟아야 한다. 결혼식은 법적으로 발효된 결혼관계를 대외적으로 천명하는 형식적인 예식이다. 따라서 유대 사회의 정혼은 우리 사회에서는 주민센터에 혼인신고를 하는 것에 비유될 수 있다(C. G. Scorer, *op. cit.*, p. 31).
89 J. Douma, *op. cit.*, p. 106; Lewis B. Smedes, *op. cit.*, pp. 110-112.

그리스도를 섬기는 일에 써야 하며, 성령의 전으로 유지해야 한다. 따라서 혼전의 연인들은 자신들의 육체가 욕망에 끌려 다니도록 내버려두어서는 안 된다. 다음의 세 가지 윤리적 원리들은 혼전 연인들에게 좋은 지침이 될 수 있다.

첫째, 성적 사랑의 표현은 서로를 존중하는 가운데 정신적인 사랑의 테두리 안에서 이루어져야 한다. 성적 사랑의 표현은 두 당사자가 함께 하는 일이다. 이 말은 곧 상대방의 동의가 전제되어야 한다는 말이다.

둘째, 두 사람이 모두 하나님 앞에서의 책임성을 의식해야 한다. 참기 어려운 성적인 욕망도 당사자들이 같이 하나님께 드리는 기도의 제목으로 삼을 필요가 있다.

셋째, 서로에 대한 책임성을 의식해야 한다. 자기만을 생각하는 이기적인 태도를 버리고, 주말이나 휴가기간 중이라도 결코 동거하지 말아야 한다. 동거는 성교를 정당화하는 환경이 될 수 없다. 동거는 특별한 형태의 친밀한 인격적 연합의 특성을 지닌 것이 사실이지만 전체적인 삶의 연합은 아니다. 또한 동거자는 상대방이 영구적인 결혼 대상으로 적합한가를 모색하는 중에 있을 뿐이며, 상대방의 상황을 본인이 감당하기 어렵게 되면 언제든지 관계를 끝낸다는 것을 전제로 하고 있다는 점에서 공간적·시간적으로 전체적인 헌신과 연합을 하지 않는다.[90]

III.
왜곡된 성과 순결

1. 타락 이후 전반적으로 왜곡된 성관계

하나님이 선물로 주신 성은 아름답고 선한 것이다. 타인의 몸과 친밀하게 접촉함으로써 느

---

90 J. Douma, *op. cit.*, pp. 106-108.

끼는 신체적인 즐거움과 예민한 흥분은 하나님이 주신 즐거움이다. 그러나 신체적인 성적 즐거움의 추구가 인격적인 연합과 사랑의 교제로부터 분리되면 성적인 즐거움은 왜곡된다. 인격적 연합과 사랑의 교제로부터 분리된 쾌락은 ①인격적인 연합과 사랑의 교제에 빛을 더해 주는 풍요로운 장식의 위치에서 벗어나 지배하고 강압하는 충동적 욕구가 되고, ②방향성이 없고 삶의 통전적 중심을 제공하지 못하기 때문에 삶이 통전적인 모습으로 발전하는 것을 방해하고 생활 전체를 혼란에 빠뜨리며, ③배우자의 인격성을 무시하고 배우자의 몸을 자기 자신의 이기적인 성욕 충족을 위한 도구로 악용한다.[91]

아담과 하와가 타락한 이후 성이 심각하게 왜곡되기 시작했음은 성경이 풍부하게 증거한다. 아담과 하와가 타락했을 때 이들이 하나님과 맺은 관계만이 아니라 두 사람 상호간의 관계도 죄의 영향을 받게 되었다. 어린아이를 얻을 때 고통이 수반되었고, 남자와 여자 사이의 조화로운 관계는 아내는 남편을 원하고 남편은 아내를 다스리는 관계로 변질되었다(창 3:16).

이 왜곡된 상태는 역사가 흐름에 따라서 이방 백성들 사이에서 뿐만 아니라 하나님의 백성들 가운데서도 현실로 드러났다. 여자는 아이를 낳는 것이 너무나 고통스러운 나머지 아이를 낳다가 심지어 자기 목숨을 잃기도 했다. 라헬은 베냐민을 낳다가 죽었고(창 35:18), 비느하스의 부인은 이가봇을 낳다가 죽었다(삼상 4:20). 산기가 임박한 여인들은 산고를 겪으며 부르짖어야 했다(사 26:17; 미 4:10; 계 12:2).

아내는 남편의 소유물로 전락해 비인간화되었고 불평등한 대우를 받아야 했다. 남편이 아내에게서 '수치스러운 일'을 발견하면 내보낼 수 있었지만(신 24:1), 아내는 남편에게서 그런 일을 발견해도 내보낼 수 없었다. 유다는 다말이 간음한 사실이 드러났을 때 그를 불사르려고 했지만 자신이 간음한 행위에 대해서는 같은 벌을 적용하지 않았다(창 38장). 남자가 여러 여자를 소유하는 것을 허용했던 일부다처 제도는 여자에게 많은 고통을 가져왔다. 솔로몬은 700명의 부인과 300명의 첩을 거느렸다(왕상 11:3). 잉태한 하갈이 사라를 멸시한 행동(창 16:4), 레아를 향한 라헬의 질투(창 30:1), 브닌나로 인한 한나의 번민(삼상 1:4 이하)도 다처 제도가 낳은 쓰라린 결과다. 라헬과 레아 사이에서는 성교가 흥정 대상이 되기

91　Lewis B. Smedes, *op. cit.*, pp. 30-32.

도 했다(창 30:14 이하). 남편의 사랑을 얻기 위한 이와 같은 몸부림에서 우리는 "너는 남편을 사모하라"는 말씀이 현실화되는 것을 본다. 그러나 이처럼 남편이 아내를 장악하는 것처럼 보였지만 허울뿐일 경우가 많았다. 삼손은 그토록 강했지만 들릴라에게 지배당했고(삿 16:4 이하), 그렇게 많은 여자들을 거느린 솔로몬도 이 여인들에게 휘둘려 우상숭배에 빠져들었다(왕상 11:9 이하).

창녀가 있게 하지 말라(신 23:17)는 모세 율법의 명령에도 불구하고 창녀가 끊이지 않았으며(왕상 14:23; 사 57:5; 렘 2:20; 3:6), 근친상간(레 18:1 이하),[92] 생리기간 중의 성행위(레 18:19; 20:18), 동성애(레 18:22; 20:13), 수간(獸姦, 출 22:19; 레 20:15 이하; 신 27:21) 등이 성행했다. 이런 죄들에 대해서는 사형이 부과되었다. 하나님이 가나안 땅의 거민들을 쫓아내신 이유가 바로 이와 같은 왜곡된 성행위들 때문이었는데, 이스라엘 백성들도 동일한 성행위들을 하면 동일한 형벌을 받도록 되어 있었다(레 18:24 이하). 소돔과 고모라뿐만 아니라(창 19장) 벤냐민 지파에서도 동성애가 발견되었다(삿 19장 이하). 에스겔은 이스라엘 백성들이 왜곡된 성행위를 했을 때 바벨론 유폐의 벌을 받을 것이라고 경고했다(겔 22:8 이하). 암논은 성적 욕구에 사로잡힌 나머지 병이 들 정도였으며(삼하 13:2), 남자들은 성욕이 넘쳐 수말처럼 부르짖으며 이웃의 아내를 쫓아다녔고(렘 5:8), 여자들도 나귀와 같은 감각과 말과 같은 열정을 가지고 남자를 갈망했다(겔 23:20). 이스라엘이 상수리나무 아래에서 음욕에 불탔다(사 57:5).

2. 모세의 율법은 의식법인가

모세의 율법은 레위기 18장과 20장에서 간음, 근친상간, 동성애, 수간과 같은 왜곡된 성행위들을 준엄하게 비판한다. 이 행위들은 '가증한 행위'로서 이런 행위를 하는 자들은 사형을 부과받고 이스라엘 백성 중에서 끊어짐을 당했다. 그러면 왜곡된 성행위들을 비판하는

---

[92] 르우벤은 아버지의 첩 빌하와 동침해(창 35:22) 장자권을 박탈당했고(창 49:3 이하), 다윗의 아들 암논은 누이 다말을 강간했으며(삼하 13장), 압살롬에게 죽임 당했다. 압살롬도 다윗의 첩과 공개적으로 성교를 가짐으로써 왕권에 대한 권리가 있음을 입증하고자 했다(삼하 16:21 이하).

내용은 레위기에 등장하는 다른 정결 규례들 – 출산이나 성교 후의 신체적 정결 등 – 과 함께 의식법으로 분류되어 신약시대에는 더 이상 적용되지 않는 것인가?

컨트리맨(L. William Countryman)은 동성애와 수간에 관한 구약의 금령들은 정결의 윤리 영역에 속한 것들로서, 죄라고 부르면 안 되고 다만 '더럽다'고 불러야 한다고 보았다. 더러운 것의 의미는 문화와 감정에 의해 결정된다. 어떤 사람이 동성애나 수간을 더럽다고 부르는 것은 자유지만, 다른 사람에게 그 관점을 강요해서는 안 된다. 정결의 윤리는 도덕의 윤리와는 다른 것이다. 자위행위, 자궁 외 성교, 수간, 동성애, 포르노그래피 등은 더 이상 비판의 대상이 되지 않는다.[93]

그러나 레위기 11-15장의 정결 규례들과 레위기 18장과 20장의 도덕법적인 성관계 금지 규정들을 같은 방법으로 해석하는 것은 잘못이다. 레위기 11-15장이 다루는 불결한 일들 – 출산, 시신이나 동물사체를 만지는 것, 문둥병, 유출병 등 – 은 일상생활에서 흔히 만날 수 있는 일들로서 제사를 통해 씻음을 받을 수 있었고, 어떤 형사적인 처벌도 부과되지 않았다. 그러나 레위기 18장과 20장이 다루는 근친상간, 동성애, 수간에 대해서는 사형이 부과되었고 회복이 불가능했다. 신약성경에서 예수님은 음식이 사람을 더럽게 하지 못하나(마 15:17) 간음과 음란은 사람을 더럽게 한다(마 5:19)고 말씀하심으로써 양자를 차별화했다. 레위기 18장과 20장이 말하는 성행위들은 마음의 악한 욕심과 분리되지 않았다. 바울은 동성애가 당사자들의 몸을 욕되게 한다고 말한다(롬 1:24). 레위기 11-15장의 정결 규례들을 포함하는 의식법 조항들은 옛 언약에 속한 그림자 예배로서 그리스도 안에서 종결되었으나 구약의 도덕법은 문화와 시대를 넘어서서 오늘날에도 유효하다.[94]

3. 수치와 벌거벗음

창세기 3:7은 타락 이전에는 벌거벗음에 대해 수치를 느끼지 않던 아담과 하와가 타락 후

---

93 Hodge, *A Commentary on 1 & 2 Corinthians*, pp. 14, 18, 243 et al.
94 J. Douma, *op. cit.*, pp. 79-81.

수치를 느끼고 벌거벗은 몸을 무화과나무 잎으로 가렸음을 보도한다. 여기서 아담과 하와가 무화과나무 잎을 엮어 치마를 만들어 벌거벗은 몸을 가린 이유는 무엇일까?

다우마(J. Douma)는 이 행위를 성적인 관점에서 해석하지 않고 하나님 앞에서 범한 죄를 가리고자 하는 마음의 표현이라고 해석했다. 아담과 하와가 타락 이전에 에덴동산에서 수치심을 느끼지 않은 이유는 하나님 앞에 은닉할 죄가 없고, 그 결과 하나님과 동료 인간과의 관계에서 감추어야 할 것이 없었기 때문이다. 그러나 타락한 후에는 자신들이 은밀하게 품었던 마음과 하나님의 명령을 어기고 행한 행동을 숨겨야 한다는 생각을 갖게 되었다. 이 생각이 무화과나무로 치마를 만들어 자신을 가리는 행동으로 나타났다(창 3:7). 그리고 이들은 하나님으로부터 몸을 숨겼다(창 3:8). 이 행동은 성적인 수치[95]에서 비롯된 행동이 아니었다. 수치는 아담과 하와가 타락한 이후 하나님과의 관계, 그 관계의 연장으로서 아담과 하와 상호간의 관계가 막히게 되었을 때 형성되었다. 치마로 자신을 가린 행위는 아담과 하와의 상호관계가 막히게 되었다는 외적인 신호였다. 이들은 서로에 대해 자기 자신을 방어했다. 이들의 관계가 막혔다는 사실은 아담이 후에 불순종의 책임을 하와에게 떠넘길 때 명백하게 드러났다(창 3:12). 수치는 하나님과의 연합과 인간 상호간의 연합이 깨어졌음을 드러내는 현상으로서 신체적인 면과 심리적인 면에서 상대방의 시선을 회피하는 것이다.[96]

그러나 스메디스(Lewis B. Smedes)는 아담과 하와가 벌거벗은 몸을 가린 행위를 인격적 관계의 단절을 표현하는 것으로 보면서도 인격적 단절이 성기와 관련이 있음에 주목했다. 에덴동산에서 수치를 느끼지 않았던 아담과 하와가 수치를 느끼게 된 이유는 두 사람의 동반자 관계가 깨졌기 때문이다. 성기는 아담과 하와 사이의 인격적인 연합과 사랑을 표현하는 통로다. 아담과 하와 사이에서 인격적인 연합과 사랑의 관계가 유지되고 있는 한에서는 성기가 그대로 드러나는 벌거벗음을 가릴 필요가 없었다. 왜냐하면 그 벌거벗음이 사랑의 교제를 표현하는 수단으로써 사랑의 교제와 조화를 이루고 있었기 때문이다. 그러나

---

95 이 수치를 성적인 순결의 관점에서 해석한 문헌으로는 W. Geesink, *Gerefomeerde ethiek*(Kampen: Kok, 1931), p. 406 이하; E. Brunner, *Das Gebot und die Ordnung*(Zürich: Zwingli verlag, 1939), p. 334; Helmut Thielicke, *Theologische Ethik III*, p. 559 이하; D. Bonhoeffer, *Ethik*(München: Chr. Kaiser, 1949), p. 122 이하 등을 보라.

96 J. Douma, *op. cit.*, pp. 96-97.

인격적인 연합과 사랑의 관계가 깨어지자 이 연합과 사랑의 관계를 표현하는 가장 중요한 수단인 성기를 드러내 놓을 수가 없었다. 성관계가 인격적 사랑과 교제와 신뢰를 담을 수 없게 된 것이다. 그리하여 수치심이 들어왔다. 벌거벗음 그 자체가 악은 아니었으나 타락한 세상에서 깨어진 인격적 관계를 표현하기에는 부적절한 방법이 되었다. 따라서 아담과 하와는 성기를 가리는 옷을 입었다. 이후 옷은 타락한 세계 안에서 일상생활에 적합한 방법이 되었다.[97]

타락한 이후의 세계에서는 더 이상 서로를 자연스럽게 벌거벗은 몸으로 볼 수 없다. 왜냐하면 타락한 인간들은 벌거벗은 몸을 인격적 연합과 사랑으로부터 유리된 성욕의 사용 대상으로만 보는 경향이 있기 때문이다. 따라서 타락한 세계에서 인간은 본능적으로 성기를 가린다. 타락한 세계 안에서의 벌거벗음은 사랑이 온전히 회복된 두 사람, 신체적 성과 정신적 성이 하나로 연합된 사람들 사이-결혼관계 안-에서만 적절하다.[98]

하나님이 아담과 하와가 자신을 가리려고 했던 무화과나무 잎으로 만든 치마를 대신해 가죽 옷을 지어 입히신 것(창 3:21)은 하나님이 옷을 입히심으로써 수치를 표현하던 것을 타락한 세계 안에서의 생활양식으로 긍정적으로 인정하셨음을 뜻한다. 현대 성문화가 필사적으로 수치를 벗어 버리고자 하는 것은 하나님이 인정하신 이 질서에 반하는 것이다. 현대 문화는 포르노그래피(pornography)에서 볼 수 있는 것처럼 벌거벗음을 공적으로 드러냄으로써 수치를 극복하고자 하지만 이런 시도는 오히려 성교를 진부하고, 공허하고, 피상적인 것으로 만들며 성으로부터 신비, 놀라움, 동경과 같은 인격적 차원을 제거해 버리는 것이다. 그러나 성 그 자체를 악한 것으로 보고 숨기려고 하는 태도는 수치를 과장하는 것이다. 하나님이 선하다고 여기신 것에 대해 부끄러움을 느끼는 것은 잘못된 것이다. 과장된 수치는 성을 파괴한다. 과장된 수치는 이성을 향한 모든 감정을 욕정이라 보고, 여성에게 가까이 가고자 하는 욕구를 여성을 유혹하는 욕구라고 봄으로써 모든 이성과 자유롭고 건전한 방법으로 관계를 맺을 수 없게 하며, 결혼 안에서 배우자와 성적 연합의 즐거움을 누리지 못하도록 방해한다.[99]

---

97 Lewis B. Smedes, *op. cit.*, pp. 34-35.
98 *Ibid.*, p. 35.
99 *Ibid.*, pp. 35-36.

인간은 수치를 표현하기 위해 옷을 입는다. 옷은 성적인 감정을 죽이는 것이 아니라 그 감정을 보호하여 고삐 풀린 말처럼 제멋대로 발산되지 않도록 한다. 어느 정도로 몸을 가리는 옷을 입어야 하는가는 시대와 문화적 정황에 따라 달라질 수 있으나 타락한 세계 안에서는 옷을 입고 생활하는 것이 정상적이고 바람직한 모습이다. 다만 의료적인 목적이나 인체미를 표현하는 예술적인 목적, 결혼관계 안에서 사랑의 표현으로서나 위생상의 목적-샤워나 목욕 등-으로는 벗는 것이 허용될 수 있다.[100]

4. 혼외 관계에서의 페팅

페팅(petting)[101]은 성적인 쾌감을 느끼기 위해 상대방의 몸을 어루만지는 행위를 말한다. 페팅은 성적 쾌감을 느끼려는 의도가 없이 문화적인 인사 관행의 일환으로써 반가움과 친밀함을 표현하기 위한 스킨십(skinship)과는 구별될 필요가 있다. 예컨대 러시아인들이나 유럽인들은 만났을 때 남녀를 가리지 않고 상대방을 가볍게 안고 뺨에 입술을 접촉하며 인사하는데 이는 페팅이 아니다. 그러나 스킨십과 페팅을 어느 정도 선에서 구별해야 하는가 하는 문제는 각 나라의 문화와 관습에 따라 유연하게 결정될 수 있다.

페팅이 차지하는 정상적인 자리는 결혼관계 안에서다. 왜냐하면 페팅은 통상적으로 성교로 나아가기 위한 전희(foreplay)로 행해지기 마련이기 때문이다. 따라서 페팅은 혼전이나 혼외에서는 바람직하지 않은 관행이다.

그렇다고 해서 혼전이나 혼외에서 행해지는 페팅이 항상 잘못된 것은 아니다. 페팅은 성교를 전제하지 않고서도 이루어질 수 있다. 이 경우 전제조건은 첫째, 상대방과 인격적인 교제를 나누는 가운데 인격적인 사랑의 표현 수단이어야 하고, 둘째, 책임 있는 절제가 있어야 한다는 것이다.

그러나 이 경우의 페팅도 페팅 그 자체가 지닌 특성 때문에 위험에 노출될 수 있다. 첫

---

100 J. Douma, *op. cit.*, pp. 103-104.
101 Lewis B. Smedes, *op. cit.*, pp. 133-137.

째, 페팅은 어느 단계에서도 완전한 만족을 줄 수 없기 때문에 언제나 한 단계의 페팅은 다음 단계로 나아가기 위한 발판이 된다. 둘째, 성교 시와 마찬가지로 페팅 시에도 상대방을 착취하기 쉽다. 사람은 페팅에 들어갈 때 가장 취약한 상황에 처하게 된다. 잘못된 희망이 일어날 수 있고, 위장된 정욕이 인격적인 애정으로 오인될 수 있다. 깊은 밀도로 사랑에 빠져 있다 보면 상대방의 정욕을 진정한 사랑의 신호로 잘못 해석할 수도 있다. 특히 외로운 젊은이, 가정에서 사랑받지 못하고 큰 아이, 자존감이 거의 없는 사람 등은 상대방의 정복욕을 인격적인 애정으로 해석하기 쉽다.

5. 성적인 순결과 자위행위

우리의 몸과 영혼은 그리스도의 소유다. 따라서 우리는 그리스도의 법에 의해 몸과 영혼이 지배받도록 해야 한다. 우리의 소유주 되신 그리스도에 대한 우리의 사랑은 그의 계명을 지키는 것으로 표현된다(요 14:15, 21; 15:10; 요일 2:4; 5:3). 하나님이 주신 계명 가운데는 구약과 신약 전체에 걸쳐서 성적으로 깨끗한 생활, 곧 하나님이 선물로 주신 성적 욕망을 바르게 표현하고 즐기라는 명령이 포함된다.[102]

성적인 욕망을 바르게 표현하지 못하는 관행 가운데 하나로 **자위행위**(masturbation[103])를 들 수 있다. 자위행위는 성에 눈을 뜨기 시작한 사춘기 청소년들, 결혼한 사람들, 특히 질병 때문에 상대방이 오랫동안 성교 능력을 상실한 상태에서 지내야 하는 사람들, 홀아비와 과부들, 성관계 대상을 찾지 못한 동성애자들과 이성애자들, 성욕이 특히 강한 자들 등 등과 같이 광범위한 부류에서 나타난다.

그러나 우리는 자위행위에 대해 지나치게 엄격한 윤리적인 비판을 가하는 것은 절제할 필요가 있다.

---

102 J. Douma, op. cit., pp 84-85. 결혼관계는 하나님과 그의 백성의 은혜롭고 선한 관계를 묘사하는 반면(사 61:10; 62:5; 겔 16:8 이하; 호 2:13 이하; 엡 5:31 이하; 계 19:6 이하; 21:9 이하), 간음과 음행으로 왜곡된 관계는 하나님과 그의 백성의 왜곡된 관계를 묘사하는 비유로 사용된다(시 73:27; 106:39; 렘 2:1 이하; 3:1 이하; 겔 16:15 이하; 23장; 호 1:2; 2:1 이하; 4:12 이하; 9:1; 계 17:2 이하; 19:2)는 점을 유념하라.
103 라틴어 masturbari는 자기만족에 빠진다(zichzelf bevredigen)는 의미를 갖는다.

첫째, 성경은 자위행위에 대해 침묵으로 일관한다. 창세기 38:9 이하에서 오난이 형수와의 정사 도중에 정액을 고의로 땅에 흘린 행동을 자위행위로 해석하는 자들도 있으나 이것은 오해다. 오난의 행위는 성적인 자기만족을 위한 행위가 아니라 일종의 질외사정(coitus interruptus)으로서, 죽은 형의 형수와의 성교를 통해 아들을 낳아 끊어진 대를 이어 주는 계대결혼 관습을 따르지 않으려고 한 행위였다. 바로 이 점 때문에 오난은 죽임을 당했다. 몽정을 가리키는 것이 분명한 레위기 15:16 이하와 신명기 23:10 이하는 종교의식상 불결한 경우를 말하는데, 종교의식상의 불결은 윤리적인 죄는 아니다.[104]

둘째, 자위행위는 성적인 자기만족을 추구하는 것인데, 자기만족을 추구하는 것 자체를 문제시할 필요는 없다. 왜냐하면 모든 성행위는 상대방을 만족시켜 줄 뿐만 아니라 자기만족을 추구하는 에로스적 특성을 지니기 때문이다.[105]

셋째, 자위행위는 자기 자신을 향한 페팅으로서 타인을 향한 페팅이 아니다. 자위는 그 자체가 적어도 다른 사람을 착취하거나 다른 사람에게 해를 끼치는 행위는 아니다.[106] 따라서 자위행위는 다른 사람들에게 해악을 끼치는 일상적으로 범하는 다른 죄들, 곧 부지불식간에 거짓말을 한다든지, 다른 사람의 마음에 상처를 준다든지, 교만하다든지, 사랑이 없는 태도로 대하는 것 등과 같은 죄보다는 가벼운 죄임이 분명하다.

넷째, 성욕의 정당한 해소방법으로 권장되는 결혼을 할 수 있는 형편도 못 되고, 그렇다고 해서 매춘으로 성욕을 해결할 수도 없는 자들이 처한 입장을 이해하는 마음도 아울러 필요하다. 사춘기 청소년들의 경우 신체적으로는 왕성한 성적 욕구를 느낄 수 있는 연령이지만 과중한 학업과 경제적인 무능력 등의 이유로 결혼을 할 수 없는 등 갖가지 사회적 제약에 의해 강제적으로 성적 욕구를 발산할 수 있는 경로가 상당한 기간 동안 차단된다. 또한 배우자와 사별한 후 오랫동안 새로운 배우자를 만나기 어려운 형편에 있는 자들이나 결혼을 원하지만 불가피한 사정으로 장기간 홀로 지낼 수밖에 없는 사람들이 자위행위를 통해 성적 욕구를 해소하는 것은 적극적으로 비판하기보다 묵인해 주는 것이 타당할 것이다.

그러나 자위행위는 무거운 죄는 아니라 할지라도 하나님이 선물로 주신 성을 남용하는

---

104 *Ibid.*, pp. 86-87.
105 Lewis B. Smedes, *op. cit.*, p. 139.
106 *Ibid.*, p. 138.

행위로서 절제해야 할 죄임에는 분명하다.

첫째, 우리는 자위행위를 할 때 깨끗하지 못한 온갖 상상에 마음을 내주게 되는데, 이것은 명확히 하나님 앞에서 죄다. 인간에게는 성욕이 일어날 때 적절하게 조절할 수 있는 능력이 주어져 있다. 일어나는 성욕을 합당하게 발산시킬 수 있는 경우가 아니면 성욕을 통제해야 하고, 통제하지 못했을 때 그 결과에 대해 책임을 피해 갈 수 없다. 인간이 성적 욕망을 조절해야 하는 이유는 성적 욕망 그 자체가 악한 것이기 때문이 아니라 성적 욕망이 마땅히 차지해야 할 제자리를 찾아 제 빛을 발휘하도록 하기 위한 것이다. 아름다운 여인을 보되 성적 탐심을 품지 않으며, 사랑하되 결혼관계 밖에서는 성교를 갖지는 않는 것이 인간의 정상적인 생활 모습인 것처럼, 강한 성적 충동에 사로잡히되 자위행위를 하지 않는 것이 인간의 정상적인 생활 모습이다.[107]

둘째, 성교는 인격적 대상과의 관계 안에서 이루어질 때 바른 자리를 찾는 것이다. 그러나 자위행위는 인격적인 대상 없이 이기적인 만족과 성욕 배출을 목표로 하는 자기중심적인 '나 홀로 성'(solo-sex)이다.[108]

셋째, 불가피한 사정이 있어서 자위행위를 하는 것을 묵인해 준다 하더라도 억제할 수 없는 충동에 의해 습관적으로 이루어진다면(compulsive masturbation) 자기 자신을 남용하는 행위가 될 수 있다.[109]

6. 페티시즘

페티시즘(pettisicm)[110]은 성과 관련이 없는 물건들에 자극을 받아 성욕을 느끼는 행위를 뜻한다. 페티시즘 자체는 윤리적인 죄라기보다는 치유가 필요한 왜곡된 성 의식이다. 페티시즘이 배우자와의 인격적인 성관계를 증진시켜 줄 수 있다면 윤리적으로 문제가 되지 않

---

107 J. Douma, *op. cit.*, p. 90.
108 Lewis B. Smedes, *op. cit.*, p. 139.
109 *Ibid.*, p. 139.
110 *Ibid.*, pp. 40-41.

을 수 있으나 인격적인 대상에게 상처를 주거나 인격적인 대상과의 성관계를 대체한다면 윤리적으로 문제가 된다.

첫째, 성교에 참여하는 사람이 배우자를 보고 성욕을 느끼지 않고 제3의 물품을 보고 성욕을 느낀다는 사실을 배우자가 알게 되면 배우자는 상대방이 진정으로 자신을 사랑하고 자신을 원하는가에 대해 의문을 갖게 된다. 이처럼 상대방의 마음에 상처를 주면 진정한 인격적 연합이 손상된다.

둘째, 남성이 여성의 브래지어 등에 대한 은밀한 열정을 가지고서 이것들을 훔치거나 모은 뒤, 이것들을 보면서 자위행위를 하면 성행위가 성교의 동반자에 대한 인격적인 사랑의 표현 방식이 되지 못한 채 사랑으로부터 분리된다. 거듭되는 자위행위는 배우자와의 진정한 인격적인 연합을 방해한다.

7. 자학성 변태와 가학성 변태

자학성 변태(masochism)는 자기 자신에게 고통을 가함으로써 성적인 즐거움을 얻는 유사 성행위를 뜻한다. 자학성 변태가 깊어지면 상대방에게 굴욕적으로 복종하고 매질당하고 정복당하고 남용당하고자 하는 욕구로 나타난다. 고통이 성적 즐거움을 대체한다. 매질과 결박당함이 성적 만족을 느끼게 해준다. 상대방에게 굴복하고 병적인 고통을 느끼는 행위 안에는 성교의 목적인 진정한 인격적 사랑과 상대방에 대한 헌신이 없다.[111]

가학성 변태(sadism)[112]는 배우자에게 고통을 가함으로써 성적 만족을 얻으려는 유사

---

111 *Ibid.*, pp. 41-44.
112 드 사데(De Sade)는 가학성 변태의 배경에 자리 잡고 있는 철학적 태도를 자유의 실현이라는 관점에서 규정하고 지지한다. 곧 가학성 변태는 성적 쾌감을 얻기 위해서라면 관습적인 윤리적 규범을 초월해 무엇이든지 행할 수 있다는 성 지상주의의 정당한 표현이라는 것이다[De Sade, *Three Comolete Novels: Justice, Philosophy in the Bedroom, Eugenie De Franval: Other Writings*, trans. Richard Seaver and Austryn Wainhouse(New York: Grove Press, 1965), pp. 318-329]. 그러나 드 사데의 입장은 가학성 변태를 자유가 지닌 또 다른 관점에서 분석한 사르트르(J. P. Sartre)에 의해 비판받았다. 사르트르에 따르면, 이상적인 인간관계는 두 명의 자유로운 주체 사이의 관계인데, 사디즘은 이 관계를 명백히 침해하는 것이다. 사디스트들은 배우자의 자유를 육체 속에 가둠으로써 소유하려고 하다가 그것이 불가능해지자 폭력에 빠지게 된다는 것

성행위를 뜻한다. 배우자의 인격과 자유를 존중하며 배우자의 동의하에 가벼운 물어뜯음, 거친 입맞춤, 강하게 끌어안는 것 정도를 행함으로써 성적인 즐거움을 증진시키며, 배우자가 불편을 느끼면 언제든지 중단하는 유희적 가학은 허용될 수 있을 것이다. 그러나 배우자에게 해를 가하고자 하는 충동의 지배를 받고 통제되지 않는 상태에서 배우자에게 고통을 주는 가학성 변태는 인격적인 연합과 사랑을 방해하고 사랑해야 할 상대에게 해를 끼친다는 의미에서 윤리적으로 문제가 된다.

신체적 가학증뿐만 아니라 심리적 가학증에 대해서도 같은 원리를 적용할 수 있다. 신체적 가학증이 극단화되면 배우자를 강간하거나 배우자의 몸을 불구로 만들거나 심지어 죽임으로써 성적 만족을 얻고자 시도할 수 있다. 배우자를 끊임없이 비방하거나 정신적인 굴욕을 주거나 배우자를 학대함으로써 전도(顚倒)된 쾌락을 누리고자 시도하는 것은 심리적 가학증의 사례들이다.[113]

8. 복장도착/동성애/성전환

복장도착(transvestism)은 반대의 성을 가진 사람의 옷을 입거나 그의 생활방식을 흉내 내기 좋아하는 관행이다. 복장도착자는 자기 자신을 다른 성이라고 생각하지는 않는다. 복장도착자는 일종의 성적 기행(奇行)을 하는 자라고 할 수 있다. 복장도착은 심리적인 문제일 경우가 많으므로 심리치료를 필요로 한다. 복장도착이 윤리적으로 문제가 되는 것은 결혼관계 안에서 다른 성의 옷을 입은 모습을 배우자가 보고 혼란을 겪거나 배우자와의 성관계를 방해하는 경우다. 배우자에게 피해를 주는 복장도착의 관행은 극복되어야 한다.[114]

동성애자는 자신이 잘못된 육체 안에 거하고 있다는 강한 신념을 가진 사람을 말한다.

이다[Jean Paul Sartre, *Being and Nothingness*, trans. Hazel Barnes(New York: The Philosophy Library, 1956), pp. 252-301].

113 가학증은 성이 성 이외의 인간의 다른 구성요소들에도 관련되어 있음을 보여 주는 증거다. 성은 부드러움과 배려라는 인격적 태도를 통해서 표현될 수 있지만, 적대감이나 강압적인 비인간적 태도를 통해서도 표현될 수 있다. Lewis B. Smedes, *op. cit*., pp. 42-44.

114 *Ibid*., pp. 44-45.

동성애자는 자신의 삶의 경험은 여자인데 남자의 몸을 입고 있거나, 삶의 경험은 남자인데 여자의 몸을 입고 있다고 생각한다. 동성애자는 주관적인 성 의식을 신체적인 성적 구조와 조화시키지 못한다. 동성애자가 한 걸음 더 나아가 자신의 주관적인 성 의식과 다른 신체적 성적 기관을 인정하려 하지 않고 주관적 성 의식에 부합하는 신체적 성적 기관을 갖고자 갈망하면 성전환자가 된다.[115] 동성애자나 성전환자는 수미일관하게 이성애를 바른 성 질서로 보고 있는 성경의 관점과 배치되는 동시에 이성과의 인격적 연합 안에 통합되어 있어야 할 성관계를 불가능하게 한다는 점에서 윤리적으로 문제가 된다.[116]

정신을 육체에 적응시키기보다는 육체를 정신에 적응시키는 편을 선택하고자 하는 성전환자들의 시도는 성전환 수술로 나타난다. 성전환 수술을 받은 자들은 예외 없이 수술에 만족하고 행복해 한다. 그러나 성전환 수술은 이상일 뿐 현실적으로는 불가능한 유토피아라는 데 문제가 있다. 성전환 수술은 다음과 같은 문제점을 안고 있다.

첫째, 교정 시술을 통해 반대편의 성 구조로 완전하게 전환되는 것이 사실상 불가능하고, 실제로는 성적인 장애자로 귀결될 수밖에 없다. 여성으로 성전환하는 수술을 받은 남성은 남성 성기를 제거한 후 그 자리에 성감을 느끼는 기능을 가진 괄약근을 이용해 만든 유사 여성 성기를 통해 수술 후 어느 정도의 성적 쾌감을 느낄 수는 있겠지만, 난자를 생산할 수도 없고 임신을 할 수는 더욱 없다. 마찬가지로 남성으로 성전환 수술을 받은 여성 역시 정자를 생산할 수 있는 능력이 없다. 성전환 수술은 다른 성으로 전환시켜 주는 수술이 아니라 사실상 남성도 여성도 아닌 성적 불구로 만드는 수술일 뿐이다.

둘째, 육체의 변경을 통한 성전환은 실질적으로 불가능하지만 정신상의 성 의식 전환은 인간의 결단 여하에 따라 가능한 길이다.

셋째, 성정체성은 신체의 성적 구조 주(主)가 되고 호르몬 작용이나 주관적 성 의식이 신체의 성적 구조를 보조하는 형식으로 이해되어야 한다. 왜냐하면 신체의 성적 구조는 전환이 불가능한 반면 호르몬 작용이나 주관적 성 의식은 조정이 가능한 것이기 때문이다. 호르몬의 경우 남성 호르몬과 여성 호르몬은 남녀 모두에게 분비된다. 젊었을 때는

---

115 이 점에서 성전환자는 자신의 성적 신체 구조에 대해 혐오감을 갖지 않는 동성애자(*homofilie*)나 복장도착자(*travestiet*, 다른 성의 옷에 항거할 수 없는 집착을 갖는 자)와 구별된다.

116 *Ibid.*, pp. 52-53.

남성의 경우 남성 호르몬이 많이 분비되고 여성 호르몬이 더 적게 분비되어 남성성을 강화하며, 여성 역시 젊었을 때는 여성 호르몬이 더 많이 분비되고 남성 호르몬이 적게 분비되어 여성성을 강화한다. 그러나 갱년기가 지나면 역전되며, 유전적 요인, 환경, 섭생 등의 이유로 남성인데도 여성 호르몬이 많이 분비되고 여성인데도 남성 호르몬이 많이 분비되는 경우가 있을 수 있다. 그러나 그것이 남성이 남성으로서, 여성이 여성으로서 생활하는 데 문제가 되지는 않는다. 주관적 성 의식을 바꾸는 것도 쉬운 일은 아니지만 의지를 굳게 세우고 훈련하면 불가능한 일이 결코 아니다.

성전환 수술은 하나님이 정하신 창조의 질서를 거스른다는 점에서 허용될 수 없다. 다만 어떤 질병에 의해 비정상적인 생식기 구조를 가지고 태어난 경우 이를 교정하기 위한 교정 수술은 허용될 수 있다. 난소와 고환을 동시에 지니고 태어나는 아이(hermaphroditisme)의 경우가 그 예다. 특별히 오늘날 발달된 의학은 남성성과 여성성이 유전자 정보와 더불어 태아가 일정한 기간에 도달했을 때 나타나는 극히 정교하고 미세한 호르몬 작용에 의해 완결된다는 사실을 밝혀 냈다. 이때 환경호르몬 등의 인자에 의해 자연스러운 호르몬 작용이 교란될 때 고환과 난소를 같이 지닌 아이가 태어날 수 있다.[117] 이 아이에 대해서는 아이의 상태에 대한 종합적인 판단에 근거해 고환 또는 난소를 제거함으로써 아이의 성을 결정해 주는 교정 수술이 필요하다.

결론

철학적인 관점에서 성에 관한 입장은 보수주의, 자유주의, 급진주의로 분류된다. 보수주의는 성을 추구하는 것 자체를 악한 것으로 보면서 사랑, 출산, 결혼과 연관될 때만 성이 타당하다고 보는 입장이다. 자유주의는 성관계의 두 주체가 자유롭게 합의만 이룰 수 있다

---

117 테오 콜본, 다이앤 듀마노스키, 존 피터슨 마이어, 「도둑맞은 미래」, 권복규 역(사이언스 북스, 1997), 제4장, "호르몬 대 참사"를 보라.

면 양성애, 혼전 성관계, 사랑 없는 성, 동성애 등도 자유롭게 행할 수 있다는 입장이다. 급진주의는 성적 쾌락을 추구함에 있어서는 어떤 제한도 가해서는 안 되며, 노출증, 가학증, 관음증, 수간, 시간(屍姦) 등과 같이 사회적으로 기이하고 악한 성행위일수록 더 많은 쾌락을 산출하므로 좋은 성이라고 주장하는 입장이다.[118]

그러나 이 글에서 논의한 성에 관한 기독교적 관점은 이 세 가지 입장들 가운데 어떤 입장과도 일치하지 않는다. 우선 기독교적 관점은 성을 사랑과 결혼의 지평 안에서 본다는 점에서 보수주의적 관점에 동의하지만, 성 그 자체가 악하다고 보지 않는다는 점에서 보수주의와 입장을 달리한다. 기독교적 관점은 성관계에서 두 주체의 자유로운 합의를 중시하지만 두 주체의 자유로운 합의가 모든 유형의 성관계를 정당화시킨다는 자유주의의 입장에는 동의하지 않는다. 기독교적 관점은 성관계에 어떤 제한도 가해서는 안 된다는 급진주의의 관점에 동의하지 않는다. 자유주의와 급진주의의 관점과 달리 기독교적 관점은 성경이 제시하는 규범적 지침에 근거해 정당한 성관계의 한계를 분명히 설정한다. 기독교적 관점은 쾌감만 줄 수 있으면 윤리적으로 악하고 생리학적으로 비정상적인 기이한 성행위도 허용될 수 있다는 급진주의에 동의하지 않는다.

인간이 남자와 여자로서 존재한다는 사실은 창조 시부터 부활 이후 영원히 지속될 하나님나라에까지 유지되는 영구적인 질서로서 인간의 본질적 구조에 속한다. 남자와 여자는 하나님으로부터 동등한 입장에서 문화명령을 받았으며, 남자는 남자에게 주어진 고유한 기능을 발휘하고 여자는 여자에게 주어진 고유한 기능을 발휘함으로써 이 명령을 수행한다. 기능의 특성화가 존재의 불평등으로 오해되어서는 안 된다. 남자와 여자는 서로의 특성을 최대한 살려서 서로를 돕고 협력해 인격적인 교제가 풍부하게 이루어지는 보다 완전하고 생동감이 넘치는 사회를 형성해 간다. 결혼질서와 교회 안에서 남자에게 지도적인 지위가 부여되고 여자에게 이 지도에 따라야 하는 위치가 부여되지만, 이 구조는 본질적인 의미에서가 아니라 기능적인 의미로 이해되어야 한다. 남자에게 부여된 지도적인 위치가 여자를 보호하고 섬기는 위치임을 고려할 때, 이 구조를 계급적인 상하관계로 이해해서는 안 된다. 우리는 보다 완전한 인격적 교제가 실현되는 사회 형성이라는 지평과 목적 안

---

118 이 구분은 러셀 바노이의 「사랑이 없는 성」, pp. 225-241에 정리되어 있다. 바노이는 자유주의적 입장을 취한다.

에서 성이 차지하는 자리와 기능을 이해하는 것이 중요하다.

자녀 출산이라는 목적 이외에 즐기기 위한 목적으로 성욕을 품고 성교를 가지는 것을 죄라고 단정하고 인격적 사랑으로부터 성욕과 성교를 분리시킨 아우구스티누스의 관점은 헬라철학의 이원론의 영향을 깊이 받은 결과물로서 성욕과 성교를 하나님의 선물이자 인격적 연합과 사랑의 가장 중요한 표현 수단으로 파악해 온 성경과 기독교신학 및 기독교윤리의 전통에 어긋나는 것이다. 성욕과 성교는 타락한 인간의 욕망의 왜곡된 표현 수단이 아니라 오히려 그 자체에 인격성을 내포하며, 인격적인 연합과 사랑의 지평이 전제되지 않으면 생물학적인 의미의 성욕과 성교 그 자체의 실현조차 불가능하다. 한 걸음 더 나아가 성욕과 성교 그 자체에 에로스적 특성만 있는 것이 아니라 인격성의 중심이라고 할 수 있는 아가페적 특성이 이미 내재해 있고, 아가페적 태도가 없으면 온전한 성교 자체가 불가능하다. 이러한 이유 때문에 성욕과 성교를 중심에 둔 결혼질서는 부모자식 관계와 더불어 하나님의 마음을 인간들에게 전달하는 두 개의 중심 유비들 가운데 하나로 사용된다. 기독교의 아가페는 성욕과 성교의 진정한 실현을 가능하게 하는 유일한 규범이다. 성욕과 성교 실현의 필수적인 지평인 인격적 연합과 아가페 사랑이 가능한 무대는 결혼 이외에는 존재하지 않는다. 이것이 성교가 다만 결혼질서 안에서만 이루어져야 하는 결정적인 이유다. 인격적 연합과 아가페 사랑으로부터 분리된 이른바 "고립된 절름발이 성교"는 현실적으로는 결혼으로부터 분리된 성교 이외에 다른 것이 아니다. 성적 동반자에 대한 아가페의 최선의 제도적 표현인 결혼에 대한 인격적 책임을 지지 않으면서 다른 어떤 방법으로 동반자에 대한 진정한 인격적 연합과 사랑을 표현할 수 있는 길은 없으며, 이 책임을 지지 않으면서 성교에 들어갈 때 동반자-특히 여성-에게 평생 지울 수 없는 마음의 상처를 남기게 되고, 이는 동반자에 대한 사랑의 표현일 수 없다.

어느 시대를 사는 그리스도인이든 간에 그리스도인들, 특히 청년들은 창조 시부터 종말의 날까지 지속되는 이 질서를 존중해야 한다. 이 질서를 존중한다는 것은 세상을 향해 하나님의 백성임을 증명하는 중요한 표지들 가운데 하나다. 이 질서를 벗어나 결혼질서 밖에서 성교를 가지는 것은 기독교인의 중요한 표지를 버리고 이방의 관습을 따라가는 것이다. 사회의 절대다수가 혼전 성교에 대해 관대한 입장을 취한다 해도 이 질서는 변하지 않는다. 그리스도인이면서 혼전 성교에 대해 관대한 입장을 가지는 것은 하나님을 향한 신앙이 실천 현장에서 실종되었다는 뜻이다. 결혼관계 밖에서 성교를 행하면서 진실하게 신앙인으로서 살아가는 것은 불가능하다. 그리스도인들은 "너희는 이 세대를 본받지 말고 오직 마음을 새롭게 함으로 변화를 받아 하나님의 선하시고 기뻐하시고 온전하신 뜻이 무엇인지 분별하도록 하라"는 로마서 12:2 말씀을 유념하며 생각과 행동을 인격적인 결단을 통해 돌이켜야 한다.

성욕과 성교가 인격성 안에 있다는 말이 가지는 또 하나의 함의는 성적 욕구와 성교의 유혹은 인격적 결단에 의해 충분히 절제가 가능하다는 뜻이다. 성욕은 얼마든지 건설적인 다른 욕구들로 승화시킬 수 있다. 괴테가 슈타인 부인에 대한 강렬한 욕구를 탁월한 시작(詩作)으로 승화시킨 것이나 가톨릭의 수녀나 사제들이 평생 동안 성욕을 하나님을 향한 헌신으로 승화시킬 수 있었다면, 오늘날의 그리스도인들, 특히 기독 청년들이 혼전의 그리 길지 않은 기간 동안 진정으로 사랑하는 동반자를 위해 성교를 절제하는 데 어려움을 느낀다는 것은 말이 안 된다.

적절한 수치와 감춤을 통해 성의 아름다움을 표현하지 않고 노출시키는 포르노그래피, 사실상의 성관계에 들어가는 전 단계인 혼외 관계에서의 페팅, 페티시즘, 자학성 혹은 가학성 변태, 동성애와 성전환 등은 성욕과 성교를 인격적 연합과 사랑으로부터 분리시키는 왜곡된 성 관습들이라는 점에서 교정되어야 할 것이다.

참고문헌

1. 단행본

러셀 바노이, 「사랑이 없는 성」, 황경식·김지혁 역(철학과현실사, 2003)
스탠리 그렌즈, 「성윤리학」, 남정우 역(살림, 2003)
아우구스티누스, 「하나님의 도성」, 조호연·김종흡 역(현대지성사, 1997)
안더스 니그렌, 「아가페와 에로스」, 고구경 역(크리스챤다이제스트, 1978)
테오 콜본, 다이앤 듀마노스키, 존 피터슨 마이어, 「도둑맞은 미래」, 권복규 역(사이언스북스, 1997)
C. G. 스코러, 「성경과 현대 성윤리」, 이종태 역(생명의말씀사, 1981)

Augustinus, *Against Julian*, Trans. Matthew A. Schumacher(Washington, D.C.: Catholic University of America Press, 1957)
Baker, Robert and Elliston, Frederick., e.d. *Philosophy and Sex*(Buffalo, N.Y.: Prometheus Books, 1976)
Bonhoeffer, Dietrich., *Ethik*(München: Chr. Kaiser, 1949)
Brunner, Emil., *Das Gebot und die Ordnung*(Zürich: Zwingli verlag, 1939)
Calvin, John., *Institutes of the Christian Religion*, trans. Henry Beveridge(Grand Rapids: Eerdmans, 1989)
Douma, J., *Sexualiteit en huwelijk*(Kampen: Van den berg, 1993)
Garrison, Omar., *Tandra: The Yoga of Sex*(New York: Causeway Books, 1964)
Geesink, W., *Gerefomeerde ethiek*(Kampen: Kok, 1931)
Getz, Gene A., *The Measure of Family*(Glendale, Calif.: Gospel Light/Regal Books, 1976)
Gilligan, Carol., *In a Different Voice*(Cambridge, Mass.: Harvard University Press, 1982)
Hodge, Charles., *A Commentary on 1 & 2 Corinthians*(London: The Banner of Truth Trust, 1978)
Koestenbaum, P., *Existential Sexuality*(Englewood Cliff, N.J.: Prentice-Hall, 1974)
Lewis, C.S., *The Four Loves*(London: Geoffrey Bles, 1960)
Luther, Martin., *Ausgewahlte werke*, 8(München: Chr. Kaiser, 1962-1965)
May, Rollo., *Love and Will*(New York: Dell Publishing Co., 1969)
Plato., "The Symposium," *The Rebublic and Other Works*, Trans. B. Jowett(New York: Doubleday, 1989), pp. 317-366.
Sade, De., *Three Comolete Novels: Justice, Philosophy in the Bedroom, Eugenie De Franval: Other Writings*, trans. Richard Seaver and Austryn Wainhouse(New York: Grove Press, 1965)
Satre, Jean Paul., *Being and Nothingness*, trans. Hazel Barnes(New York: The Philosophy Library, 1956)
Schwarz, Oswald., *The Psychology of Sex*(Blatimore: Penguin Books, 1949)

Singer, June., *Androgyny: Toward a New Theory of Sexuality*(Garden City, N.Y.; Doubleday, 1977)

Smedes, Lewis B., *Sex for Christians*(Grand Rapids: Eerdmans, 1994)

Tavard, George., "Theology and Sexuality," In *Woman in the World Religion: Past and Present* Ed. Ursula King(New York: Paragon, 1987)

Thielicke, Helmut., *Theological Ethics: Sex*, Trans. John W. Doberstein(Grand Rapids: Eerdmans, 1981)

_____, *Theologische Ethik*, III.(Tübingen: J.C.B. Mohr, 1964)

Whiteley, C. H. Winifred and., *Sex and Morals*(New York: Basic Books, 1967)

2. 기타 자료

정재영, "기독 청년 성 의식 조사 결과 보고서." 2014.[미출판 프린트물]

기독 청년들의
성 의식 및 성 경험

정재영(실천신학대학원대학교 종교사회학 교수, 목회사회학연구소 부소장)

I. 서론

II. 자료의 성격

III. 조사 결과

IV. 결론 및 제언

I.
서론

어느 시대에나 세대 차이는 있게 마련이다. 이것은 성과 관련해서도 마찬가지다. 예전에는 성을 다루는 것이 낯 뜨겁고 불편한 것이었지만, 이제는 별로 개의치 않고 드러내는 풍조가 되었다. 한때는 성교육을 하는 것이 성에 대한 관심을 불필요하게 더 부추긴다는 오해를 받으며 쉬쉬하는 분위기였지만, 이제는 대중매체에서도 공개적으로 거론하는 이야깃거리가 되었다. 그러나 교회 안에서 성은 여전히 다루기 어려운 소재다. 경건함이나 거룩함과는 왠지 거리가 멀어 보여 개인적으로 은밀하게 이야기해야 하는 것으로 여겨진다.

이렇게 교계에서 성을 주변부 소재로 여겨 온 결과, 젊은 그리스도인들은 적절한 교육이나 지침 없이 무방비 상태로 성을 접하게 되었다. 얼마 전 대학 선교단체의 강의에서 한 신학교 교수가 혼전순결에 대해 얘기했더니 전혀 피부에 와 닿지 않는 얘기라는 훈수를 들었다는 이야기도 전해진다. 이미 너무 늦은 감도 있지만, 교회 안에서 성 문제는 더 이상 은밀하게 덮어두거나 각자 알아서 해결해야 할 종류의 것이 아니다. 성은 인간의 가장 원초적이면서도 기본적인 욕구와 관련되기도 하고 또 가장 기초가 되는 신앙 공동체인 가정을 이루는 중요한 매개가 되기도 하기 때문이다.

이제 이렇게 중요한 의미를 가진 성에 대한 이야기를 에둘러 표현하기보다는 정면으로 다룰 때가 되었다. 특히 성에 대한 경험이 상대적으로 부족하고 바른 성 의식이 형성되지 않은 미혼 청년들을 대상으로 그들의 성에 대한 생각과 경험 실태를 파악하는 것은 교회 안에서 성을 이야기하는데 기본 전제 중 하나일 것이다. 이번 "기독 청년들의 성 의식 조사"는 이런 취지에서 미혼인 기독 청년들의 성 의식과 성 경험의 실태를 파악하기 위해 실시되었다. 조사 결과를 자세하게 살펴보도록 하겠다.

II.
자료의 성격

이 조사는 성 범람의 시대에 청년 그리스도인들의 성 문화를 파악해 사역을 위한 자료로 제공하고자 하는 목적으로 이루어졌다. 곧 성에 대한 그리스도인의 다양한 인식의 변화를 파악해 현실적인 대안을 마련하고자 한 것이다.

설문조사는 여론조사 전문기관인 '글로벌리서치'에 의뢰해 실시되었으며, 2013년 11월 25일-12월 6일까지 14일에 거쳐 온라인 조사로 진행되었다. 최근 온라인 조사는 일대일 개별 면접조사의 한계를 보완할 수 있는 방법으로 선호되고 있다.[1] 개별 면접조사의 경우 응답자의 면접 거부가 매우 심하고, 본 조사의 경우 출현률(incidence rate)이 아주 낮은 경우 조사하기가 매우 어려운데, 온라인 조사는 상대적으로 용이하기 때문이다. 게다가 전화조사의 한계도 보완할 수 있다. 전화 조사의 최대 단점인 문항수 제약(대개 10-15개 문항만 조사할 수 있음)과 시간 제약을 보완할 수 있다. 특히 설문을 프로그래밍해 응답자가 직접 입력하는 방식으로 진행되기 때문에 다른 조사방법에 비해 훨씬 원자료가 훼손되거나 왜곡될 가능성의 거의 없다는 장점이 있다.

온라인 조사 진행 과정은 조사설계 및 설문내용 확정 후, 온라인 조사 URL을 구축하고, 조사 대상과 조건이 유사한 패널을 100배수 가량 표본을 추출해 설문초청 메일을 발송한다. 조사에 참여를 희망하는 패널은 이메일의 조사 참여 배너를 클릭한 후 즉시 조사에 참여하게 된다. 그리고 스크리닝 문항을 통과한 패널들만 조사 참여가 가능하다. 이번 조사에서는 기독교인 패널들을 무작위 추출해 20-30대 미혼 그리스도인들을 대상으로 설문을 진행했다.

설문 문항은 크게 세 부분으로 구성되었는데, 신앙생활 일반과 성 의식 일반에 대한 질문들, 이성교제와 스킨십에 대한 질문들, 그리고 성 태도 및 행동과 혼전 성관계에 대한 질

---

[1] 현재 국내 조사시장에서 온라인 조사 비중이 급격한 상승세에 있다. 현재 전체 정량조사 방법론 중 26퍼센트로 가장 높은 비중을 점유하며, 향후 온라인 조사 비중은 지속 상승할 것으로 예상된다. 유럽과 일본은 온라인 조사 비중이 40퍼센트를 상회하는 것으로 알려졌다.

문들이었다. 자세한 설문 문항은 부록으로 첨부한 설문지를 참고하기 바란다.

III.
조사 결과

1. 응답자 특성

응답자 특성을 보면, 전체 1000명 중 남성이 50.5퍼센트, 여성이 49.5퍼센트였고, 연령은 20대가 45.4퍼센트, 30대가 54.6퍼센트였다. 연령은 필요에 따라 5세 단위(4범주)와 청년부 연령 단위(3범주)로 나누어 분석했다. 학력은 고졸 이하가 12.0퍼센트, 대재 또는 대졸이 70.2퍼센트, 대학원 재학 이상이 17.8퍼센트였다. 직업은 직장인이 55.9퍼센트, 학생이 28.6퍼센트, 자영업과 기타가 5.7퍼센트, 무직이 9.7퍼센트였고, 거주 형태는 부모와 동거가 71.0퍼센트, 형제나 친구와 동거가 8.5퍼센트, 혼자 사는 경우가 20.4퍼센트였다.

청년부 및 선교단체 활동에 대해서는 7.7퍼센트가 둘 모두 활동하고 있었고, 27.1퍼센트는 청년부만, 1.9퍼센트는 선교단체만, 그리고 63.3퍼센트는 어디에서도 활동하지 않았다. 따라서 이 조사결과를 교회 청년부 회원들에게 바로 대입해서 보는 것은 적절치 않다. 이 조사의 응답자들 중 3분의 1 정도만이 청년부 활동을 하고 있기 때문이다.

다음으로 QT 빈도는 39.1퍼센트가 주 1회 이상으로 규칙적으로 하는 편이었고, 24.5퍼센트는 월 1-2회 정도, 36.3퍼센트는 하지 않았다. 마지막으로 개인 신앙 정도는 기독교 입문층에 해당하는 사람이 34.7퍼센트, 그리스도 인지층이 35.7퍼센트, 그리스도 친밀층이 17.1퍼센트, 그리스도 중심층이 12.5퍼센트였다.[2]

또한 흡연자는 20.5퍼센트, 음주자는 55.3퍼센트로 나타났는데, 남성은 29.9퍼센트가

---

2 자세한 내용은 〈표7〉을 참고할 것.

흡연을 했고, 13.1퍼센트는 하루에 한 갑이나 그 이상으로 비교적 흡연을 많이 했다. 개인 신앙 정도로 보면, 기독교 입문층과 그리스도 인지층에서는 비슷하게 4분의 1정도가 흡연자였고, 그리스도 친밀층에서는 17.5퍼센트, 그리스도 중심층에서는 1.6퍼센트로 줄었다. 전체의 47.8퍼센트가 일주일에 1-2회 정도 술을 마신다고 응답했다. 흡연에 비해 음주는 남녀 차이가 크지 않았고, 기독교 입문층에서는 3분의 2 이상이 술을 마셨으나 그리스도 중심층에서는 20.0퍼센트가 술을 마신다고 응답했다. 나머지 응답자들의 특성은 〈표1〉과 같다.

〈표1〉 응답자 특성

	결과			결과	
	사례 수	%		사례 수	%
전체	1000	100.0	전체	1000	100.0
성별			거주 형태		
남성	505	50.5	부모 동거	709	71.0
여성	495	49.5	혼자	204	20.4
연령			형제/친구 동거	85	8.5
20대	454	45.4	부모 독립기간		
30대	546	54.6	3년 미만	79	27.1
학력			3-6년 미만	79	27.1
고졸 이하	120	12.0	6-10년 미만	50	17.2
대재 또는 대졸	702	70.2	10년 이상	83	28.5
대학원 재학 이상	178	17.8	흡연 여부		
직업			흡연	205	20.5
직장인	557	55.9	비흡연	795	79.5
학생	285	28.6	음주 여부		
자영업/기타	57	5.7	음주	553	55.3
무직	97	9.7	비음주	447	44.7
지역			개인 신앙 정도		
서울	220	22.0	기독교 입문층	347	34.7

인천/경기	300	30.0	그리스도 인지층	357	35.7
부산/경남/울산	150	15.0	그리스도 친밀층	171	17.1
대구/경북	100	10.0	그리스도 중심층	125	12.5
광주/전라	90	9.0			
대전/충청	100	10.0	**청년부/선교단체 활동**		
강원/제주	40	4.0	청소년 & 선교단체	77	7.7
지역 크기			청년부만	271	27.1
대도시	636	63.6	선교단체만	19	1.9
중소도시	296	29.6	둘 다 비참석	633	63.3
읍/면	68	6.8			
월 가구 소득			**QT 빈도**		
200만 원 미만	143	14.3	주 1회 이상	392	39.2
200-349만 원	367	36.7	월 1-2회	245	24.5
350-499만 원	177	17.7	아니오	363	36.3
500만 원 이상	313	31.3			

2. 신앙생활 일반

먼저 교회에 다니기 시작한 때는 "태어나서부터"라고 응답한 모태신앙이 38.4퍼센트로 가장 많았고, 다음으로 "초등학교 시절부터"가 20.2퍼센트, "초등학교 이전부터"가 18.1퍼센트로 많았다. 초등학교 시절 이전이 전체의 76.7퍼센트를 차지했다. 남성은 "초등학교 시절부터"가 상대적으로 많았고, 여성은 "태어나서부터"가 상대적으로 많았다. 연령으로는 20대 초반에는 절반에 가까운 48.3퍼센트가 모태신앙이었으나 30대 후반에서 모태신앙은 20.4퍼센트에 불과했다. 개인 신앙에 대해 "그리스도 중심층"으로 응답한 사람 중 54.4퍼센트와 QT를 주 1회 이상 하는 사람의 43.6퍼센트가 모태신앙이었다.

〈표2〉 교회 최초 출석 시점

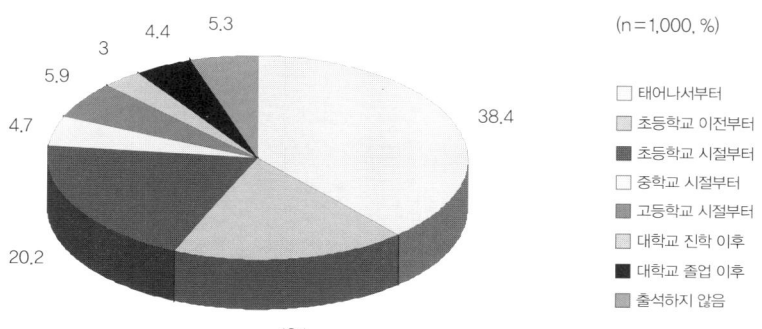

	사례 수	태어나서 부터	초등학교 이전부터	초등학교 시절부터	중학교 시절부터	고등학교 시절부터	대학교 진학 이후	대학교 졸업 이후	출석하지 않음
		%	%	%	%	%	%	%	%
전체	(1000)	38.4	18.1	20.2	4.7	5.9	3.0	4.4	5.3
성별									
남성	(505)	34.3	16.8	23.6	5.7	7.1	4.0	3.2	5.3
여성	(495)	42.6	19.4	16.8	3.6	4.6	2.0	5.7	5.3
연령									
20대	(454)	45.6	17.4	17.0	4.2	6.2	4.0	1.5	4.2
3대	(546)	32.4	18.7	22.9	5.1	5.7	2.2	6.8	6.2
학력									
고졸 이하	(120)	23.3	15.0	26.7	10.0	9.2	2.5	5.8	7.5
대재/대졸	(702)	40.2	18.1	18.2	4.4	6.0	3.0	4.6	5.6
대학원 재 이상	(178)	41.6	20.2	23.6	2.2	3.4	3.4	2.8	2.8
개인 신앙 정도									
기독교 입문층	(347)	29.4	19.6	23.1	3.7	6.3	3.2	5.2	9.5
그리스도 인지층	(357)	37.0	19.9	19	4.8	6.4	2.8	5.6	4.5
그리스도 친밀층	(171)	48.0	17.5	20.5	3.5	4.7	2.3	1.8	1.8
그리스도 중심층	(125)	54.5	9.6	15.2	8.8	4.8	4.0	2.4	.8

청년부/선교단체 활동									
청년부 & 선교단체	(77)	44.2	16.9	19.5	3.9	5.2	5.2	5.2	0.0
청년부만	(271)	56.5	11.8	13.3	5.9	4.4	4.8	3.3	0.0
선교단체만	(19)	26.3	5.3	42.1	15.8	5.3	5.3	0.0	0.0
둘 다 비참석	(633)	30.3	21.3	22.6	3.9	6.6	1.9	4.9	8.4
QT 빈도									
주 1회 이상	(392)	43.6	15.6	18.4	5.4	7.1	4.1	4.3	1.5
월 1-2회	(245)	30.6	15.5	23.7	6.9	8.6	4.1	7.3	3.3
하지 않음	(363)	38.0	22.6	19.8	2.5	2.8	1.1	2.5	10.7

예배 참석에 대해서는 64.6퍼센트가 매주 한 번 이상 참석하고, 12.1퍼센트는 2주에 한 번, 7.5퍼센트는 한 달에 한 번 참석한다고 응답했다. 여성은 67.4퍼센트가 매주 한 번 이상 참석한다고 응답해 남성보다 참석률이 높았고, 청년부 기준 연령으로는 매주 참석 비율이 연령별로 반비례해 대학부 나이인 20-27세가 67퍼센트로 가장 높았고, 35-39세가 57.3퍼센트로 가장 낮았다. 학력별로는 비례하여 대학원 재학 이상에서 68.8퍼센트로 가장 높았다. 직업별로는 무직이 78.0퍼센트로 가장 높았고, 거주 형태로는 "부모와 동거"가 67.5퍼센트로 가장 높고, 다음으로 "형제/친구/친척 동거"가 61.8퍼센트, 그리고 혼자 사는 사람들이 56.0퍼센트로 가장 낮아 주위 사람들의 구속력이 영향을 미치는 것으로 보였다.

비흡연자의 68.3퍼센트가 매주 참석했고, 비음주자의 80.9퍼센트가 매주 참석한다고 응답해 예배 참석이 주초(酒草) 문제와 상관관계가 있는 것으로 나타났다. 개인 신앙 정도는 스스로 "그리스도 중심층"이라고 응답한 사람들은 95.2퍼센트가 매주 참석했으나 "기독교 입문층"이라고 응답한 사람들은 35.4퍼센트만 매주 참석했다. 청년부와 선교단체 모두 참석하는 경우에는 매주 참석이 94.8퍼센트로 가장 높았고, 둘 다 참석하지 않는 경우는 47.6퍼센트로 가장 낮았다. QT를 주 1회 이상 하는 경우에는 매주 참석이 86.8퍼센트로 가장 높았고, 하지 않는 경우에는 47.8퍼센트로 가장 낮았다.

〈표3〉 예배 참석 빈도

현재 교회 예배에 자주 참석하고 있습니까?

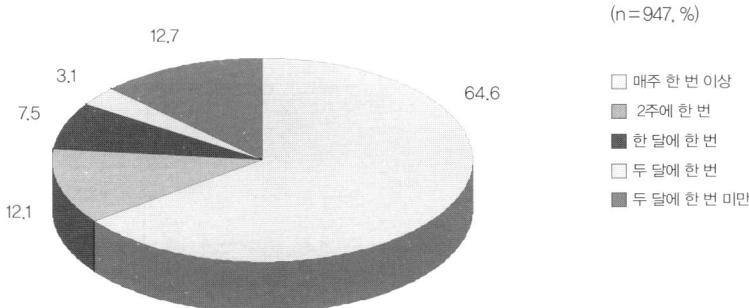

	사례 수	매주 한 번 이상	2주에 한 번	한 달에 한 번	두 달에 한 번	두 달에 한 번 미만
		%	%	%	%	%
전체	(947)	64.6	12.1	7.5	3.1	12.7
성별						
남성	(478)	61.9	13.8	10.0	2.5	11.7
여성	(469)	67.4	10.4	4.9	3.6	13.6
연령						
20-27세	(409)	67.0	12.7	9.3	2.0	9.0
28-34세	(388)	64.9	10.3	7.5	3.9	13.4
35-39세	(150)	57.3	15.3	2.7	4.0	20.7
학력						
고졸 이하	(111)	53.2	20.7	11.7	2.7	11.7
대재 또는 대졸	(663)	65.5	11.9	6.8	2.9	13.0
대학원 재학 이상	(173)	68.8	7.5	7.5	4.0	12.1
직업						
직장인	(529)	61.6	12.7	7.6	3.8	14.4
학생	(271)	66.8	12.5	10.3	1.8	8.5
자영업/기타	(52)	57.7	19.2	1.9	1.9	19.2
무직	(91)	78.0	4.4	2.2	3.3	12.1

거주 형태						
부모 동거	(676)	67.5	11.1	6.5	2.8	12.1
혼자	(193)	56.0	14.0	12.4	3.6	14.0
형제/친구 동거	(76)	61.8	15.8	3.9	3.9	14.5
흡연 여부						
흡연	(194)	50.5	21.1	11.3	2.6	14.4
비흡연	(753)	68.3	9.8	6.5	3.2	12.2
음주 여부						
음주	(522)	51.3	17.4	11.1	4.2	15.9
비음주	(425)	80.9	5.6	3.1	1.6	8.7
개인 신앙 정도						
기독교 입문층	(314)	35.4	19.1	13.1	5.1	27.4
그리스도 인지층	(341)	71.8	12.0	6.5	2.6	7.0
그리스도 친밀층	(168)	82.1	7.1	4.2	2.4	4.2
그리스도 중심층	(124)	95.2	1.6	.8	0.0	2.4
청년부/선교단체 활동						
청년부 & 선교단체	(77)	94.8	2.6	2.6	0.0	0.0
청년부만	(271)	92.3	5.2	.7	.4	1.5
선교단체만	(19)	68.4	10.5	5.3	5.3	10.5
둘 다 비참석	(580)	47.6	16.7	11.4	4.7	19.7
QT 빈도						
주 1회 이상	(386)	86.8	8.3	2.6	1.0	1.3
월 1-2회	(237)	51.5	21.1	13.9	5.5	8.0
하지 않음	(324)	47.8	10.2	8.6	3.7	29.6

대학부나 청년부 활동에 대해서는, 현재 참여하고 있다는 응답이 36.7퍼센트였고, 참여한 적은 있지만 현재는 참여하지 않는다는 응답이 45.5퍼센트, 참여 경험은 없지만 참여 의향이 있다는 응답이 6.5퍼센트, 참여 경험과 의향이 모두 없다는 응답이 11.2퍼센트였다. 성별 차이는 거의 없었고, 연령별로는 대학부 연령인 20-27세에서 참여한다는 응답이 44.7퍼센트로 가장 많았고 35-39세에서는 21.3퍼센트로 가장 적었다. 지역별로는 대구/경북 지역에서 참여한다는 응답이 47.9퍼센트로 가장 많았고, 광주/전라 지역에서 27.6퍼센

트로 가장 적었다. 지역 크기로는 읍/면 지역이 45.3퍼센트로 가장 높았고, 대도시 지역에서 35.2퍼센트로 가장 낮았다. 거주 형태로는 "형제/친구/친척 동거"가 40.8퍼센트로 가장 높았다. 개인 신앙 정도로는 "그리스도 중심층"이 68.5퍼센트로 가장 높았고, 기독교 입문층은 12.7퍼센트에 불과했다. QT 빈도로는 주 1회 이상 하는 사람들은 63.5퍼센트로 가장 높았고, 하지 않는 사람들은 16.7퍼센트로 가장 낮았다.

〈표4〉 대학부/청년부 활동 여부

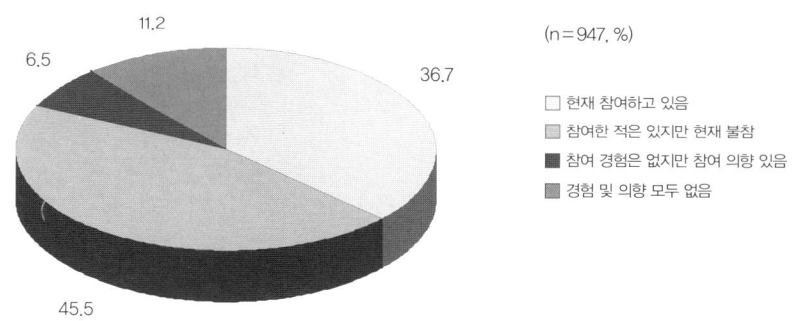

	사례 수	현재 참여	참여한 적 있지만 현재 참여하지 않음	참여 경험 없지만 참여 의향 있음	경험 및 의향 모두 없음
		%	%	%	%
전체	(947)	36.7	45.5	6.5	11.2
성별					
남성	(478)	37.2	45.6	6.7	10.5
여성	(469)	36.2	45.4	6.4	11.9
연령					
20-27세	(409)	44.7	37.7	7.8	9.8
28-34세	(388)	34.3	49.0	5.4	11.3
35-39세	(150)	21.3	58.0	6.0	14.7

학력					
고졸 이하	(111)	27.0	48.6	6.3	18.0
대재 또는 대졸	(663)	38.6	44.6	6.3	10.4
대학원 재학 이상	(173)	35.8	46.8	7.5	9.8
지역					
서울	(202)	37.1	40.1	10.4	12.4
인천/경기	(287)	36.6	48.1	5.9	9.4
부산/경남/울산	(143)	37.1	44.8	6.3	11.9
대구/경북	(94)	47.9	35.1	4.3	12.8
광주/전라	(87)	27.6	62.1	1.1	9.2
대전/충청	(95)	34.7	42.1	7.4	15.8
강원/제주	(39)	33.3	53.8	7.7	5.1
지역 크기					
대도시	(605)	35.2	45.8	6.8	12.2
중소도시	(278)	38.1	46.4	6.1	9.4
읍/면	(64)	45.3	39.1	6.3	9.4
거주 형태					
부모 동거	(676)	38.5	44.4	5.9	11.2
혼자	(193)	29.5	49.7	8.8	11.9
형제/친구 동거	(76)	40.8	43.4	6.6	9.2
개인 신앙 정도					
기독교 입문층	(314)	12.7	56.4	7.3	23.6
그리스도 인지층	(341)	39.3	48.4	6.7	5.6
그리스도 친밀층	(168)	53.0	34.5	7.7	4.8
그리스도 중심층	(124)	68.5	25.0	2.4	4.0
QT 빈도					
주 1회 이상	(386)	63.5	32.6	2.6	1.3
월 1-2회	(237)	20.7	59.1	11.0	9.3
하지 않음	(324)	16.7	50.9	8.0	24.4

선교단체 활동에 대해서는, 현재 참여하고 있다는 응답이 9.6퍼센트로 적었고, 참여한 적은 있지만 현재는 참여하지 않는다는 응답이 28.5퍼센트, 참여 경험은 없지만 참여 의향이 있다는 응답이 28.0퍼센트, 참여 경험이나 의향이 모두 없다는 응답이 33.9퍼센트였다. 역시 성별 차이는 거의 없었고, 연령별로는 1청년부 연령인 20-27세에서 참여한다는 응답이 12.9퍼센트로 상대적으로 많았다. 지역별로는 강원/제주 지역에서 참여한다는 응답이 12.5퍼센트로 상대적으로 많았고, 지역 크기로는 읍/면 지역이 14.7퍼센트로 가장 높았다. 개인 신앙 정도로는 "그리스 중심층"이 20.8퍼센트로 평균의 두 배 가량 높았고, 기독교 입문층은 3.5퍼센트에 불과했다. QT 빈도로는 주 1회 이상 하는 사람들은 20.4퍼센트로 가장 높았고, 하지 않는 사람들은 1.4퍼센트로 가장 낮았다.

〈표5〉 선교단체 활동 여부

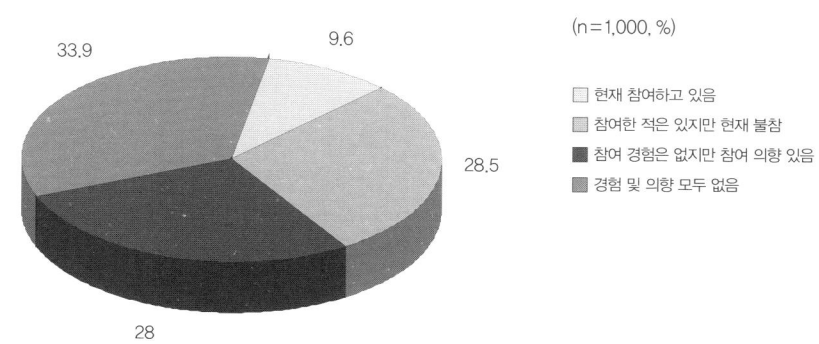

	사례 수	현재 참여하고 있음	참여한 적 있지만 현재 참여하지 않음	참여 경험 없지만 참여 의향 있음	경험 및 의향 모두 없음
		%	%	%	%
전체	(1000)	9.6	28.5	28.0	33.9
성별					
남성	(505)	9.3	34.5	26.5	29.7
여성	(495)	9.9	22.4	29.5	38.2
연령					
20-27세	(428)	12.9	25.5	30.1	31.5
28-34세	(410)	6.8	32.0	27.6	33.7
35-39세	(162)	8.0	27.8	23.5	40.7
지역					
서울	(220)	10.9	30.0	27.3	31.8
인천/경기	(300)	8.7	29.7	25.3	36.3
부산/경남/울산	(150)	9.3	22.7	32.0	36.0
대구/경북	(100)	9.0	34.0	27.0	30.0
광주/전라	(90)	8.9	31.1	26.7	33.3
대전/충청	(100)	10.0	23.0	33.0	34.0
강원/제주	(40)	12.5	27.5	30.0	30.0
지역 크기					
대도시	(636)	9.4	28.6	27.4	34.6
중소도시	(296)	8.8	29.1	28.0	34.1
읍/면	(68)	14.7	25.0	33.8	26.5
개인 신앙 정도					
기독교 입문층	(347)	3.5	23.3	16.7	56.5
그리스도 인지층	(357)	10.9	32.2	32.8	24.1
그리스도 친밀층	(171)	11.1	26.9	38.6	23.4
그리스도 중심층	(125)	20.8	34.4	31.2	13.6
QT 빈도					
주 1회 이상	(392)	20.4	37.8	29.1	12.8
월 1-2회	(245)	4.5	27.8	38.0	29.8
하지 않음	(363)	1.4	19.0	20.1	59.5

개인 경건시간인 QT에 대해서는, "일주일에 5번 이상"이 7.7퍼센트, "일주일에 3-4번"이 9.9퍼센트, "일주일에 1-2번"이 21.6퍼센트로 규칙적으로 하는 사람은 39.2퍼센트였고, 다음으로 "2-3주에 1번"이 10.1퍼센트, "한 달에 1번 이하"가 14.4퍼센트로 불규칙하게 하는 사람이 24.5퍼센트, 하지 않는 사람은 36.3퍼센트였다. 성별·연령별 차이는 거의 없었고, 일주일에 5번 이상 하는 사람이 학력별로는 "대학원 재학 이상"에서 10.1퍼센트로 상대적으로 높았고, 직업별로는 "자영업/기타"에서 14.0퍼센트로 높았다. 개인 신앙 정도로는 "그리스도 중심층"에서 31.2퍼센트로 매우 높았고, "기독교 입문층"에서는 1.2퍼센트에 불과했다. 청년부/선교단체 활동으로는 둘 다 하는 경우 26.0퍼센트로 높았고, 둘 다 참석하지 않는 경우 3.0퍼센트로 낮았다.

〈표6〉 주간 개인 경건시간 빈도

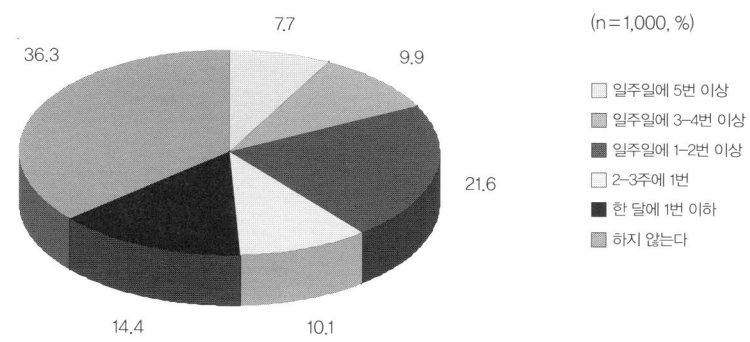

	사례 수	일주일에 5번 이상 %	일주일에 3-4번 %	일주일에 1-2번 %	2-3주에 1번 %	한 달에 1번 이하 %	QT를 하지 않는다 %
전체	(1000)	7.7	9.9	21.6	10.1	14.4	36.3
학력							
고졸 이하	(120)	8.3	10.0	17.5	8.3	19.2	36.7
대재 또는 대졸	(702)	7.0	10.0	21.8	11.0	12.3	38.0
대학원 재학 이상	(178)	10.1	9.6	23.6	7.9	19.7	29.2
직업							
직장인	(557)	6.5	8.8	22.4	9.9	15.6	36.8
학생	(285)	7.7	12.3	21.8	11.9	14.4	31.9
자영업/기타	(57)	14.0	12.3	22.8	8.8	7.0	35.1
무직	(97)	11.3	8.2	14.4	7.2	11.3	47.4
개인 신앙 정도							
기독교 입문층	(347)	1.2	1.2	11.0	12.4	17.6	56.8
그리스도 인지층	(357)	4.2	11.5	27.5	9.5	17.4	30.0
그리스도 친밀층	(171)	11.1	17.0	28.7	11.7	8.2	23.4
그리스도 중심층	(125)	31.2	20.0	24.8	3.2	5.6	15.2
청년부/선교단체 활동							
청년부 & 선교단체	(77)	26.0	28.6	33.8	5.2	2.6	3.9
청년부만	(271)	13.7	18.5	33.2	8.1	7.7	18.8
선교단체만	(19)	5.3	5.3	52.6	10.5	15.8	10.5
둘 다 비참석	(633)	3.0	4.1	14.2	11.5	18.6	48.5

마지막으로, 성 의식 및 성 경험이 개인 신앙과 상관관계가 있는지 분석하기 위해 개인 신앙 정도에 대해 물어 보았는데, 미국의 윌로크릭 교회가 수행한 발견 프로젝트에서 영적 성장 단계를 파악하기 위해 사용한 문장을 그대로 제시했다. 이에 대해 "종교가 내 삶에서 큰 비중을 차지하지 않는다"에 동의한 '기독교 입문층'은 34.7퍼센트, "나는 예수님을 믿으며 그분을 알기 위해 노력하고 있다"에 동의한 '그리스도 인지층'은 35.7퍼센트, "예수님과 친밀한 관계를 맺고 있으며 매일 그분의 인도하심을 의지한다"에 응답한 '그리스도 친밀층'은 17.1퍼센트, "예수님은 내 삶의 전부이며, 일상생활 속에서 그분을 드러내려고 노력한다"에 응답한 '그리스도 중심층'은 12.5퍼센트로 나타났다. 얼마 전 '한국기독교목회자협의회'에서 한국 기독교인들을 대상으로 조사한 결과에서는 1단계 24.6퍼센트, 2단계 24.4퍼센트, 그리고 3단계가 26.0퍼센트로 가장 많았고, 4단계가 15.0퍼센트였다.[3] 이와 비교해 보면, 청년들의 경우 신앙의 초기 단계인 1, 2단계가 다소 높고, 3단계는 10퍼센트 가까이 낮아 청년들의 신앙 성숙을 위한 노력이 필요하다고 판단된다.

성별로는 여성이 남성에 비해 그리스도 인지층이 적고 그리스도 친밀층과 중심층은 더 많아 여성들의 신앙 성숙도가 더 높은 것으로 나타났다. 연령별로는 35-39세에서 상대적으로 기독교 입문층과 그리스도 인지층이 더 많았다. 학력별로는 고졸 이하에서 기독교 입문층이 많았고, 대학원 재학 이상에서 그리스도 중심층이 많았다. 청년부와 선교단체 모두 참석하는 경우 그리스도 중심층이 31.2퍼센트로 매우 높았고, 둘 다 참석하지 않는 경우 6.0퍼센트로 매우 낮았다. QT를 주 1회 이상 하는 경우 그리스도 중심층이 24.2퍼센트로 상대적으로 높았고, QT를 하지 않는 경우 기독교 입문층이 54.3퍼센트로 절반을 넘었다.

---

3   한국기독교목회자협의회, 「한국 기독교 분석리포트: 2013 한국인의 종교생활과 의식조사 보고서」(도서출판 URD, 2013), p. 54.

〈표7〉 개인 신앙 정도

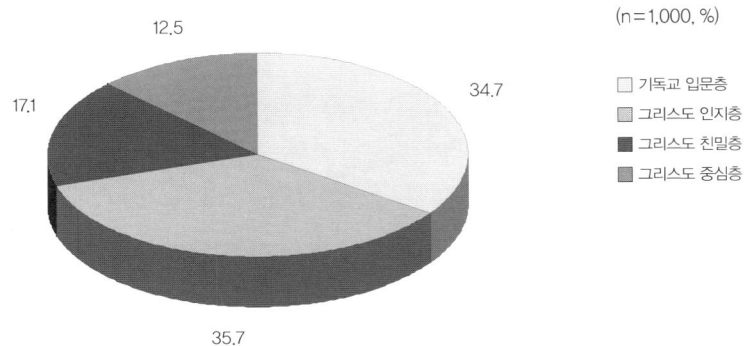

	사례 수	종교가 내 삶에서 큰 비중을 차지하지 않는다	나는 예수님을 믿으며 그분을 알기 위해 노력하고 있다	예수님과 친밀한 관계를 맺고 있으며 매일 그분의 인도하심을 의지한다	예수님은 내 삶의 전부이며, 일상생활 속에서 그분을 드러내려고 노력한다
		%	%	%	%
전체	(1000)	34.7	35.7	17.1	12.5
성별					
남성	(505)	34.9	38.4	15.8	10.9
여성	(495)	34.5	32.9	18.4	14.1
연령					
20-27세	(428)	35.0	35.7	18.7	10.5
28-34세	(410)	32.7	35.1	17.6	14.6
35-39세	(162)	38.9	37.0	11.7	12.3
학력					
고졸 이하	(120)	41.7	36.7	6.7	15.0
대재 또는 대졸	(702)	34.9	35.5	19.4	10.3
대학원 재학 이상	(178)	29.2	36.0	15.2	19.7

청년부/선교단체 활동					
청년부 & 선교단체	(77)	6.5	39.0	23.4	31.2
청년부만	(271)	12.9	38.4	26.2	22.5
선교단체만	(19)	36.8	47.4	5.3	10.5
둘 다 비참석	(633)	47.4	33.8	12.8	6.0
QT 빈도					
주 1회 이상	(392)	11.7	39.3	24.7	24.2
월 1-2회	(245)	42.4	39.2	13.9	4.5
하지 않음	(363)	54.3	29.5	11.0	5.2

3. 성 의식 일반

먼저 결혼 계획에 대해서는 "반드시 할 것"이라는 응답이 54.5퍼센트, "할 수도 있고 안 할 수도 있다"가 41.3퍼센트, "하지 않을 것"이 4.2퍼센트로 나왔다. 남성은 "반드시 할 것"이라는 응답이 61.8퍼센트였으나 여성은 47.1퍼센트로 절반에 미치지 못했고, "할 수도 있고 안 할 수도 있다"가 49.5퍼센트로 남성보다 훨씬 높았다. 일반 사회 조사에서는 "결혼할 생각이 있습니까?"라는 다소 모호한 질문을 했기 때문에 단순 비교는 어렵지만, 2005년에 보건사회연구원이 조사한 결과 78.8퍼센트가 결혼 의향이 있었던 것과 비교하면 기독 청년들의 결혼 의향이 강하지 않은 것을 알 수 있다.

   20-27세에서는 "반드시 할 것"이라는 응답이 62.9퍼센트로 매우 높았고, 35-39세에서는 "할 수도 있고 안 할 수도 있다"가 60.5퍼센트로 매우 높게 나와 연령에 따른 의식의 차이를 나타냈다. 학력에 따라 반비례하는 경향을 보였고, 지역 크기에 비례하는 경향을 보였다. 개인 신앙 정도에는 대체로 비례하는 경향을 보였으나 그리스도 중심층에서는 "반드시 할 것"이라는 응답이 평균 수준으로 나왔다. 교회와 선교단체 모두 참석하지 않는 경우에 "반드시 할 것"이라는 응답이 상대적으로 낮았고 QT 빈도에 비례하는 경향을 보였다.

<표8> 결혼 계획

결혼 계획은 어떻게 됩니까?

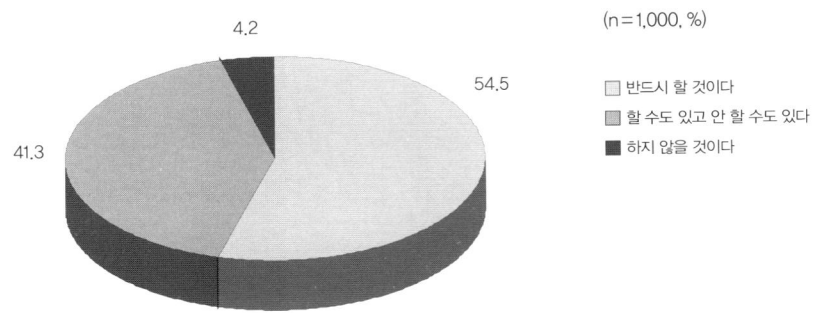

	사례 수	반드시 결혼할 것이다 %	할 수도 있고 안 할 수도 있다 %	결혼하지 않을 것이다 %
전체	(1000)	54.5	41.3	4.2
성별				
남성	(505)	61.8	33.3	5.0
여성	(495)	47.1	49.5	3.4
연령				
20-27세	(428)	62.9	32.9	4.2
28-34세	(410)	53.2	42.4	4.4
35-39세	(162)	35.8	60.5	3.7
학력				
고졸 이하	(120)	41.7	48.3	10.0
대재 또는 대졸	(702)	55.0	40.9	4.1
대학원 재학 이상	(178)	61.2	38.2	.6
지역 크기				
대도시	(636)	56.3	39.9	3.8
중소도시	(296)	53.7	42.2	4.1
읍/면	(68)	41.2	50.0	8.8

개인 신앙 정도				
기독교 입문층	(347)	44.4	49.0	6.6
그리스도 인지층	(357)	58.8	38.4	2.8
그리스도 친밀층	(171)	63.7	33.9	2.3
그리스도 중심층	(125)	57.6	38.4	4.0
청년부/선교단체 활동				
청년부 & 선교단체	(77)	61.0	36.4	2.6
청년부만	(271)	69.0	28.8	2.2
선교단체만	(19)	57.9	26.3	15.8
둘 다 비참석	(633)	47.4	47.7	4.9
QT 빈도				
주 1회 이상	(392)	61.0	34.7	4.3
월 1-2회	(245)	58.0	39.6	2.4
하지 않음	(363)	45.2	49.6	5.2

성에 대한 인식에 대해서는, "인간으로서 자연스러운 것"이라는 의견이 60.0퍼센트로 가장 많았고, 다음으로 "성스러운 것"이라는 응답이 25.0퍼센트였다. 남성이 여성에 비해 "성스러운 것"이라는 의견이 다소 많았고, 여성은 "잘 모르겠다"는 응답이 남성에 비해 다소 많았다. 대학원 재학 이상의 학력에서는 "성스러운 것"이라는 의견이 고졸 이하 학력보다 두 배 정도 많았다. 개인 신앙 정도로는 기독교 입문층에서 "인간으로서 자연스러운 것"이라는 응답이 71.8퍼센트로 가장 많았고, 그리스도 중심층에서는 "성스러운 것"이라는 응답이 44.8퍼센트로 가장 많은 것으로 나타나 신앙 성숙도에 따라 성에 대한 인식에서 큰 차이가 있는 것으로 드러났다. QT 빈도에 따라서도 QT를 많이 하는 사람들은 "성스러운 것"이라는 응답이 QT를 하지 않는 사람들에 비해 두 배 정도 많이 나왔다.

<표9> 성에 대한 인식

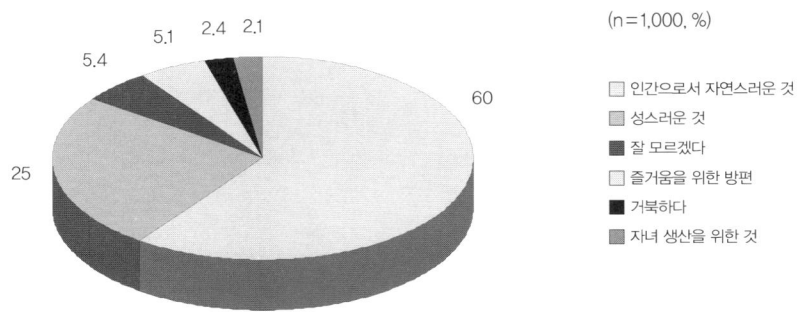

귀하는 '성(性)'에 대해 어떻게 생각하십니까?

(n=1,000, %)

- 인간으로서 자연스러운 것
- 성스러운 것
- 잘 모르겠다
- 즐거움을 위한 방편
- 거북하다
- 자녀 생산을 위한 것

	사례 수	인간으로서 자연스러운 것이다	성스러운 것이다	잘 모르겠다	즐거움을 위한 방편 중 하나다	거북하다/ 불편하다	자녀 생산을 위한 것이다
		%	%	%	%	%	%
전체	(1000)	60.0	25.0	5.4	5.1	2.4	2.1
성별							
남성	(505)	59.8	27.5	3.4	5.7	1.8	1.8
여성	(495)	60.2	22.4	7.5	4.4	3.0	2.4
연령							
20대	(454)	59.9	27.5	4.0	4.2	2.9	1.5
30대	(546)	60.1	22.9	6.6	5.9	2.0	2.6
학력							
고졸 이하	(120)	59.2	15.8	10.8	4.2	3.3	6.7
대재 또는 대졸	(702)	60.8	24.8	4.6	5.7	2.4	1.7
대학원 재학 이상	(178)	57.3	32.0	5.1	3.4	1.7	.6
개인 신앙 정도							
기독교 입문층	(347)	71.8	10.7	6.9	6.3	2.6	1.7
그리스도 인지층	(357)	57.7	25.8	5.9	6.7	2.2	1.7
그리스도 친밀층	(171)	53.2	38.0	1.2	2.3	2.9	2.3
그리스도 중심층	(125)	43.2	44.8	5.6	.8	1.6	4.0

QT 빈도							
주 1회 이상	(392)	50.8	33.4	3.8	5.9	3.8	2.3
월 1-2회	(245)	64.9	24.1	4.9	4.1	.4	1.6
하지 않음	(363)	66.7	16.5	7.4	5.0	2.2	2.2

성 지식 습득 경로에 대해서는, "인터넷, 모바일"이 25.3퍼센트로 가장 많았고, "친구나 선배"가 23.9퍼센트, "이성친구나 성관계"가 12.0퍼센트, "영화, 라디오, TV, 비디오"가 12.0퍼센트, "학교 수업이나 강의"가 9.7퍼센트 등의 순이었다. 남성은 "인터넷, 모바일"이라는 응답이 여성에 비해 훨씬 많았고, 여성은 "친구나 선배", "학교 수업이나 강의"가 남성에 비해 다소 많았다. 고연령층은 저연령층에 비해 "친구나 선배"라는 응답이 적었고, "영화, TV, 비디오"라는 응답이 많았다. 대학원 재학 이상의 학력에서는 "학교 수업이나 강의"라는 응답이 상대적으로 많았고, 무직의 경우 "인터넷, 모바일"이라는 응답이 많았으며, 직장인들은 "친구나 선배", "이성친구나 성관계"가 상대적으로 많았다.

〈표10〉 성 지식 습득 경로

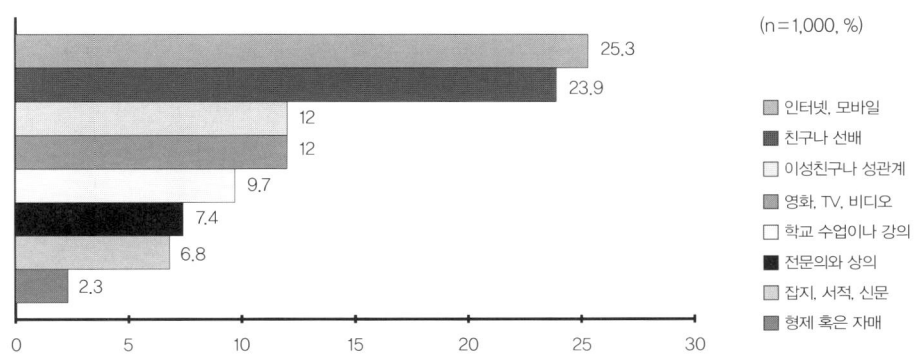

평소 성에 관한 지식을 주로 어디에서 얻습니까?

	사례 수	인터넷 모바일	친구나 선배	이성 친구나 성관계	영화 라디오 TV 비디오	학교 수업이나 강의	성교육/ 전문의와 상의	잡지 서적 만화 신문	형제 혹은 자매
		%	%	%	%	%	%	%	%
전체	(1000)	25.3	23.9	12.0	12.0	9.7	7.4	6.8	2.3
성별									
남성	(505)	30.7	22.6	13.3	9.5	7.9	7.1	6.5	1.4
여성	(495)	19.8	25.3	10.7	14.5	11.5	7.7	7.1	3.2
연령									
20-27세	(428)	25.2	26.2	10.5	7.7	12.9	7.5	6.5	2.8
28-34세	(410)	24.6	25.9	12.9	13.2	7.1	8.3	6.1	1.2
35-39세	(162)	27.2	13.0	13.6	20.4	8.0	4.9	9.3	3.7
학력									
고졸 이하	(120)	21.7	20.0	19.2	18.3	5.0	10.0	5.0	.8
대재/대졸	(702)	26.1	24.5	10.7	11.3	8.8	7.4	8.1	2.4
대학원 재 이상	(178)	24.7	24.2	12.4	10.7	16.3	5.6	2.8	2.8
직업									
직장인	(557)	21.2	28.5	14.5	12.0	8.4	6.8	6.5	1.6
학생	(285)	25.3	21.1	10.2	10.9	13.3	7.7	6.7	3.9
자영업/기타	(57)	29.8	14.0	5.3	17.5	8.8	12.3	8.8	3.5
무직	(97)	45.4	11.3	7.2	12.4	7.2	6.2	8.2	1.0

성에 대한 고민은 1순위와 2순위를 질문했는데, 1순위와 2순위를 더하면 "성에 대한 지나친 관심"이 35.3퍼센트로 가장 많았고, 다음으로 성적 호기심에 대한 죄책감(27.5퍼센트), 자위행위(24.1퍼센트), 순결 문제(23.7퍼센트), 신체 문제(23.5퍼센트) 등의 순이었다. 그밖에 성적 피해라는 응답은 10.1퍼센트, 성 정체성 혼란이라는 응답도 5.4퍼센트가 나와 요즘 시류를 반영하는 것으로 보인다. 남성은 여성에 비해 "성에 대한 지나친 관심"(50.1퍼센트)이 압도적으로 많았고, 다음으로 "자위행위"가 35.2퍼센트로 2위였으나 여성은 신체 문제가 33.7퍼센트로 가장 많았고, 다음이 순결 문제(32.5퍼센트)로 차이를 보였다. 순결 문제는 저연령층에서는 평균 이상이 응답했으나 고연령층에서는 평균 이하로 응답이 줄어들어 나이에 따라 차이를 나타냈다.

<표11> 성에 관한 고민

현재 귀하의 성에 대한 고민 내용은 무엇입니까?(1+2순위)

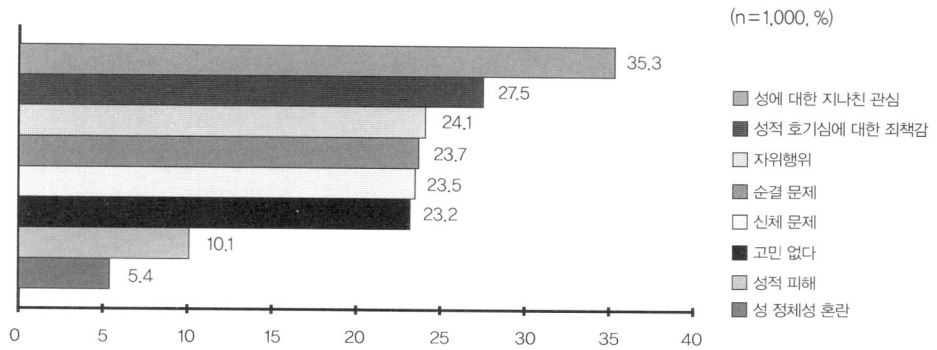

	사례 수	성에 대한 지나친 관심/욕구	성적 호기심에 대한 죄책감	자위행위	순결 문제	신체 문제(음경/유방 크기, 월경 등)	고민 없다	성적 피해 (성폭력, 임신, 성병 등)	성 정체성 혼란
		%	%	%	%	%	%	%	%
전체	(1000)	35.3	27.5	24.1	23.7	23.5	23.2	10.1	5.4
성별									
남성	(505)	50.1	29.7	35.2	15.0	13.5	21.0	4.8	7.3
여성	(495)	20.2	25.3	12.7	32.5	33.7	25.5	15.6	3.4
연령									
20-27세	(428)	35.0	27.3	21.3	27.3	25.5	23.1	8.4	5.1
28-34세	(410)	36.6	28.5	26.3	22.7	22.0	20.7	11.7	6.3
35-39세	(162)	32.7	25.3	25.9	16.7	22.2	29.6	10.5	3.7
학력									
고졸 이하	(120)	40.0	24.2	32.5	20.0	21.7	17.5	17.5	5.8
대재/대졸	(702)	34.6	29.5	24.4	22.9	23.9	23.2	8.1	5.8
대학원 재 이상	(178)	34.8	21.9	17.4	29.2	23.0	27.0	12.9	3.4

성에 대한 고민해결 방법은 "인터넷 검색"이 51.2퍼센트로 가장 많았고, 다음으로 "혼자 고민"이 41.9퍼센트, "친구나 선배와 상의"가 29.9퍼센트, "운동이나 취미활동"이 27.8퍼센트, "이성친구나 성관계"가 17.3퍼센트 등의 순이었고, "기도/신앙"이라는 응답은 1퍼센트에 미치지 않았다. 인터넷 검색도 대개 혼자 하는 행동이므로 다른 사람들과의 관계를 통해서 해결하기보다는 혼자 해결하는 경우가 90퍼센트 이상이라는 점은 다소 우려를 낳는 부분이다. 남성은 여성에 비해 "운동이나 취미활동" "이성친구나 성관계"라는 응답이 많았고, 여성은 "혼자 고민" "친구나 선배와 상의"가 상대적으로 많았다. 나이가 많을수록 "혼자 고민"이라는 응답과 "이성친구나 성관계"라는 응답이 더 많았다.

〈표12〉 성에 대한 고민해결 방법

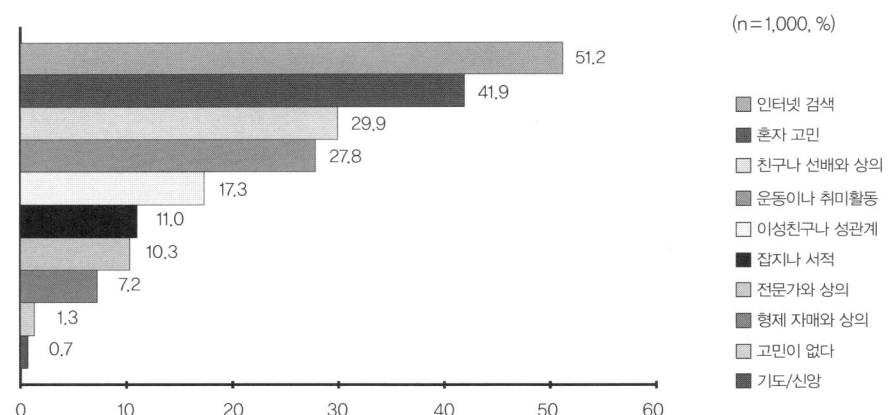

	사례 수	인터넷 검색을 통해 해결	혼자 고민	친구나 선배와 상의	운동이나 취미 활동	이성친구나 성관계를 통해 해결	잡지나 서적을 통해 해결	학교 상담실/건강 전문가와 상의	형제/자매와 상의	고민이 없다	기도/신앙
		%	%	%	%	%	%	%	%	%	
전체	(1000)	51.2	41.9	29.9	27.8	17.3	11.0	10.3	7.2	1.3	.7
성별											
남성	(505)	49.5	38.2	27.1	34.9	21.4	10.1	9.3	6.5	.6	.8
여성	(495)	52.9	45.7	32.7	20.6	13.1	11.9	11.3	7.9	2.0	.6
연령											
20-27세	(428)	48.1	42.3	32.9	28.5	15.9	9.8	11.0	8.4	.7	.9
28-34세	(410)	53.2	40.0	29.5	25.4	17.8	12.0	10.7	7.6	2.0	.7
35-39세	(162)	54.3	45.7	22.8	32.1	19.8	11.7	7.4	3.1	1.2	0.0
학력											
고졸 이하	(120)	59.2	35.0	30.8	20.8	21.7	9.2	12.5	9.2	1.7	0.0
대재/대졸	(702)	51.9	42.7	28.3	28.6	17.2	11.0	10.3	6.6	1.1	.9
대학원 재학 이상	(178)	43.3	43.3	35.4	29.2	14.6	12.4	9.0	8.4	1.7	.6

교회에서 성교육의 필요성에 대해서 "매우 필요하다"(45.2퍼센트)와 "약간 필요하다"(39.5퍼센트)를 합해 84.7퍼센트가 필요하다는 응답이었다. 남성보다 여성에게서 필요하다는 응답이 더 많았고, 학력이 높을수록 필요하다는 응답이 더 많았다. 그리고 개인 신앙 정도가 높을수록, QT를 많이 할수록 필요하다는 응답이 뚜렷하게 많았다. 선교단체 활동에 참여하는 사람들에게서도 필요하다는 응답이 상대적으로 많이 나왔다.

<표13> 교회 성교육의 필요성

교회에서 이성교제나 성 관련 교육을 하는 것이 필요하다고 생각하십니까?

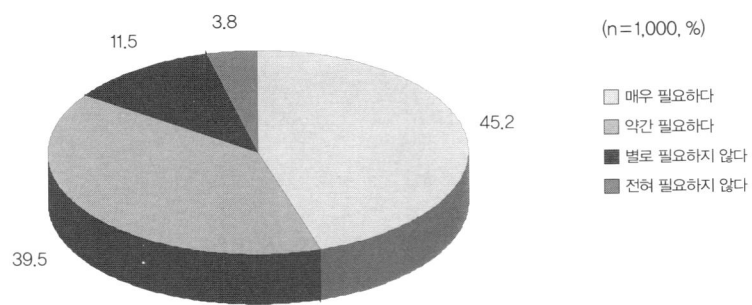

	사례 수	④ 매우 필요하다	③ 약간 필요하다	② 별로 필요하지 않다	① 전혀 필요하지 않다	◐ 필요 (③+④)	◐ 불필요 (①+②)
		%	%	%	%	%	%
전체	(1000)	45.2	39.5	11.5	3.8	84.7	15.3
성별							
남성	(505)	43.0	39.8	13.1	4.2	82.8	17.2
여성	(495)	47.5	39.2	9.9	3.4	86.7	13.3
연령							
20-27세	(428)	44.6	40.4	11.4	3.5	85.0	15.0
28-34세	(410)	47.3	37.6	11.0	4.1	84.9	15.1
35-39세	(162)	41.4	42.0	13.0	3.7	83.3	16.7
학력							
고졸 이하	(120)	32.5	45.8	10.8	10.8	78.3	21.7
대재 또는 대졸	(702)	45.6	39.2	12.1	3.1	84.8	15.2
대학원 재학 이상	(178)	52.2	36.5	9.6	1.7	88.8	11.2
개인 신앙 정도							
기독교 입문층	(347)	38.6	36.9	18.7	5.8	75.5	24.5
그리스도 인지층	(357)	43.4	44.0	10.4	2.2	87.4	12.6

그리스도 친밀층	(171)	45.0	45.6	5.8	3.5	90.6	9.4
그리스도 중심층	(125)	68.8	25.6	2.4	3.2	94.4	5.6
청년부/선교단체 활동							
청년부 & 선교단체	(77)	61.0	31.2	5.2	2.6	92.2	7.8
청년부만	(271)	50.2	38.7	7.7	3.3	88.9	11.1
선교단체만	(19)	68.4	21.1	10.5	0.0	89.5	10.5
둘 다 비참석	(633)	40.4	41.4	13.9	4.3	81.8	18.2
QT 빈도							
주 1회 이상	(392)	52.3	39.3	7.1	1.3	91.6	8.4
월 1-2회	(245)	39.6	47.3	10.2	2.9	86.9	13.1
하지 않음	(363)	41.3	34.4	17.1	7.2	75.8	24.2

학교에서 성교육을 받은 경험에 대해서 있다는 응답이 88.8퍼센트, 없다는 응답이 11.2퍼센트로 비교적 높게 나왔다. 여성은 93.1퍼센트로 훨씬 높았고, 젊을수록 경험이 있다는 응답이 높았다. 그리고 읍/면 지역에서 경험이 있다는 응답이 높았다.

〈표14〉 성교육 경험(학교)

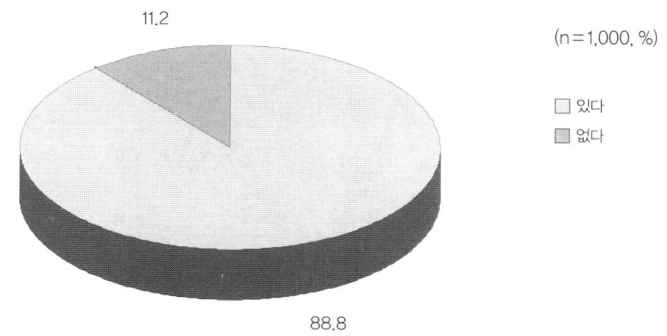

지금까지 학교에서 성교육을 받은 경험이 있습니까?

	사례 수	있다 %	없다 %	계 %
전체	(1000)	88.8	11.2	100.0
성별				
남성	(505)	84.6	15.4	100.0
여성	(495)	93.1	6.9	100.0
연령				
20-27세	(428)	96.3	3.7	100.0
28-34세	(410)	88.0	12.0	100.0
35-39세	(162)	71.0	29.0	100.0
지역				
서울	(220)	90.5	9.5	100.0
인천/경기	(300)	89.0	11.0	100.0
부산/경남/울산	(150)	83.3	16.7	100.0
대구/경북	(100)	92.0	8.0	100.0
광주/전라	(90)	93.3	6.7	100.0
대전/충청	(100)	84.0	16.0	100.0
강원/제주	(40)	92.5	7.5	100.0
지역 크기				
대도시	(636)	87.7	12.3	100.0
중소도시	(296)	89.5	10.5	100.0
읍/면	(68)	95.6	4.4	100.0

반면 교회에서 성교육을 받은 경험에 대해서는 "있다"는 응답이 17.7퍼센트로 낮게 나왔는데, 젊은 층에서는 있다는 응답이 23.4퍼센트로 다소 높았다. 대구/경북과 강원/제주에서 있다는 응답이 다소 높았고, 신앙 정도가 높고 QT 빈도가 많을수록 있다는 응답이 많았다. 이것은 교회에서 열리는 이성교제나 성 관련 교육이 선택적으로 이루어지기 때문에 헌신도가 높은 사람들이 이런 교육에도 많이 참여했기 때문인 것으로 보인다. 또한 선교단체 활동에 참여하는 사람들 중에 있다는 응답이 많아 선교단체에서는 교회에 비해 성교육을 실시하는 경우가 많은 것으로 추정된다.

<표15> 성교육 경험(교회)

지금까지 교회에서 성교육을 받은 경험이 있습니까?

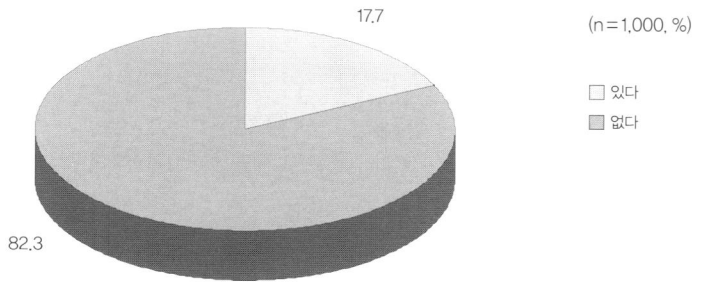

	사례 수	있다 %	없다 %	계 %
전체	(1000)	17.7	82.3	100.0
성별				
남성	(505)	18.2	81.8	100.0
여성	(495)	17.2	82.8	100.0
연령				
20-27세	(428)	23.4	76.6	100.0
28-34세	(410)	13.9	86.1	100.0
35-39세	(162)	12.3	87.7	100.0
지역				
서울	(220)	18.6	81.4	100.0
인천/경기	(300)	15.3	84.7	100.0
부산/경남/울산	(150)	12.7	87.3	100.0
대구/경북	(100)	24.0	76.0	100.0
광주/전라	(90)	20.0	80.0	100.0
대전/충청	(100)	19.0	81.0	100.0
강원/제주	(40)	25.0	75.0	100.0
개인 신앙 정도				
기독교 입문층	(347)	7.8	92.2	100.0
그리스도 인지층	(357)	20.4	79.6	100.0

그리스도 친밀층	(171)	23.4	76.6	100.0
그리스도 중심층	(125)	29.6	70.4	100.0
청년부/선교단체 활동				
청년부 & 선교단체	(77)	44.2	55.8	100.0
청년부만	(271)	26.2	73.8	100.0
선교단체만	(19)	31.6	68.4	100.0
둘 다 비참석	(633)	10.4	89.6	100.0
QT 빈도				
주 1회 이상	(392)	28.3	71.7	100.0
월 1-2회	(245)	15.9	84.1	100.0
하지 않음	(363)	7.4	92.6	100.0

교회에서 받은 성교육에 대해 "매우 만족한다"(12.4퍼센트)와 "약간 만족한다"(64.4퍼센트)를 포함해 76.8퍼센트가 만족한다는 견해를 보였다. 이에 대해 여성의 만족도(82.4퍼센트)가 더 높았으며, 신앙 정도가 높을수록, QT 빈도가 많을수록 만족도가 높은 것으로 나타났다.

〈표16〉 교회 성교육에 대한 견해

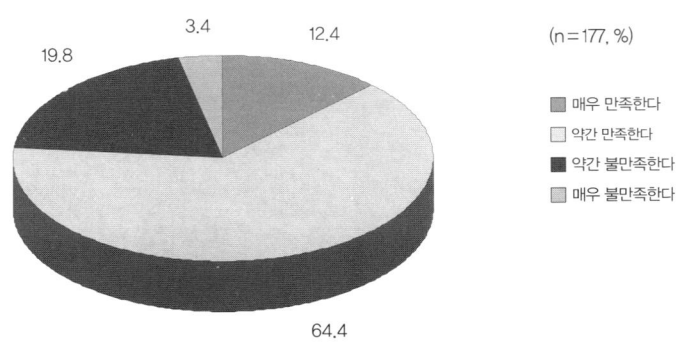

지금까지 교회에서 받은 성교육에 대해 어느 정도 만족하십니까?

	사례 수	④ 매우 만족 %	③ 약간 만족 %	② 약간 불만족 %	① 매우 불만족 %	만족 (③+④) %	불만족 (①+②) %
전체	(177)	12.4	64.4	19.8	3.4	76.8	23.2
성별							
남성	(92)	10.9	60.9	22.8	5.4	71.7	28.3
여성	(85)	14.1	68.2	16.5	1.2	82.4	17.6
연령							
20-27세	(100)	13.0	64.0	20.0	3.0	77.0	23.0
28-34세	(57)	12.3	64.9	19.3	3.5	77.2	22.8
35-39세	(20)	10.0	65.0	20.0	5.0	75.0	25.0
지역							
서울	(41)	22.0	58.5	17.1	2.4	80.5	19.5
인천/경기	(46)	13.0	63.0	15.2	8.7	76.1	23.9
부산/경남/울산	(19)	0.0	52.6	47.4	0.0	52.6	47.4
대구/경북	(24)	4.2	75.0	16.7	4.2	79.2	20.8
광주/전라	(18)	11.1	66.7	22.2	0.0	77.8	22.2
대전/충청	(19)	10.5	78.9	10.5	0.0	89.5	10.5
강원/제주	(10)	20.0	60.0	20.0	0.0	80.0	20.0
개인 신앙 정도							
기독교 입문층	(27)	14.8	48.1	22.2	14.8	63.0	37.0
그리스도 인지층	(73)	5.5	71.2	23.3	0.0	76.7	23.3
그리스도 친밀층	(40)	17.5	60.0	20.0	2.5	77.5	22.5
그리스도 중심층	(37)	18.9	67.6	10.8	2.7	86.5	13.5
청년부/선교단체 활동							
청년부 & 선교단체	(34)	26.5	64.7	8.8	0.0	91.2	8.8
청년부만	(71)	9.9	63.4	23.9	2.8	73.2	26.8
선교단체만	(6)	33.3	33.3	33.3	0.0	66.7	33.3
둘 다 비참석	(66)	6.1	68.2	19.7	6.1	74.2	25.8
QT 빈도							
주 1회 이상	(111)	17.1	64.0	17.1	1.8	81.1	18.9
월 1-2회	(39)	2.6	71.8	23.1	2.6	74.4	25.6
하지 않음	(27)	7.4	55.6	25.9	11.1	63.0	37.0

만족한다고 응답한 사람들에게 그 이유에 대해 물어 보았는데, "기독교 관점에서 교육을 해준다"는 것이 22.8퍼센트로 가장 높았고, 다음으로 "설명이 충분하다"(13.2퍼센트), "도움이 된다"(12.5퍼센트), "궁금증 해소"(8.8퍼센트), "올바른 이성관/결혼관 정립"(5.9퍼센트), "현실적이다"(5.1퍼센트) 등의 순으로 나왔다. 신앙 정도가 높을수록 "기독교 관점에서 교육을 해준다"는 응답이 높게 나온 것이 특징이다.

〈표17-1〉 교회 성교육 만족 이유(복수 응답)

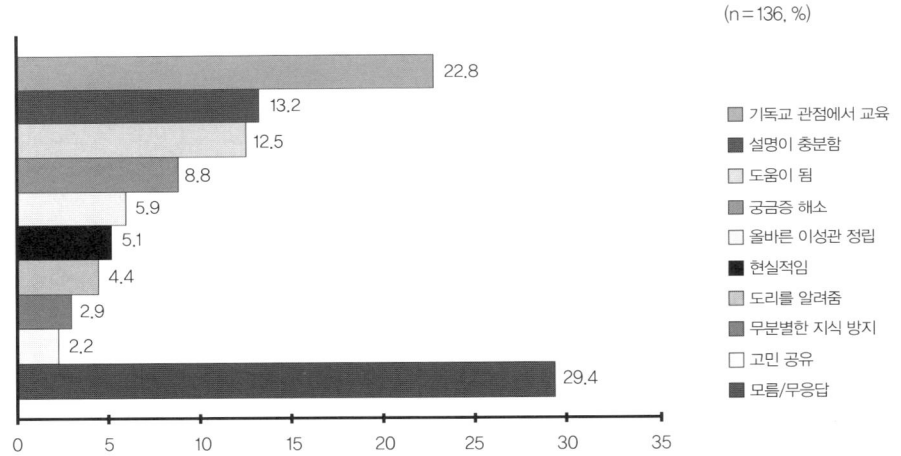

	사례 수	기독교 관점에서 교육	설명이 충분/ 설명을 잘한다	교육적 이다/ 도움이 됨	궁금증/ 호기심 해결	올바른 이성관/ 결혼관 정립	현실 적임	지켜야 할 선/ 도리를 알려 준다	무분별 한 지식 에 대한 혼란 방지	고민을 공유할 수 있다	모름/ 무응답
		%	%	%	%	%	%	%	%	%	
전체	(136)	22.8	13.2	12.5	8.8	5.9	5.1	4.4	2.9	2.2	29.4
성별											
남성	(66)	19.7	15.2	13.6	7.6	6.1	3.0	6.1	1.5	1.5	30.3
여성	(70)	25.7	11.4	11.4	10.0	5.7	7.1	2.9	4.3	2.9	28.6
연령											
20-27세	(77)	24.7	14.3	15.6	3.9	5.2	2.6	5.2	2.6	2.6	31.2
28-34세	(44)	22.7	13.6	9.1	15.9	4.5	6.8	4.5	2.3	2.3	25.0
35-39세	(15)	13.3	6.7	6.7	13.3	13.3	13.3	0.0	6.7	0.0	33.3
개인 신앙 정도											
기독교 입문층	(17)	11.8	17.6	11.8	0.0	0.0	5.9	0.0	0.0	5.9	41.2
그리스도 인지층	(56)	17.9	14.3	14.3	10.7	8.9	5.4	3.6	0.0	1.8	30.4
그리스도 친밀층	(31)	22.6	12.9	6.5	16.1	0.0	3.2	9.7	6.5	0.0	38.7
그리스도 중심층	(32)	37.5	9.4	15.6	3.1	9.4	6.3	3.1	6.3	3.1	12.5
청년부/선교단체 활동											
청년부 & 선교단체	(31)	19.4	12.9	9.7	3.2	9.7	9.7	0.0	6.5	0.0	29.0
청년부만	(52)	25.0	15.4	13.5	13.5	5.8	0.0	5.8	3.8	1.9	26.9
선교 단체만	(4)	25.0	25.0	0.0	25.0	0.0	0.0	0.0	0.0	25.0	25.0
둘 다 비참석	(49)	22.4	10.2	14.3	6.1	4.1	8.2	6.1	0.0	2.0	32.7
QT 빈도											
주 1회 이상	(90)	22.2	15.6	13.3	8.9	6.7	5.6	4.4	3.3	3.3	25.6
월 1-2회	(29)	20.7	10.3	6.9	6.9	3.4	6.9	0.0	3.4	0.0	44.8
하지 않음	(17)	29.4	5.9	17.6	11.8	5.9	0.0	11.8	0.0	0.0	23.5

반면에 불만족한다는 사람들은 그 이유에 대해서 "구체적이지 않다"는 응답이 29.3퍼센트로 가장 많았고, 다음으로 "현실적이지 않다"(12.2퍼센트), "지나치게 종교적이다"(12.2퍼센트), "너무 소극적이다"(9.8퍼센트), "의문이 해소되지 않는다"(9.8퍼센트), "혼전순결만 강조한다"(7.3퍼센트) 등의 순이었다. 특히 "혼전순결만 강조한다"는 의견(13.3퍼센트)이 여성들에게서 높게 나온 점은 성교육을 할 때 고려해야 할 사항으로 여겨진다.

〈표17-2〉 교회 성교육 불만족 이유

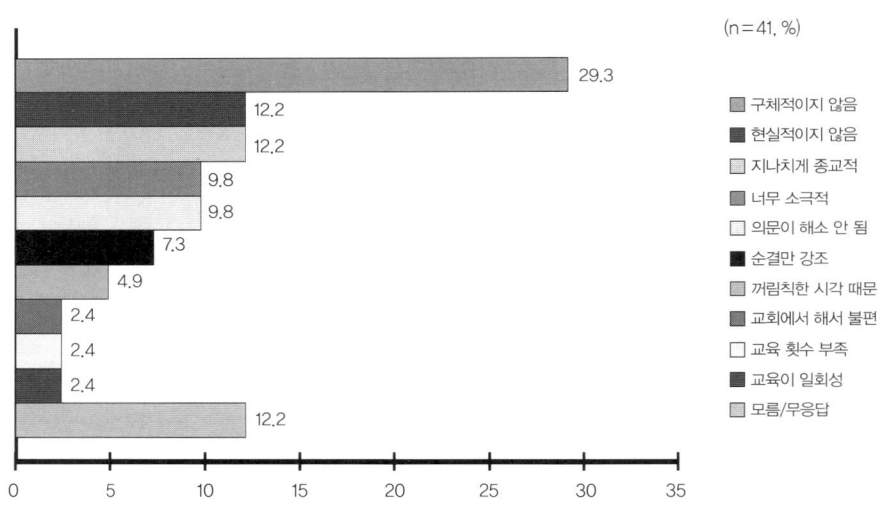

	사례 수	구체적이지 않다	현실적이지 않다	지나치게 종교적이다	너무 소극적이다	의문이 해소되지 않는다	그냥 혼전순결만 강조했다	성에 대한 꺼림칙한 시각 때문	교회에서 하는 것은 불편	교육 횟수가 부족하다	교육이 일회성이다	모름/무응답
		%	%	%	%	%	%	%	%	%	%	%
전체	(41)	29.3	12.2	12.2	9.8	9.8	7.3	4.9	2.4	2.4	2.4	12.2
성별												
남성	(26)	30.8	15.4	15.4	11.5	11.5	3.8	3.8	3.8	3.8	0.0	7.7
여성	(15)	26.7	6.7	6.7	6.7	6.7	13.3	6.7	0.0	0.0	6.7	20.0
연령												
20-27세	(23)	30.4	0.0	13.0	8.7	13.0	8.7	8.7	4.3	4.3	4.3	8.7
28-34세	(13)	23.1	30.8	7.7	15.4	7.7	7.7	0.0	0.0	0.0	0.0	15.4
35-39세	(5)	40.0	20.0	20.0	0.0	0.0	0.0	0.0	0.0	0.0	0.0	20.0
개인 신앙 정도												
기독교 입문층	(10)	30.0	10.0	20.0	0.0	0.0	0.0	0.0	0.0	0.0	0.0	40.0
그리스도 인지층	(17)	23.5	17.6	17.6	5.9	11.8	5.9	5.9	5.9	0.0	5.9	5.9
그리스도 친밀층	(9)	44.4	11.1	0.0	11.1	11.1	11.1	11.1	0.0	11.1	0.0	0.0
그리스도 중심층	(5)	20.0	0.0	0.0	40.0	20.0	20.0	0.0	0.0	0.0	0.0	0.0
청년부/선교단체 활동												
교회 & 선교단체	(3)	0.0	66.7	0.0	33.3	0.0	0.0	0.0	0.0	33.3	0.0	0.0
교회만	(19)	36.8	0.0	5.3	5.3	10.5	15.8	5.3	5.3	0.0	5.3	10.5
선교단체만	(2)	0.0	0.0	50.0	50.0	0.0	0.0	0.0	0.0	0.0	0.0	0.0
둘 다 비참석	(17)	29.4	17.6	17.6	5.9	11.8	0.0	5.9	0.0	0.0	0.0	17.6
QT 빈도												
주 1회 이상	(21)	33.3	9.5	9.5	4.8	9.5	14.3	4.8	4.8	0.0	0.0	9.5
월 1-2회	(10)	20.0	10.0	10.0	10.0	20.0	0.0	10.0	0.0	0.0	10.0	10.0
하지 않음	(10)	30.0	20.0	20.0	20.0	0.0	0.0	0.0	0.0	10.0	0.0	20.0

혼전 순결에 대해서는 "반드시 지켜야 한다"가 38.7퍼센트, "반드시 지킬 필요가 없다"가 61.3퍼센트로 나와 혼전 순결에 대해 크게 개의치 않는 것으로 나타났는데, 이 수치는 2004년에 기독교 미혼여성의 51.6퍼센트가 혼전 순결을 지켜야 한다고 응답한 것과 비교하면 더 떨어진 수치다.[4] 반드시 지켜야 한다"는 응답은 여성(40.8퍼센트)이 남성보다 다소 많았고, 지역으로는 경상도 지역이 가장 높았고, 강원/제주가 가장 낮았다. 지역 크기가 작을수록 혼전 순결 의식이 높았고, 신앙 정도가 높을수록, QT 빈도가 많을수록 혼전 순결 의식이 강했다. 흡연자들(18.0퍼센트)과 음주자들(23.0퍼센트)에게서는 혼전 순결 의식이 매우 낮았고, 청년부와 선교단체 모두 참석하지 않는 경우에도 25.8퍼센트로 매우 낮게 나타나 신앙 상태와 상관관계가 있는 것으로 나타났다.

<표18> 혼전 순결에 대한 인식

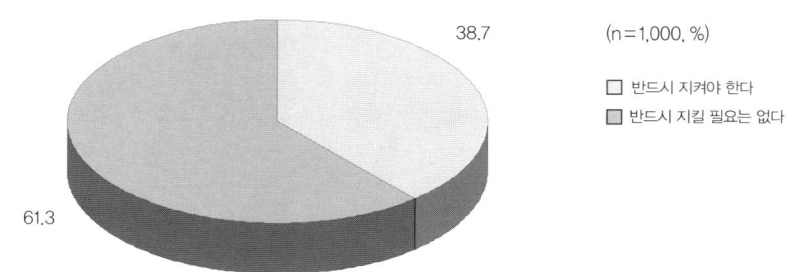

	사례 수	반드시 지켜야 한다 %	반드시 지킬 필요는 없다 %	계 %
전체	(1000)	38.7	61.3	100.0
성별				
남성	(505)	36.6	63.4	100.0
여성	(495)	40.8	59.2	100.0

4 이에 대해서는 권미주, "미혼여성의 성 의식 실태조사," 「한국여성신학」, 59호(2004년, 겨울)를 볼 것.

지역				
서울	(220)	38.6	61.4	100.0
인천/경기	(300)	35.7	64.3	100.0
부산/경남/울산	(150)	46.0	54.0	100.0
대구/경북	(100)	38.0	62.0	100.0
광주/전라	(90)	38.9	61.1	100.0
대전/충청	(100)	40.0	60.0	100.0
강원/제주	(40)	32.5	67.5	100.0
지역 크기				
대도시	(636)	36.3	63.7	100.0
중소도시	(296)	41.6	58.4	100.0
읍/면	(68)	48.5	51.5	100.0
흡연 여부				
흡연	(205)	18.0	82.0	100.0
비흡연	(795)	44.0	56.0	100.0
음주 여부				
음주	(553)	23.0	77.0	100.0
비음주	(447)	58.2	41.8	100.0
개인 신앙 정도				
기독교 입문층	(347)	15.3	84.7	100.0
그리스도 인지층	(357)	41.5	58.5	100.0
그리스도 친밀층	(171)	52.6	47.4	100.0
그리스도 중심층	(125)	76.8	23.2	100.0
청년부/선교단체 활동				
청년부 & 선교단체	(77)	68.8	31.2	100.0
청년부만	(271)	59.0	41.0	100.0
선교단체만	(19)	57.9	42.1	100.0
둘 다 비참석	(633)	25.8	74.2	100.0
QT 빈도				
주 1회 이상	(392)	55.6	44.4	100.0
월 1-2회	(245)	32.2	67.8	100.0
하지 않음	(363)	24.8	75.2	100.0

다음으로 여러 가지 성 관련 의식에 대해 질문했는데, "우리 사회에서 성폭력이나 성추행 문제가 심각하다"에 대해 가장 높은 평균값(4.32)을 나타냈고, 다음으로 "육체적인 성관계는 친밀감을 높인다"(3.55)에도 높은 동의도를 나타냈으며, 다음으로 낙태 반대 의견, 공공장소에서 애정 표현 등의 순으로 나타났다.[5] 혼외 성관계에 대해 가장 낮은 동의도(평균 1.83)를 나타냈고, 동성애 찬성 의견은 이보다 높은 평균값 2.29로 외도에 비해 동성애에 다소 관용적인 태도를 나타냈다. 남성들은 대부분의 항목에 대해 여성에 비해 높은 동의도를 보였는데, 우리 사회의 성 문제와 동성애에 대해서는 여성의 동의도가 더 높았다. 흡연 여부와 음주 여부, 그리고 개인 신앙 정도와 QT 빈도는 대부분의 항목에서 중요한 변수가 되었다.

〈표19〉 성 의식(종합)

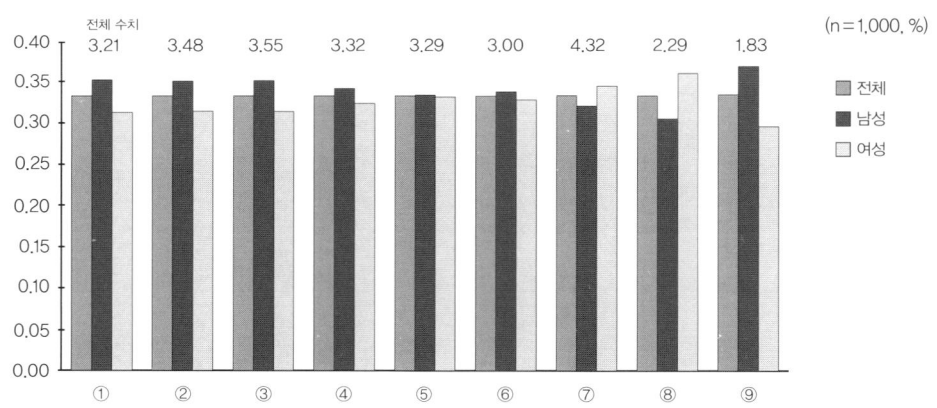

---

5 평균값은 5점 척도에 대한 값으로 100점 만점으로 환산하려면 ×20을 하면 된다.

	사례 수	① 사랑한다면 결혼 전에 성관계를 해도 된다	② 낙태는 어떤 경우에도 해서는 안 된다	③ 성관계는 친밀감을 높인다	④ 공공장소에서 애정표현을 할 수 있다	⑤ 우리 사회는 성 개방 풍조가 만연하다	⑥ 기독교는 성의 자유로운 표출을 억압한다	⑦ 우리 사회의 성 폭력/추행 문제가 심각하다	⑧ 나는 동성애를 받아들일 수 있다	⑨ 나는 혼외 성관계(외도)를 받아들일 수 있다
		5점 척도	5점 척도	5점 척도	5점 척도	5점 척도	5점 척도	5점 척도	5점 척도	5점 척도
전체	(1000)	3.21	3.48	3.55	3.32	3.29	3.00	4.32	2.29	1.83
성별										
남성	(505)	3.40	3.67	3.75	3.41	3.30	3.05	4.16	2.10	2.02
여성	(495)	3.02	3.29	3.35	3.23	3.28	2.96	4.47	2.48	1.62
연령										
20-27세	(428)	3.25	3.46	3.53	3.37	3.11	3.02	4.36	2.47	1.73
28-34세	(410)	3.20	3.60	3.58	3.31	3.39	3.00	4.31	2.14	1.88
35-39세	(162)	3.15	3.27	3.54	3.22	3.52	2.99	4.20	2.19	1.93
학력										
고졸 이하	(120)	3.23	3.58	3.36	3.16	3.28	2.88	4.34	1.91	2.00
대재/대졸	(702)	3.24	3.48	3.60	3.35	3.27	3.04	4.30	2.38	1.81
대학원 재 이상	(178)	3.09	3.43	3.49	3.30	3.37	2.95	4.34	2.19	1.78
직업										
직장인	(557)	3.33	3.52	3.66	3.35	3.34	3.05	4.32	2.23	1.87
학생	(285)	3.21	3.44	3.52	3.44	3.13	3.08	4.32	2.49	1.72
자영업/기타	(57)	2.89	3.49	3.39	3.05	3.37	2.68	4.21	1.89	1.89
무직	(97)	2.74	3.37	3.13	3.01	3.39	2.71	4.31	2.28	1.85
지역										
서울	(220)	3.24	3.35	3.63	3.31	3.20	3.04	4.32	2.37	1.79
인천/경기	(300)	3.30	3.49	3.54	3.38	3.39	2.99	4.33	2.32	1.87
부산/경남	(150)	3.05	3.57	3.55	3.14	3.37	2.93	4.39	2.29	1.88
대구/경북	(100)	3.25	3.46	3.56	3.40	3.12	3.00	4.22	2.49	1.88
광주/전라	(90)	3.19	3.49	3.49	3.22	3.13	3.02	4.27	2.09	1.81
대전/충청	(100)	3.10	3.55	3.45	3.35	3.33	3.01	4.28	2.13	1.69
강원/제주	(40)	3.28	3.73	3.58	3.55	3.43	3.15	4.30	1.95	1.75

지역 크기										
	대도시	(636)	3.26	3.46	3.58	3.34	3.27	3.04	4.30	2.33	1.86
	중소도시	(296)	3.16	3.55	3.50	3.34	3.31	2.91	4.33	2.19	1.72
	읍/면	(68)	2.99	3.40	3.46	3.04	3.41	3.04	4.38	2.38	1.93
흡연 여부										
	흡연	(205)	3.85	3.40	3.94	3.48	3.11	3.27	4.08	2.44	2.24
	비흡연	(795)	3.05	3.50	3.45	3.28	3.33	2.93	4.38	2.25	1.72
음주 여부										
	음주	(553)	3.67	3.43	3.76	3.44	3.19	3.19	4.26	2.48	1.99
	비음주	(447)	2.64	3.55	3.30	3.17	3.41	2.77	4.38	2.05	1.62
개인 신앙 정도										
	기독교 입문층	(347)	3.80	3.21	3.77	3.39	3.12	3.32	4.26	2.65	2.02
	그리스도 인지층	(357)	3.15	3.55	3.50	3.30	3.27	3.01	4.24	2.28	1.82
	그리스도 친밀층	(171)	2.85	3.56	3.41	3.23	3.38	2.82	4.38	2.13	1.65
	그리스도 중심층	(125)	2.26	3.95	3.27	3.31	3.68	2.36	4.60	1.54	1.56
청년부/선교단체 활동										
	청년부 & 선교단체	(77)	2.53	3.83	3.35	3.31	3.60	2.52	4.29	2.05	1.87
	청년부만	(271)	2.72	3.68	3.33	3.31	3.35	2.80	4.37	2.06	1.72
	선교단체만	(19)	3.00	3.53	3.68	3.37	3.79	2.89	4.47	2.47	2.11
	둘 다 비참석	(633)	3.51	3.36	3.67	3.32	3.21	3.15	4.29	2.41	1.86
QT 빈도										
	주 1회 이상	(392)	2.80	3.70	3.36	3.28	3.41	2.78	4.34	2.16	1.84
	월 1-2회	(245)	3.43	3.54	3.72	3.38	3.14	3.11	4.16	2.29	1.85
	하지 않음	(363)	3.50	3.21	3.64	3.33	3.26	3.17	4.40	2.44	1.79

공공장소에서의 스킨십에 대해서는 손잡기나 팔짱끼기까지 괜찮다는 응답이 60.3퍼센트였고, 포옹이나 입맞춤은 36.7퍼센트, 성적 애무 이상도 괜찮다는 응답은 3.0퍼센트였다. 남성이 여성보다 개방적이어서 포옹이나 입맞춤은 7퍼센트포인트 정도, 성적 애무 이상은 3퍼센트포인트 정도 응답이 많았다. 연령별로는 5세 단위 연령 구분에서 25-29세의 경우 가장 개방적인 태도를 보였고, 35-39세 구간은 가장 보수적인 태도를 보였다. 지역적 특성으론 부산/경남/울산이 가장 보수적인 태도를 보였고 그와 가까운 대구/경북이 가장 개방적인 태도를 보였고, 흡연자는 비흡연자보다 개방적인 태도를 나타냈다.

<표26> 공공장소에서의 스킨십에 대한 의견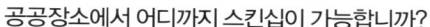(설문조사 문항 순서에 의거한 표의 일련 번호임)

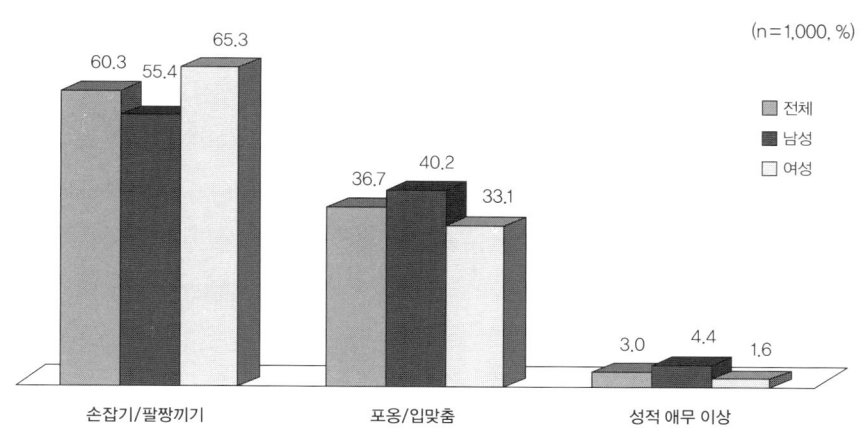

	사례 수	손잡기/ 팔짱끼기	포옹/ 입맞춤	성적 애무 이상
		%	%	%
전체	(1000)	60.3	36.7	3.0
성별				
남성	(505)	55.4	40.2	4.4
여성	(495)	65.3	33.1	1.6

연령				
20-24세	(300)	61.3	36.3	2.3
25-29세	(154)	51.9	44.8	3.2
30-34세	(384)	58.3	38.0	3.6
35-39세	(162)	71.0	26.5	2.5
지역				
서울	(220)	58.2	39.1	2.7
인천/경기	(300)	57.7	40.7	1.7
부산/경남/울산	(150)	70.0	28.0	2.0
대구/경북	(100)	53.0	45.0	2.0
광주/전라	(90)	66.7	27.8	5.6
대전/충청	(100)	62.0	31.0	7.0
강원/제주	(40)	55.0	40.0	5.0
흡연 여부				
흡연	(205)	50.2	44.9	4.9
비흡연	(795)	62.9	34.6	2.5

4. 이성교제와 스킨십 그리고 성 행동

먼저 이성교제할 때 중요하게 여기는 것을 1순위와 2순위로 질문했는데, 1순위와 2순위를 합해서 성격이 50.5퍼센트로 가장 높게 나왔고, 다음으로 공감대(40.4퍼센트), 가치관(37.6퍼센트), 외모(20.1퍼센트) 등의 순으로 나타났고, 종교는 18.0퍼센트로 그다지 높지 않았다. 남성은 여성에 비해 외모와 성격을 중시했고 여성은 경제력, 공감대, 종교를 중시했다.

연령에 따른 차이를 살펴보면, 대학부(20-27세)에서는 공감대(44.4퍼센트)와 외모(23.8퍼센트)가 큰 비중을 차지하지만 이후에는 공감대와 외모는 중요성이 낮아지고 가정환경과 경제력이 중요해짐을 볼 수 있다. 개인 신앙 정도에 따른 변화를 살펴보면 기독교 입문층에서 그리스도 중심층으로 갈수록 성격을 덜 중시하고(61.4→40.0퍼센트) 외모도 덜 중시하는 반면(25.4→6.4퍼센트) 종교를 매우 중시하는 것을 볼 수 있다(0.9→52.8퍼센트).

<표20> 이성교제 중요 고려 사항(1+2순위)

이성교제 시 중요하게 여기는 점은 무엇입니까?

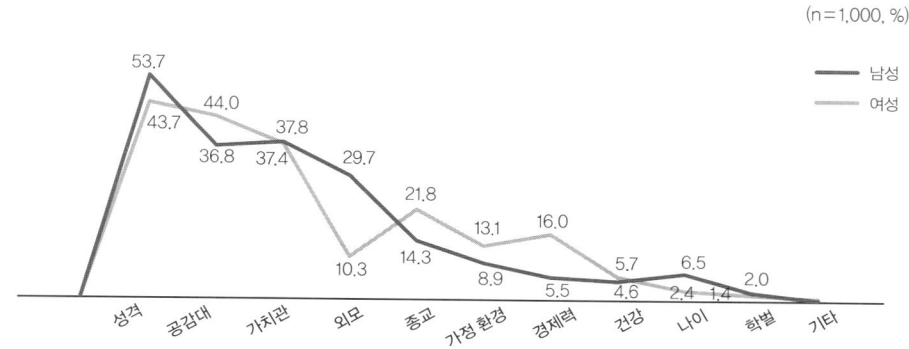

	사례 수	성격 %	공감대 %	가치관 %	외모 %	종교 %	가정 환경 %	경제력 %	건강 %	나이 %	학벌 %	기타 %
전체	(1000)	50.5	40.4	37.6	20.1	18.0	11.0	10.7	5.1	4.5	1.7	.4
성별												
남성	(505)	53.7	36.8	37.8	29.7	14.3	8.9	5.5	4.6	6.5	2.0	.2
여성	(495)	47.3	44.0	37.4	10.3	21.8	13.1	16.0	5.7	2.4	1.4	.6
연령												
20-27세	(428)	49.1	44.4	36.2	23.8	17.8	8.9	7.9	4.4	4.4	2.3	.7
28-34세	(410)	52.0	38.5	39.8	17.3	18.0	11.7	12.0	5.4	4.1	1.0	.2
35-39세	(162)	50.6	34.6	35.8	17.3	18.5	14.8	14.8	6.2	5.6	1.9	0.0
개인 신앙 정도												
기독교 입문층	(347)	61.4	42.9	34.9	25.4	.9	13.3	11.2	4.9	3.5	1.7	0.0
그리스도 인지층	(357)	47.1	38.1	38.7	22.1	17.1	10.9	12.0	5.9	5.6	2.2	.3
그리스도 친밀층	(171)	43.3	42.7	38.0	15.2	29.2	9.4	11.1	4.1	5.3	1.2	.6
그리스도 중심층	(125)	40.0	36.8	41.6	6.4	52.8	7.2	4.8	4.8	3.2	.8	1.6

이성교제와 스킨십 경험에 대해서, 이성교제 경험은 84.0퍼센트, 손잡기나 팔짱은 89.0퍼센트, 포옹이나 입맞춤은 81.8퍼센트, 성적 애무는 58.3퍼센트, 성관계는 52.0퍼센트로 나타났다. 이것으로 볼 때, 손을 잡거나 팔짱을 끼는 것은 이성교제와 상관없이 하는 것을 알 수 있으며, 가벼운 스킨십으로 포옹과 입맞춤의 경우는 이성교제 경험과 비슷하게 나타나 이성교제를 하는 경우 대부분 포옹과 입맞춤은 하는 것으로 볼 수 있다.

이성교제 경험에서 성별 차이는 없었고, 연령별로는 20-27세가 가장 많았다. 그리고 고졸 이하, 무직, 월 가구소득 200만 원 미만에서 교제 경험이 적었고, 흡연자와 음주자가 비흡연자와 비음주자에 비해 경험이 많았다. 지역별로는 서울이 가장 높았고, 부산/경남/울산이 가장 낮았다. 애무와 성관계는 포옹이나 입맞춤과 상당한 격차를 나타냈고, 이전 단계의 가벼운 스킨십과 달리 남녀의 경험에서 차이가 나타나 남자가 보다 많은 경험이 있었다.

학력별로는 대학원 재학 이상에서, 직업별로는 직장인에서, 지역 크기로는 대도시에서, 월 가구소득 500만 원 이상, 그리고 거주 형태로는 혼자에서 모든 항목에 대해 경험율이 가장 높았다. 그리고 모든 항목에 대해 흡연자와 음주자가 비흡연자와 비음주자에 비해 경험율이 훨씬 높았다. 개인 신앙 정도로는 그리스도 중심층이 모든 항목에 대해 경험률이 가장 낮았다.

이번 조사에서 성관계의 경험이 52.0퍼센트로 나온 것은 예상보다 높은 수치지만, 2009년 한국여성정책연구원 조사 결과에서 30대로 진입하기 전에 남성은 3분의 2, 여성은 절반 정도가 성관계 경험이 있다고 나온 것과 비교하면 비슷한 결과라고 할 수 있다.[6] 이번 조사에서는 남성이 여성보다 15퍼센트 성 경험이 많았고, 연령에 비례해 증가했다. 학력에 따른 차이는 별로 없었고, 직업별로 차이가 뚜렷했으며, 월 가구소득에 비례했다. 음주와 흡연도 큰 영향을 미쳤는데, 흡연을 하는 경우 평균보다 월등히 높은 비율(80.5퍼센트)로 성관계 경험이 있었다.[7] 이성교제에서는 차이가 없었던 개인 신앙 정도와 QT 빈도는

---

6 이에 대해서는, 이미정·변화순·김은정, 「청년층 섹슈얼리티와 친밀한 관계에서의 성폭력 연구」(한국여성정책연구원, 2010), p. 106을 볼 것. 이 조사는 19-30세까지 미혼 청년 3600명을 대상으로 실시한 것이다.

7 일반 국민을 대상으로 한 조사에서도 흡연과 음주가 성관계 경험과 높은 상관관계가 있는 것으로 나타났다. 이에 대해서는 이선희 외, "미혼남녀의 성 행태 및 성 의식 관련 요인 분석," 「보건교육·건강증진학회지」, 제17권 2호(2000년 9월)를 볼 것.

성관계 경험과 반비례하는 것으로 나타났다.

성관계 경험은 성에 대한 인식에 따라 차이를 나타냈는데, 앞의 〈표9〉와 관련해 "성을 즐거움을 위한 방편"으로 보는 사람들의 성관계 경험이 66.7퍼센트로 가장 높았고, 다음으로 "인간으로서 자연스러운 것"이라고 보는 사람들도 56.5퍼센트로 평균을 약간 웃돌았다. 반면에 "성스러운 것"이라고 보는 사람들은 46.0퍼센트로 평균을 약간 밑돌았고, 거북하거나 불편하게 느끼는 사람들과 "자녀 생산을 위한 것"이라고 생각하는 사람, 그리고 잘 모르겠다고 유보적인 태도를 보인 사람들이 각각 37.5퍼센트, 33.3퍼센트, 29.6퍼센트로 평균보다 낮은 성관계 경험을 나타냈다.

〈표21〉 이성교제 및 스킨십 경험 여부

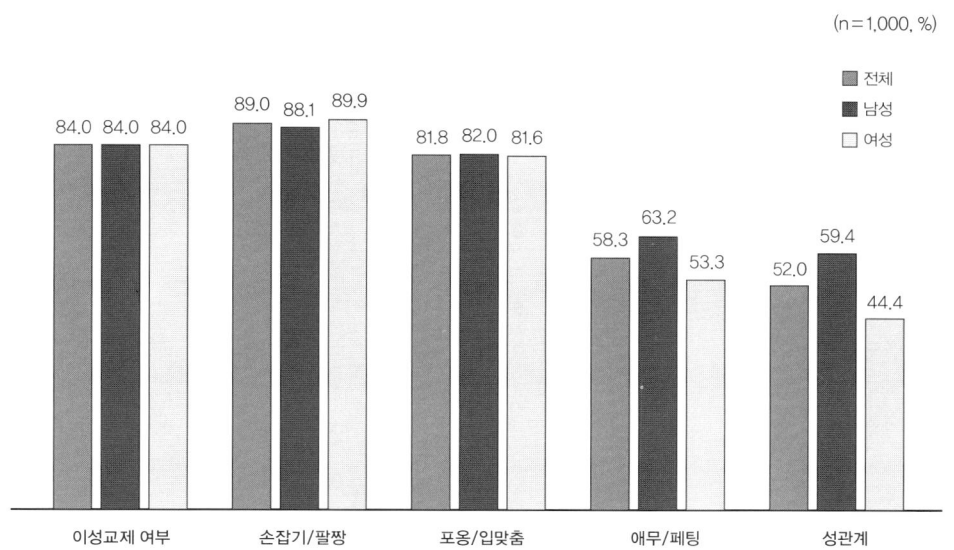

	사례 수	이성친구(애인)를 사귄 적이 있다 %	손을 잡거나 팔짱을 끼어 본 적이 있다 %	포옹이나 입맞춤을 해 본 적이 있다 %	성적 애무(페팅)를 해 본 적이 있다 %	이성과 성관계를 해 본 적이 있다 %
전체	(1000)	84.0	89.0	81.8	58.3	52.0
성별						
남성	(505)	84.0	88.1	82.0	63.2	59.4
여성	(495)	84.0	89.9	81.6	53.3	44.4
연령						
20-27세	(428)	81.1	89.3	80.8	50.2	46.3
28-34세	(410)	87.1	89.3	81.7	63.4	53.9
35-39세	(162)	84.0	87.7	84.6	66.7	62.3
학력						
고졸 이하	(120)	70.8	72.5	67.5	53.3	51.7
대재/대졸	(702)	84.0	89.9	82.5	57.8	50.6
대학원 재 이상	(178)	92.7	96.6	88.8	63.5	57.9
직업						
직장인	(557)	89.6	92.6	87.3	68.8	62.3
학생	(285)	80.7	89.8	80.7	45.6	39.6
자영업/기타	(57)	82.5	86.0	80.7	56.1	50.9
무직	(97)	64.9	68.0	56.7	39.2	32.0
지역						
서울	(220)	87.3	91.4	88.6	65.5	58.6
인천/경기	(300)	86.3	92.0	82.7	63.7	55.7
부산/경남	(150)	78.0	87.3	73.3	40.7	34.7
대구/경북	(100)	82.0	87.0	82.0	60.0	58.0
광주/전라	(90)	81.1	84.4	75.6	53.3	55.6
대전/충청	(100)	85.0	87.0	84.0	55.0	41.0
강원/제주	(40)	80.0	80.0	77.5	60.0	57.5
지역 크기						
대도시	(636)	86.0	91.0	84.4	60.5	55.2
중소도시	(296)	82.4	86.8	79.4	55.7	48.0
읍/면	(68)	72.1	79.4	67.6	48.5	39.7

월 가구 소득						
200만 원 미만	(143)	71.3	72.7	65.7	44.1	38.5
200-349만 원	(367)	80.4	86.4	77.7	53.7	51.0
350-499만 원	(177)	87.6	93.8	88.7	65.5	54.2
500만 원 이상	(313)	92.0	96.8	90.1	66.1	58.1
거주 형태						
부모 동거	(709)	81.7	87.2	79.1	53.7	46.1
혼자	(204)	92.2	95.6	92.6	75.0	73.0
형제/친구 동거	(85)	83.5	88.2	77.6	55.3	49.4
부모 독립 기간						
3년 미만	(79)	87.3	88.6	83.5	62.0	55.7
3-6년 미만	(79)	84.8	94.9	87.3	63.3	65.8
6-10년 미만	(50)	94.0	96.0	92.0	80.0	72.0
10년 이상	(83)	94.0	95.2	91.6	75.9	73.5
흡연 여부						
흡연	(205)	92.7	95.1	93.2	82.4	80.5
비흡연	(795)	81.8	87.4	78.9	52.1	44.7
음주 여부						
음주	(553)	90.4	94.2	89.7	69.8	66.2
비음주	(447)	76.1	82.6	72.0	44.1	34.5
개인 신앙 정도						
기독교 입문층	(347)	81.8	89.6	83.6	64.8	61.4
그리스도 인지층	(357)	85.4	90.2	81.8	61.3	55.2
그리스도 친밀층	(171)	87.1	90.1	83.0	52.0	39.8
그리스도 중심층	(125)	81.6	82.4	75.2	40.0	33.6
청년부/선교단체 활동						
청년부 & 선교단체	(77)	87.0	89.6	79.2	50.6	41.6
청년부만	(271)	84.1	89.7	80.4	46.5	37.6
선교단체만	(19)	68.4	78.9	73.7	57.9	47.4
둘 다 비참석	(633)	84.0	88.9	82.9	64.3	59.6
QT 빈도						
주 1회 이상	(392)	85.2	89.0	81.4	51.0	44.1
월 1-2회	(245)	88.6	91.4	86.9	66.1	56.3
하지 않음	(363)	79.6	87.3	78.8	60.9	57.6

관계에 따라 가능한 스킨십에 대해서는, 관계가 깊어질수록 스킨십의 허용범위도 큰 것으로 나타났다. 친구 사이에서는 "손잡기나 팔짱끼기"가 84.5퍼센트, 교제 상대와는 "포옹이나 입맞춤"이 45.9퍼센트 가능하고 "성관계"에 대해서도 35.5퍼센트가 가능하다고 응답했다. 그리고 결혼을 전제한 사이에서는 57.4퍼센트가 성관계가 가능하다고 응답했다.

친구 사이에서 교제 상대로 넘어가면 성관계가 가능하다고 생각하는 사람들이 30퍼센트포인트 이상 늘었고, 결혼을 전제로 하는 경우에는 다시 20퍼센트포인트 이상이 성관계가 가능하다고 생각하는 것으로 나타났다. 전반적으로 남성의 허용범위가 높았는데 남성들의 경우 친구 사이에서도 포옹이나 입맞춤을 허용하는 비율이 15.6퍼센트나 되었고, 교제 상대인 경우에는 성관계(45.9퍼센트), 포옹/입맞춤(36.2퍼센트) 순으로 여성이 포옹/입맞춤(55.8퍼센트), 성관계(24.8퍼센트) 순인 것과 많은 차이가 났다.

〈표22〉 관계 정도에 따른 최대 가능 스킨십

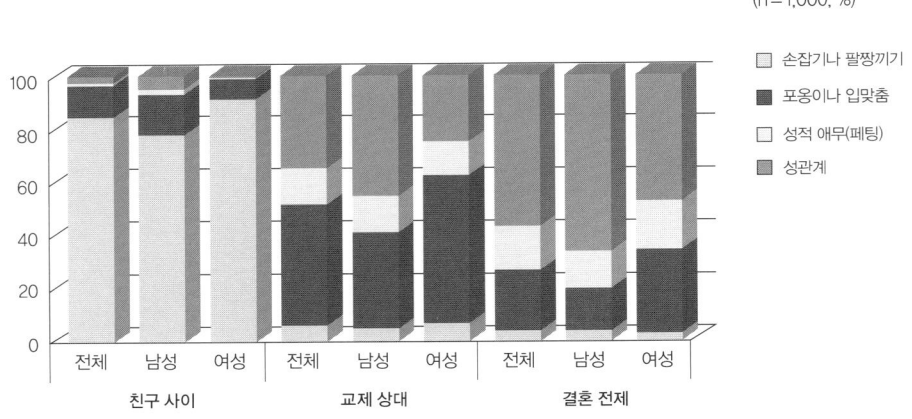

관계의 정도	손잡기나 팔짱끼기	포옹이나 입맞춤	성적 애무 (페팅)	성관계	계
친구 사이					
전체	84.5	11.8	.8	2.9	100.0
남성	77.8	15.6	1.4	5.1	100.0
여성	91.3	7.9	.2	.6	100.0
교제 상대					
전체	5.5	45.9	13.1	35.5	100.0
남성	4.4	36.2	13.5	45.9	100.0
여성	6.7	55.8	12.7	24.8	100.0
결혼 전제					
전체	3.1	23.4	16.1	57.4	100.0
남성	3.2	16.0	14.5	66.3	100.0
여성	3.0	30.9	17.8	48.3	100.0

　최근에 이성친구나 애인과 가진 스킨십에 대해서는, 가장 많은 33.3퍼센트가 성관계라고 응답했고, 다음으로 포옹이나 입맞춤(28.0퍼센트), 손잡기와 팔짱끼기(12.2퍼센트), 애무나 페팅(9.5퍼센트) 순이었으며, 스킨십이 없었다는 응답은 17.0퍼센트였다. 여성은 포옹이나 입맞춤의 비율이 성관계 비율보다 조금 높았고, 남성은 성관계가 포옹이나 입맞춤보다 12.4퍼센트 높았다. 연령을 5세 구분으로 보면 25-29세에서 성관계 비율이 가장 높게 나타났다. 직업별로는 직장인이, 그리고 월 가구소득이 높을수록 성관계 비율이 높았다. 부모와 동거하지 않고 홀로 사는 경우가 성관계 비율이 높았는데, 홀로 사는 기간이 6년이 넘는 경우가 가장 높았다. 흡연과 음주도 정적인 상관관계가 있었다.

　성적 애무라고 응답한 비율이 낮은 것은 이 단계에서 스킨십이 멈추는 경우가 별로 없고 성적 애무를 하는 경우에는 대부분 성관계로 이어지기 때문으로 보인다. 개인 신앙의 정도가 그리스도 중심층으로 향할수록 성관계 비율은 줄어들었는데, 특히 비율이 많이 줄어든 그리스도 친밀층(15.8퍼센트)과 그리스도 중심층(12.0퍼센트)의 경우는 성적 애무의 비율이 평균보다(9.5퍼센트) 크게 높은 것이 특징이었다. 이것은 신앙 성숙도가 높은 경우 성관계에 대해 저항감이 있기 때문에 성적 애무 단계까지 가는 경우가 많기 때문인 것으로 보인다.

<표23> 최근 스킨십

최근에 이성친구(애인)와 가진 스킨십은 어디까지입니까?

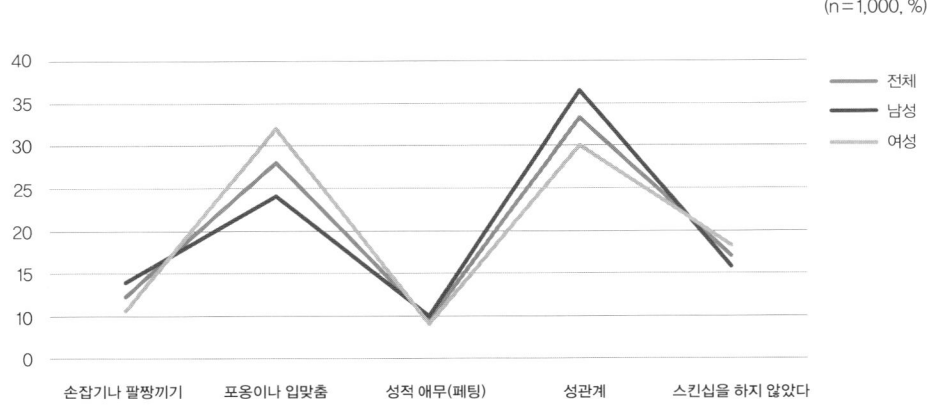

(n=1,000, %)

	사례 수	손잡기/ 팔짱끼기	포옹/ 입맞춤	애무/ 페팅	성관계	스킨십 하지 않음	계
		%	%	%	%	%	%
전체	(1000)	12.2	28.0	9.5	33.3	17.0	100.0
성별							
남성	(505)	13.9	24.0	9.9	36.4	15.8	100.0
여성	(495)	10.5	32.1	9.1	30.1	18.2	100.0
연령							
20-24세	(300)	13.7	34.3	9.0	25.0	18.0	100.0
25-29세	(154)	11.7	22.1	11.0	39.0	16.2	100.0
30-34세	(384)	10.9	27.9	9.1	35.9	16.1	100.0
35-39세	(162)	13.0	22.2	9.2	37.0	17.9	100.0
직업							
직장인	(557)	9.9	26.0	9.2	41.5	13.5	100.0
학생	(285)	11.9	35.1	11.6	24.2	17.2	100.0
자영업/기타	(57)	15.8	26.3	10.5	29.8	17.5	100.0
무직	(97)	24.7	19.6	5.2	16.5	34.0	100.0

지역							
서울	(220)	8.6	30.0	7.7	38.2	15.5	100.0
인천/경기	(300)	13.0	25.7	11.3	35.7	14.3	100.0
부산/경남/울산	(150)	14.7	28.7	6.0	23.3	27.3	100.0
대구/경북	(100)	9.0	29.0	12.0	34.0	16.0	100.0
광주/전라	(90)	21.1	23.3	12.2	30.0	13.3	100.0
대전/충청	(100)	10.0	37.0	9.0	28.0	16.0	100.0
강원/제주	(40)	10.0	17.5	7.5	45.0	20.0	100.0
월 가구소득							
200만 원 미만	(143)	16.8	26.6	9.8	21.0	25.9	100.0
200-349만 원	(367)	11.2	27.5	10.4	31.1	19.9	100.0
350-499만 원	(177)	14.1	28.8	6.8	37.9	12.4	100.0
500만 원 이상	(313)	10.2	28.8	9.9	39.0	12.1	100.0
거주 형태							
부모 동거	(709)	13.8	29.2	9.2	28.3	19.5	100.0
혼자	(204)	9.3	24.0	8.8	49.0	8.8	100.0
형제/친구 동거	(85)	5.9	28.2	14.1	35.3	16.5	100.0
부모 독립 기간							
3년 미만	(79)	8.9	29.1	12.7	36.7	12.7	100.0
3-6년 미만	(79)	10.1	27.8	13.9	38.0	10.1	100.0
6-10년 미만	(50)	4.0	22.0	8.0	56.0	10.0	100.0
10년 이상	(83)	8.4	20.5	6.0	54.2	10.8	100.0
흡연 여부							
흡연	(205)	10.2	21.0	9.3	54.1	5.4	100.0
비흡연	(795)	12.7	29.8	9.6	27.9	20.0	100.0
음주 여부							
음주	(553)	10.8	26.8	9.0	43.0	10.3	100.0
비음주	(447)	13.9	29.5	10.1	21.3	25.3	100.0
개인 신앙 정도							
기독교 입문층	(347)	11.2	20.5	5.8	44.4	18.2	100.0
그리스도 인지층	(357)	11.5	33.1	9.2	33.9	12.3	100.0
그리스도 친밀층	(171)	11.1	32.7	15.8	21.1	19.3	100.0
그리스도 중심층	(125)	18.4	28.0	12.0	17.6	24.0	100.0

위에서 응답한 스킨십까지 진행하는데 걸린 시간에 대해서 손잡기나 팔짱끼기는 평균 두 달 정도 걸렸고, 포옹이나 입맞춤은 평균 석 달 걸리는 것으로 나타났다. 그리고 성관계는 평균 102일 정도 걸리는 것으로 나타났다. 그러나 가장 많은 29.4퍼센트는 31-60일이 걸렸다고 응답했고, 30일 이하라는 응답도 19.2퍼센트 있었다. 특징적인 것은 성적 애무는 평균 다섯 달 가까이 걸리는 것으로 나타나 성관계보다 길었다. 이것은 성관계를 부정적으로 인식하고 성적 애무가 한계라고 여기는 경우 이 단계까지 걸리는 시간이 긴 것으로 추정된다.

〈표24〉 최근 스킨십(성관계)의 진행 속도

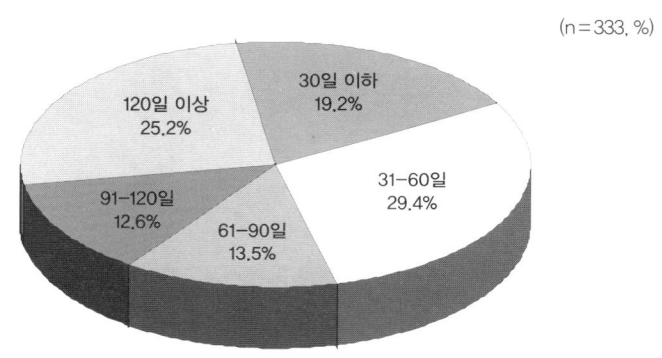

	사례 수	30일 이하	31-60일	61-90일	91-120일	121일 이상	평균
		%	%	%	%	%	%
최근 스킨십 정도							
손잡기/팔짱끼기	(122)	32.8	34.4	10.7	9.0	13.1	60.2
포옹/입맞춤	(280)	22.5	28.2	13.6	13.9	21.8	89.8
성적 애무(페팅)	(95)	10.5	20.0	12.6	14.7	42.1	146.6
성관계	(333)	19.2	29.4	13.5	12.6	25.2	102.6

위에서 응답한 스킨십의 상대에 대해서 손잡기나 팔짱끼기는 친구 사이라는 응답이 58.2퍼센트로 가장 많았고, 그리고 다른 모든 스킨십은 교제 상대라는 응답이 가장 많았는데, 포옹이나 입맞춤은 72.5퍼센트, 성적 애무는 73.7퍼센트, 성관계는 70.0퍼센트로 큰 차이가 없었다. 따라서 교제 상대와는 성관계를 포함한 모든 스킨십을 비슷하게 여기는 것으로 볼 수 있다. 그리고 친구 사이에 포옹이나 입맞춤을 한 경우가 20퍼센트 가까이 되었고, 성적 애무를 한 경우가 4.2퍼센트, 성관계를 한 경우도 8.1퍼센트나 된 것으로 나타났다.

〈표25〉 최근 스킨십 대상자와의 관계

최근 스킨십 정도	사례 수	교제 상대 %	친구 사이 %	결혼을 약속한 사이 %	지인/아는 오빠,누나, 동생 등 %	기타 %	모름/ 무응답 %
손잡기/팔짱끼기	(122)	33.6	58.2	4.1	3.3	0.0	.8
포옹/입맞춤	(280)	72.5	19.6	5.4	1.8	.7	0.0
성적 애무(페팅)	(95)	73.7	4.2	21.1	0.0	1.1	0.0
성관계	(333)	70.0	8.1	19.2	2.1	.6	0.0

다음으로, 여러 성행동 경험에 대해 질문했는데, 포르노 잡지나 비디오에 대해서 가장 높은 경험률(78.0퍼센트)을 나타냈고, 자위행위(63.8퍼센트)도 높은 경험률을 보였다. 다음으로 전화나 인터넷으로 성적 대화를 한 경험은 23.2퍼센트, 성매매 업소와 유사성행위 업소 경험도 각각 14.5퍼센트와 13.9퍼센트로 예상보다 높게 나왔다. 성매매 업소 경험은 한국여성정책연구원 조사 결과에서 33.4퍼센트의 경험률을 보인 것과 비교하면 절반 정도 낮은 수치다. 또한 임신 경험은 6.2퍼센트, 낙태 경험은 6.3퍼센트로 나타나 임신을 한 경우 대부분 낙태를 한 것으로 추측된다. 그리고 동성과 성행위도 4.5퍼센트가 응답했다.

대부분의 경험에서 남녀 차이가 크게 드러났는데, 유사성행위 업소나 성매매 업소 출입은 거의 남성들의 행위였다. 자위행위는 남성과 여성 모두 경험했지만 남성의 비율이 두 배 이상이며, 포르노 잡지와 비디오, 음란전화와 채팅 역시 남성의 경험 비율이 높았다. 음란전화나 채팅은 전체의 23.2퍼센트가 경험이 있었고 남성은 28.9퍼센트의 비율을 보였다. 모든 항목에서 흡연자와 음주자는 비흡연자와 비음주자에 비해 경험률이 높았는데, 음주보다는 흡연 여부에 따라 차이가 더 컸다. 또한 그리스도 중심층은 대부분 항목에서 경험률이 낮은 편이었는데, 임신과 낙태에서는 차이가 없었으며, QT 빈도에서는 뚜렷한 차이가 없었다.

〈표27〉 성 행동 경험

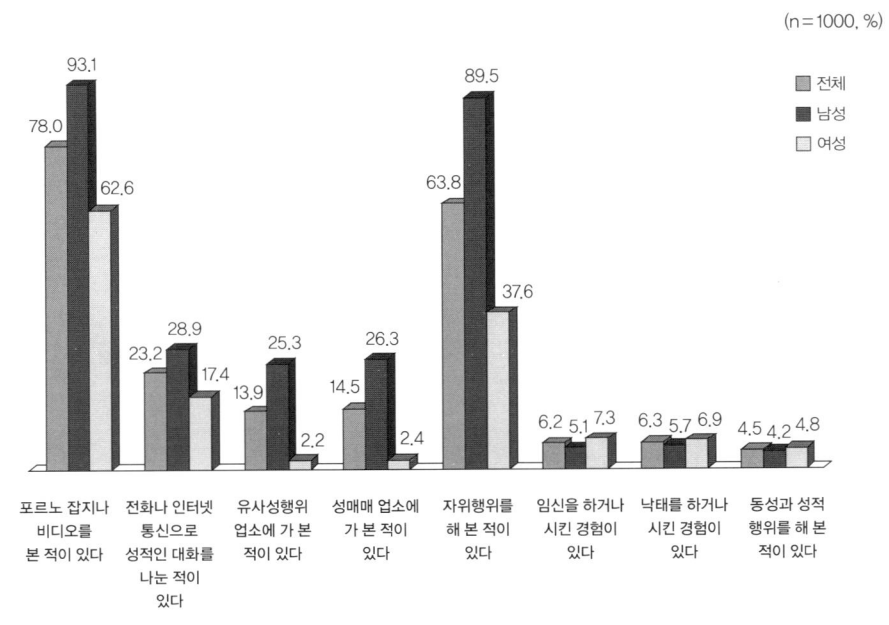

	사례 수	포르노 잡지, 비디오를 본 적이 있다	전화나 인터넷으로 성적 대화를 나눈 적이 있다	유사 성행위 업소에 가 본 적이 있다	성매매 업소에 가 본 적이 있다	자위 행위를 해 본 적이 있다	임신을 한 경험이 있다 (본인 혹은 상대자)	낙태 시술을 한(시킨) 경험이 있다	동성과 성적 행위를 해 본 적이 있다
		%	%	%	%	%	%	%	%
전체	(1000)	78.0	23.2	13.9	14.5	63.8	6.2	6.3	4.5
성별									
남성	(505)	93.1	28.9	25.3	26.3	89.5	5.1	5.7	4.2
여성	(495)	62.6	17.4	2.2	2.4	37.6	7.3	6.9	4.8
연령									
20-24세	(300)	75.7	22.0	5.7	4.7	57.7	2.7	3.0	4.7
25-29세	(154)	89.0	25.3	15.6	16.2	72.7	5.8	5.8	5.2
30-34세	(384)	75.8	21.9	17.2	17.2	62.8	8.1	7.8	4.7
35-39세	(162)	77.2	26.5	19.8	24.7	69.1	8.6	9.3	3.1
학력									
고졸 이하	(120)	67.5	30.0	18.3	16.7	60.0	11.7	11.7	5.0
대재/대졸	(702)	81.3	21.7	12.7	13.7	65.2	5.3	5.6	4.6
대학원 이상	(178)	71.9	24.7	15.7	16.3	60.7	6.2	5.6	3.9
직업									
직장인	(557)	79.4	24.6	18.0	20.1	63.7	8.1	8.3	4.1
학생	(285)	80.0	22.5	7.0	5.6	65.3	2.8	2.5	3.5
자영업/기타	(57)	71.9	24.6	21.1	22.8	71.9	7.0	7.0	5.3
무직	(97)	68.0	17.5	7.2	4.1	55.7	5.2	6.2	9.3
지역									
서울	(220)	80.5	26.4	14.1	15.9	63.6	9.1	8.2	5.0
인천/경기	(300)	77.7	25.3	13.0	15.0	61.7	6.7	7.0	3.7
부산/경남/울산	(150)	84.0	18.0	11.3	10.7	68.7	2.7	3.3	4.7
대구/경북	(100)	79.0	24.0	9.0	16.0	69.0	9.0	9.0	7.0
광주/전라	(90)	67.8	20.0	21.1	21.1	56.7	3.3	3.3	2.2
대전/충청	(100)	74.0	19.0	18.0	9.0	63.0	3.0	4.0	5.0
강원/제주	(40)	75.0	25.0	15.0	12.5	67.5	7.5	7.5	5.0

흡연 여부									
흡연	(205)	94.1	38.5	37.1	39.5	85.9	9.8	10.2	6.8
비흡연	(795)	73.8	19.2	7.9	8.1	58.1	5.3	5.3	3.9
음주 여부									
음주	(553)	83.2	27.5	21.3	22.8	69.8	8.1	8.1	5.4
비음주	(447)	71.6	17.9	4.7	4.3	56.4	3.8	4.0	3.4
개인 신앙 정도									
기독교 입문층	(347)	79.0	29.7	15.9	18.4	63.7	8.4	8.4	5.2
그리스도 인지층	(357)	80.7	18.8	17.6	17.1	69.5	4.5	4.5	4.5
그리스도 친밀층	(171)	77.2	25.7	10.5	9.9	57.3	4.1	5.8	5.8
그리스도 중심층	(125)	68.8	14.4	2.4	2.4	56.8	8.0	6.4	.8
QT 빈도									
주 1회 이상	(392)	77.3	24.5	10.5	11.0	64.8	5.6	7.1	4.8
월 1-2회	(245)	81.2	19.2	17.6	18.4	66.1	7.3	6.5	5.3
하지 않음	(363)	76.6	24.5	15.2	15.7	61.2	6.1	5.2	3.6

성적 욕구 해소 방법에 대해서는 가장 많은 30.9퍼센트가 자위행위라고 응답했는데, 이와 비슷한 29.4퍼센트가 취미 및 운동이라고 응답했다. 다음으로 의지로 참음이 16.0퍼센트, 포르노 잡지나 동영상이 11.5퍼센트, 그리고 성관계가 9.4퍼센트로 예상보다 높았다. 이에 대해서도 남녀 사이에 차이가 있었는데, 남성은 '자위행위→운동/취미생활→포르노→성관계→의지로 참음' 순서인데 반해 여성은 '운동/취미생활→의지로 참음→자위행위→포르노→성관계' 순서였다. 5세 단위 연령으로 나누었을 때 25-29세의 성관계 비율이 특이하게 높았고, 운동이나 취미생활에 몰두하는 것은 대학원 재학 이상 고학력자에서 두드러졌다. 성관계를 선택하는 경우 부모로부터 독립해 있는 경우가 비율이 높았는데, 특히 6-10년 미만의 비율이 가장 높았다. 개인 신앙의 정도에 따라서는 그리스도 중심층으로 갈수록 성관계 비율이 낮아지고 운동/취미생활 비율이 높다는 것이 특징이다.

〈표28〉 성적 욕구 해소 방법

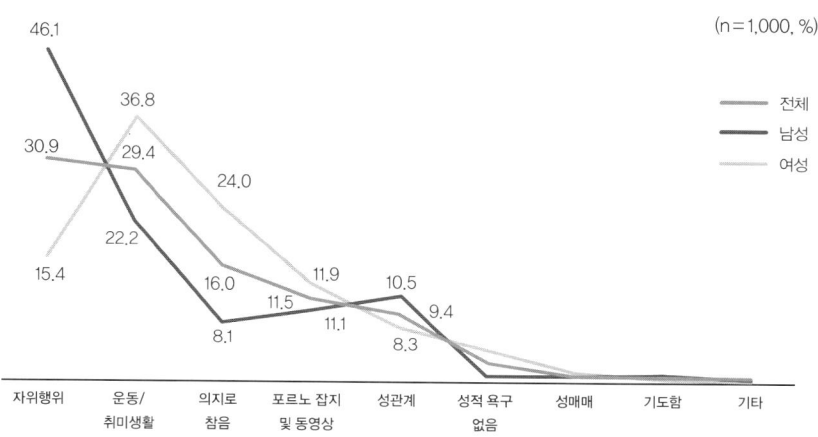

성적 욕구를 어떻게 해소하십니까?

	사례 수	자위행위	운동 및 취미	의지로 참음	포르노 잡지/동영상	성관계	성적 욕구 없음	성매매	기도함	기타
		%	%	%	%	%	%	%	%	%
전체	(1000)	30.9	29.4	16.0	11.5	9.4	1.6	.4	.3	.2
성별										
남성	(505)	46.1	22.2	8.1	11.1	10.5	.4	.4	.6	0.0
여성	(495)	15.4	36.8	24.0	11.9	8.3	2.8	.4	0.0	.4
연령										
20-24세	(300)	29.3	32.3	15.0	13.3	5.7	2.7	0.0	.3	.7
25-29세	(154)	33.8	28.6	11.0	8.4	14.9	1.3	.6	.6	0.0
30-34세	(384)	29.4	27.1	19.0	11.2	10.9	1.3	.8	.3	0.0
35-39세	(162)	34.6	30.2	15.4	11.7	7.4	.6	0.0	0.0	0.0
학력										
고졸 이하	(120)	26.7	34.2	14.2	9.2	11.7	.8	1.7	0.0	.8
대재/대졸	(702)	33.5	26.4	15.5	12.8	9.1	1.9	.1	.3	.1
대학원 재 이상	(178)	23.6	38.2	19.1	7.9	9.0	1.1	.6	.6	0.0

직업									
직장인	(557)	29.3	28.4	16.9	10.8	12.7	1.4	.4	0.0	.2
학생	(285)	34.0	29.8	13.3	14.4	5.6	2.1	0.0	0.0	.4
자영업/기타	(57)	33.3	31.6	14.0	10.5	5.3	1.8	0.0	3.5	0.0
무직	(97)	30.9	30.9	19.6	8.2	4.1	1.0	2.1	1.0	0.0
거주 형태									
부모 동거	(709)	30.9	31.9	16.2	11.3	7.2	1.4	.3	.3	.1
혼자	(204)	34.3	22.5	13.2	10.3	16.7	2.0	.5	0.0	.5
형제/친구 동거	(85)	23.5	23.5	21.2	16.5	10.6	2.4	1.2	1.2	0.0
부모 독립 기간									
3년 미만	(79)	30.4	29.1	15.2	10.1	11.4	2.5	0.0	0.0	1.3
3-6년 미만	(79)	26.6	29.1	13.9	13.9	13.9	1.3	0.0	1.3	0.0
6-10년 미만	(50)	34.0	10.0	12.0	18.0	22.0	4.0	0.0	0.0	0.0
10년 이상	(83)	33.7	20.5	19.3	8.4	14.5	1.2	2.4	0.0	0.0
흡연 여부									
흡연	(205)	38.5	19.5	6.8	14.1	18.0	1.5	1.5	0.0	0.0
비흡연	(795)	28.9	31.9	18.4	10.8	7.2	1.6	.1	.4	.3
음주 여부									
음주	(553)	32.9	26.9	12.1	12.1	13.7	1.4	.5	0.0	.2
비음주	(447)	28.4	32.4	20.8	10.7	4.0	1.8	.2	.7	.2
개인 신앙 정도									
기독교 입문층	(347)	32.9	24.5	11.5	15.3	13.3	1.4	.9	0.0	.3
그리스도 인지층	(357)	31.7	32.5	14.8	9.0	9.2	2.5	0.0	0.0	.3
그리스도 친밀층	(171)	24.6	28.7	23.4	14.6	6.4	.6	.6	0.0	0.0
그리스도 중심층	(125)	32.0	35.2	21.6	4.0	3.2	.8	0.0	2.4	0.0

성 관련 잡지나 동영상을 보는 사람들에게 얼마나 자주 보는지 물었는데, 월 1회 이하가 40.0퍼센트, 월 2-3회가 25.2퍼센트였고, 나머지 34.7퍼센트는 주 1회 이상이었는데, 매일 본다는 응답도 1.7퍼센트 있었다. 이에 대해 남성이 여성에 비해 훨씬 높은 빈도를 나타냈다.

<표29-1> 성 관련 잡지/동영상 접촉 빈도

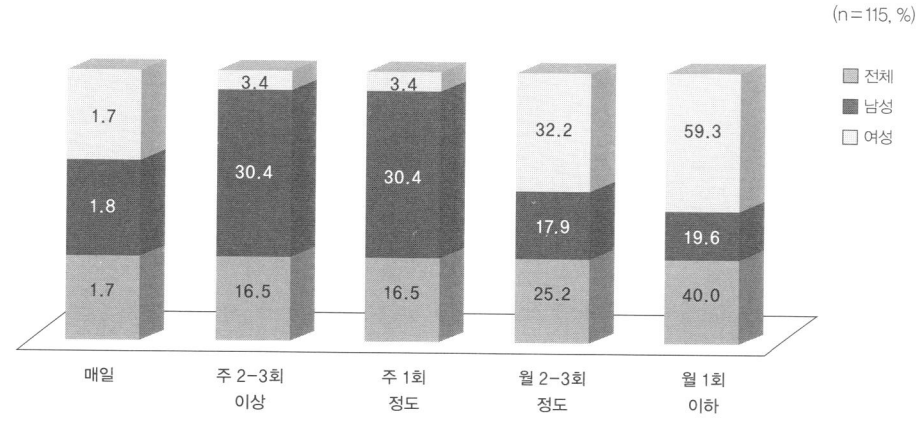

	사례 수	매일	주 2-3회 이상	주 1회 정도	월 2-3회 정도	월 1회 이하
		%	%	%	%	%
전체	(115)	1.7	16.5	16.5	25.2	40.0
성별						
남성	(56)	1.8	30.4	30.4	17.9	19.6
여성	(59)	1.7	3.4	3.4	32.2	59.3
연령						
20-24세	(40)	0.0	17.5	12.5	22.5	47.5
25-29세	(13)	0.0	7.7	30.8	30.8	30.8
30-34세	(43)	4.7	25.6	9.3	18.6	41.9
35-39세	(19)	0.0	0.0	31.6	42.1	26.3
개인 신앙 정도						
기독교 입문층	(53)	1.9	20.8	9.4	32.1	35.8
그리스도 인지층	(32)	3.1	12.5	25.0	25.0	34.4
그리스도 친밀층	(25)	0.0	16.0	16.0	16.0	52.0
그리스도 중심층	(5)	0.0	0.0	40.0	0.0	60.0

QT 빈도					
주 1회 이상	(46)	4.3	17.4	19.6	21.7	37.0
월 1-2회	(30)	0.0	13.3	20.0	23.3	43.3
하지 않음	(39)	0.0	17.9	10.3	30.8	41.0

5. 성관계 경험

성관계 경험이 있는 사람들에게 성관계 상대 숫자를 물어 보았는데, 전체 평균 4.8명이었고, 남성은 6.0명, 여성은 3.2명으로 예상보다 훨씬 많았다. 특히 남성 중에는 5명 이상이라고 대답한 비율이 43.3퍼센트(여성은 19.6퍼센트)나 되었고, 그중 10명이라고 답한 사람이 11.4퍼센트였다.

평균값은 나이에 비례했는데, 직업별로는 자영업/기타에서 9명이 넘었고, 지역으로는 대구/경북이 6.1명으로 가장 많았으며, 흡연자의 경우 평균 7.4명이었다. 개인 신앙 정도로는 그리스도 중심층이 평균 2.6명으로 가장 낮았으나 그리스도 친밀층은 5.9명으로 가장 높았다.[8]

〈표30〉 성관계 상대자 숫자

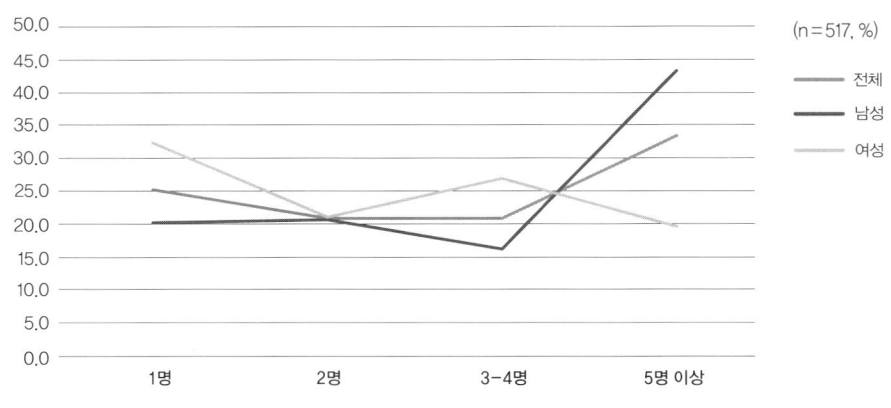

---
8 여기서 개인 신앙 정도는 현재의 상태를 나타내는 것이고 성 경험은 과거에 대한 것임을 감안해야 한다.

	사례 수	1명 %	2명 %	3-4명 %	5명 이상 %	평균 (명)
전체	(517)	25.3	20.7	20.7	33.3	4.8
성별						
남성	(298)	20.1	20.5	16.1	43.3	6.0
여성	(219)	32.4	21.0	26.9	19.6	3.2
연령						
20-24세	(117)	43.6	20.5	18.8	17.1	3.3
25-29세	(91)	30.8	23.1	19.8	26.4	3.8
30-34세	(208)	16.3	23.1	22.1	38.5	5.5
35-39세	(101)	17.8	13.9	20.8	47.5	6.2
직업						
직장인	(346)	19.7	20.8	21.7	37.9	5.0
학생	(112)	42.9	22.3	15.2	19.6	3.6
자영업/기타	(29)	13.8	17.2	20.7	48.3	9.4
무직	(30)	36.7	16.7	30.0	16.7	3.2
지역						
서울	(129)	24.0	20.2	17.8	38.0	4.5
인천/경기	(166)	25.3	22.3	17.5	34.9	4.9
부산/경남/울산	(51)	33.3	13.7	15.7	37.3	4.6
대구/경북	(58)	31.0	22.4	15.5	31.0	6.1
광주/전라	(49)	20.4	28.6	28.6	22.4	4.4
대전/충청	(41)	22.0	12.2	41.5	24.4	4.9
강원/제주	(23)	17.4	21.7	30.4	30.4	3.9
흡연 여부						
흡연	(164)	9.8	15.2	17.1	57.9	7.4
비흡연	(353)	32.6	23.2	22.4	21.8	3.6
개인 신앙 정도						
기독교 입문층	(213)	18.8	22.1	23.5	35.7	4.9
그리스도 인지층	(197)	25.4	17.8	22.3	34.5	4.8
그리스도 친밀층	(67)	28.4	23.9	17.9	29.9	5.9
그리스도 중심층	(40)	55.0	22.5	2.5	20.0	2.6

첫 성관계 시점은 남녀 모두 절반가량이 대학교 재학 중이라고 답했는데, 고졸의 경우 49.2퍼센트가 최종학교 졸업 후라고 응답한 것을 포함하면 대다수가 고등학교 졸업 후나 대학 재학 중에 처음으로 성관계를 가진 것으로 볼 수 있다.

젊을수록 대학 재학 중이라는 응답이 많았는데 20-24세에서는 65.0퍼센트가 대학 재학 중이라고 응답했다. 또한 고등학교 때라는 응답도 15.5퍼센트나 되었는데, 현재의 고등학생들은 더 개방적인 태도를 가지고 있을 것이므로 고등학교 시기부터 성교육이 구체적으로 시행될 필요가 있다.

〈표30-1〉 첫 성관계 시점

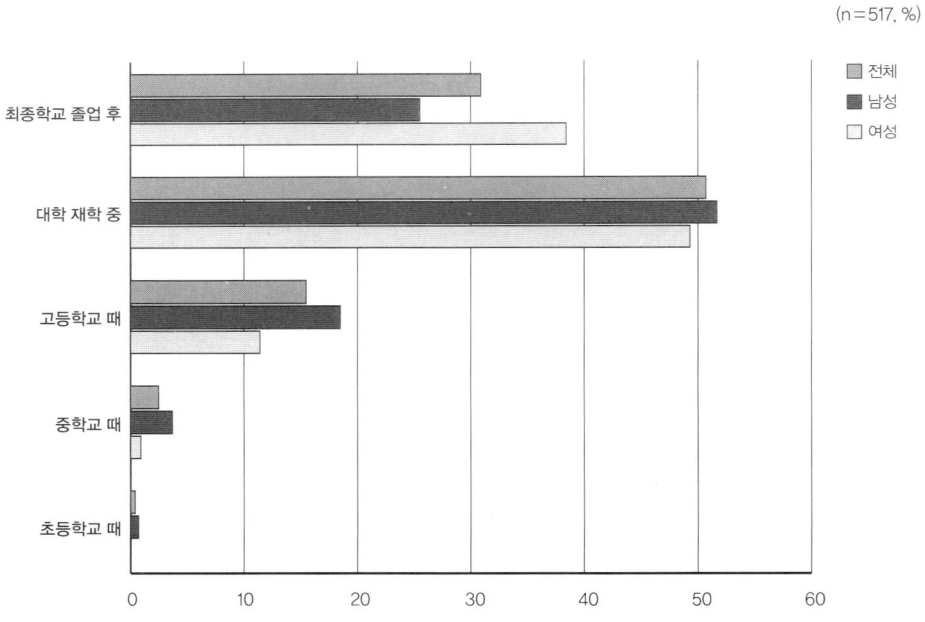

	사례 수	초등학교 때	중학교 때	고등학교 때	대학 재학 중	최종학교 졸업 후
		%	%	%	%	%
전체	(517)	.4	2.5	15.5	50.7	30.9
성별						
남성	(298)	.7	3.7	18.5	51.7	25.5
여성	(219)	0.0	.9	11.4	49.3	38.4
연령						
20-24세	(117)	.9	4.3	19.7	65.0	10.3
25-29세	(91)	0.0	3.3	19.8	58.2	18.7
30-34세	(208)	.5	2.4	12.5	46.6	38.0
35-39세	(101)	0.0	0.0	12.9	35.6	51.5
지역						
서울	(129)	0.0	1.6	18.6	51.2	28.7
인천/경기	(166)	1.2	3.0	12.0	47.6	36.1
부산/경남/울산	(51)	0.0	3.9	11.8	64.7	19.6
대구/경북	(58)	0.0	3.4	13.8	50.0	32.8
광주/전라	(49)	0.0	2.0	22.4	44.9	30.6
대전/충청	(41)	0.0	0.0	17.1	51.2	31.7
강원/제주	(23)	0.0	4.3	17.4	52.2	26.1
개인 신앙 정도						
기독교 입문층	(213)	0.0	3.8	16.0	50.2	30.0
그리스도 인지층	(197)	1.0	1.0	16.8	52.3	28.9
그리스도 친밀층	(67)	0.0	4.5	11.9	49.3	34.3
그리스도 중심층	(40)	0.0	0.0	12.5	47.5	40.0

첫 성관계의 상대는 남녀 모두 교제 상대라는 응답이 67.3퍼센트로 가장 많았다. 그러나 성별로 보면, 여성이 결혼을 약속한 사이라는 응답이 두 번째인 것과 달리 남성은 친구 사이, 한두 번 만난 이성, 유흥업 종사자라는 응답이 결혼을 약속한 사이라는 응답보다 많아 여성에 비해 개방적인 태도를 보였다.

<표30-2> 첫 성관계 상대자

첫 성관계의 상대는 누구였습니까?

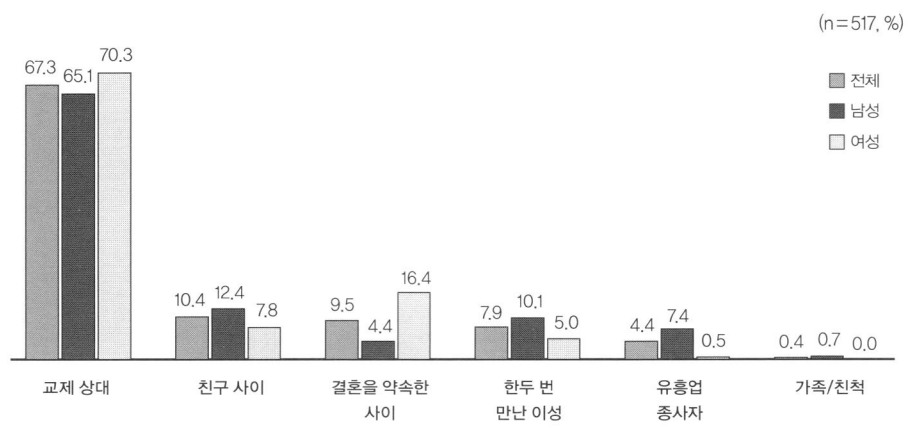

	사례 수	교제 상대	친구 사이	결혼을 약속한 사이	한두 번 만난 이성	유흥업 종사자	가족/친척
		%	%	%	%	%	%
전체	(517)	67.3	10.4	9.5	7.9	4.4	.4
성별							
남성	(298)	65.1	12.4	4.4	10.1	7.4	.7
여성	(219)	70.3	7.8	16.4	5.0	.5	0.0
연령							
20-24세	(117)	76.1	6.8	9.4	4.3	2.6	.9
25-29세	(91)	65.9	12.1	9.9	5.5	5.5	1.1
30-34세	(208)	67.3	12.0	10.1	7.7	2.9	0.0
35-39세	(101)	58.4	9.9	7.9	14.9	8.9	0.0
학력							
고졸 이하	(61)	63.9	14.8	9.8	8.2	1.6	1.6
대재/대졸	(353)	69.4	9.3	7.6	7.9	5.4	.3
대학원 재학 이상	(103)	62.1	11.7	15.5	7.8	2.9	0.0

최근 성관계 상대자는 교제 상대가 58.0퍼센트로 가장 많았고, 다음으로 결혼을 약속한 사이가 25.3퍼센트로 나타나 첫 성관계 상대자보다 결혼을 약속한 사이라는 응답이 많았으나 결혼을 전제하지 않고도 성관계를 갖는 경우가 많음을 알 수 있다. 연령별로는 20-24세에서, 직업별로는 학생에서 교제 상대라는 응답이 각각 72.6퍼센트, 75.0퍼센트로 높았다. 결혼 적령기가 지난 35-39세에서는 결혼을 약속한 사이보다는 친구 사이, 한두 번 만난 이성, 유흥업 종사자라는 응답이 상대적으로 많았다. 고졸 이하 학력의 경우, 친구 사이(8.2퍼센트), 한두 번 만난 이성(11.5퍼센트), 유흥업 종사자(9.8퍼센트)라는 응답이 고루 높게 나타났다. 또한 월 가구소득이 200만 원 미만으로 낮은 경우에는 유흥업 종사자의 비율이 14.8퍼센트로 가장 높은 것으로 나타나 학력과 직업 등 경제력에 영향을 미치는 요인들과 실질적인 가구소득이 낮을수록 친구 사이나 한두 번 만난 이성, 유흥업 종사자의 비율이 높아지는 특징을 보여 준다. 이것은 결혼의 기회가 적거나 결혼을 전제로 한 이성이 없을 경우 다른 상대와 성관계를 갖기 때문인 것으로 추정된다.

〈표31〉 최근 성관계 상대자

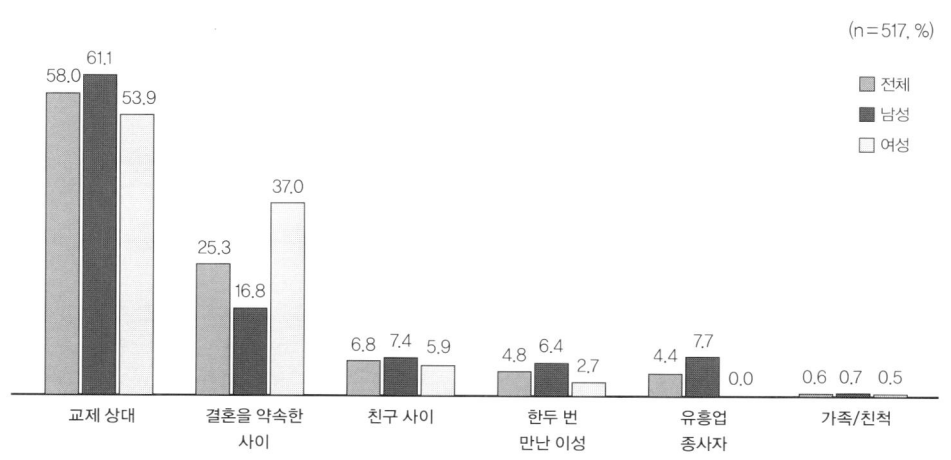

	사례 수	교제 상대	결혼을 약속한 사이	친구 사이	한두 번 만난 이성	유흥업 종사자	가족/친척
		%	%	%	%	%	%
전체	(517)	58.0	25.3	6.8	4.8	4.4	.6
성별							
남성	(298)	61.1	16.8	7.4	6.4	7.7	.7
여성	(219)	53.9	37.0	5.9	2.7	0.0	.5
연령							
20-24세	(117)	72.6	17.9	5.1	3.4	.9	0.0
25-29세	(91)	53.8	29.7	4.4	6.6	4.4	1.1
30-34세	(208)	53.8	29.3	6.7	3.8	5.3	1.0
35-39세	(101)	53.5	21.8	10.9	6.9	6.9	0.0
학력							
고졸 이하	(61)	49.2	19.7	8.2	11.5	9.8	1.6
대재/대졸	(353)	61.2	24.1	6.5	4.2	3.7	.3
대학원 재학 이상	(103)	52.4	33.0	6.8	2.9	3.9	1.0
직업							
직장인	(346)	54.0	30.1	5.5	4.6	5.5	.3
학생	(112)	75.0	14.3	5.4	5.4	0.0	0.0
자영업/기타	(29)	41.4	27.6	17.2	6.9	6.9	0.0
무직	(30)	56.7	10.0	16.7	3.3	6.7	6.7
지역							
서울	(129)	62.0	24.8	4.7	7.0	1.6	0.0
인천/경기	(166)	53.0	28.3	7.2	4.2	6.0	1.2
부산/경남/울산	(51)	52.9	29.4	7.8	3.9	3.9	2.0
대구/경북	(58)	65.5	15.5	10.3	3.4	5.2	0.0
광주/전라	(49)	44.9	32.7	6.1	4.1	12.2	0.0
대전/충청	(41)	58.5	24.4	9.8	7.3	0.0	0.0
강원/제주	(23)	91.3	8.7	0.0	0.0	0.0	0.0
월 가구소득							
200만 원 미만	(54)	57.4	16.7	5.6	3.7	14.8	1.9
200-349만 원	(186)	57.5	22.0	9.1	8.6	2.7	0.0
350-499만 원	(96)	57.3	33.3	8.3	1.0	0.0	0.0
500만 원 이상	(181)	59.1	27.1	3.9	3.3	5.5	1.1

최근 성관계 장소에 대해서는 가장 많은 48.0퍼센트가 여관/모텔/호텔 등 숙박업소라고 답했고, 이와 비슷한 42.2퍼센트는 본인 또는 상대방 집이라고 응답했다. 남성은 숙박업소라는 응답이 더 많았고, 나이가 35-39세인 경우에도 숙박업소라는 응답이 58.4퍼센트로 많았다. 반면에 혼자 사는 경우(59.5퍼센트), 그리스도 중심층(65.0퍼센트)에서는 집이라는 응답이 훨씬 많았다.

〈표31-1〉 최근 성관계 장소

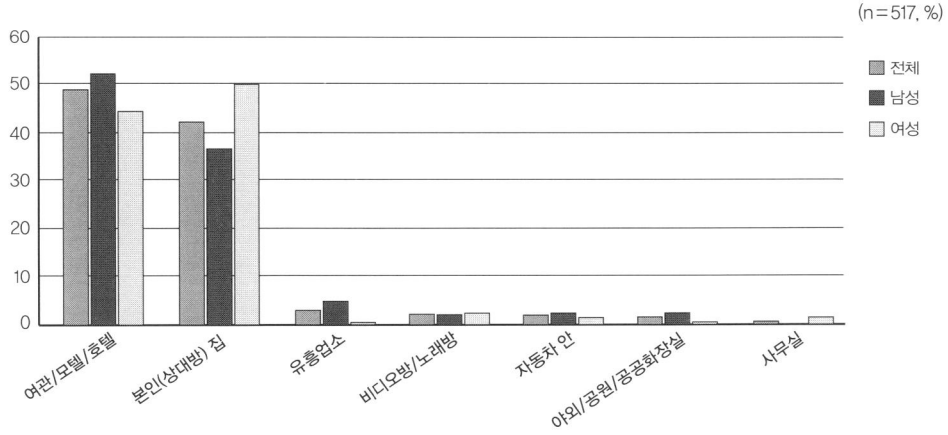

	사례 수	여관/모텔/호텔	본인(상대방)집	유흥업소	비디오방/노래방	자동차 안	야외/공원/공공화장실	사무실
		%	%	%	%	%	%	%
전체	(517)	48.7	42.2	2.9	2.1	1.9	1.5	.6
성별								
남성	(298)	52.0	36.6	4.7	2.0	2.3	2.3	0.0
여성	(219)	44.3	49.8	.5	2.3	1.4	.5	1.4
연령								
20-24세	(117)	48.7	46.2	1.7	1.7	0.0	.9	.9
25-29세	(91)	47.3	39.6	6.6	2.2	2.2	2.2	0.0

30-34세	(208)	44.7	43.8	2.4	3.4	2.9	1.9	1.0
35-39세	(101)	58.4	36.6	2.0	0.0	2.0	1.0	0.0
거주 형태								
부모 동거	(326)	57.1	34.4	2.5	2.8	1.2	1.5	.6
혼자	(148)	31.8	59.5	2.7	1.4	4.1	.7	0.0
형제/친구 동거	(41)	43.9	41.5	7.3	0.0	0.0	4.9	2.4
개인 신앙 정도								
기독교 입문층	(213)	49.8	41.3	1.9	2.8	2.3	1.4	.5
그리스도 인지층	(197)	55.3	36.5	3.6	1.0	2.0	1.5	0.0
그리스도 친밀층	(67)	40.3	47.8	4.5	1.5	1.5	1.5	3.0
그리스도 중심층	(40)	25.0	65.0	2.5	5.0	0.0	2.5	0.0

현재 성관계 빈도는 남녀가 큰 차이 없이 35.2퍼센트가 하지 않는다고 응답했으나, 주 1회 정도라고 응답한 16.1퍼센트와 주 2-3회 이상이라고 응답한 5.4퍼센트를 합하면 21.5퍼센트가 주 1회 이상 규칙적인 성관계를 갖는 것으로 나타났다. 나이가 많아질수록 현재 성관계를 하지 않는 비율이 높아졌는데, 20-24세는 평균(35.2퍼센트)보다 낮은 32.5퍼센트가 하지 않는다고 응답했고, 25-29세는 28.6퍼센트, 30-34세는 28.8퍼센트로 오히려 여전히 성관계를 지속하는 비율이 높았으나 35-39세 층에서는 57.4퍼센트로 성관계를 갖지 않는 비율이 급등했다. 직업별로는 자영업/기타와 무직의 경우 현재 성관계를 갖지 않는 비율이 높았다. 주 1회 이상 주 2-3회까지 응답한 경우가 지역으로는 대구/경북(32.8퍼센트), 거주 형태로는 혼자 거주하는 경우(28.3퍼센트), 부모로부터 독립 기간 3년 미만(34.1퍼센트)과 10년 이상(30.5퍼센트)에서 높았다.

한편 현재 성관계를 하고 있는지 여부는 흡연보다 음주에 따라 차이가 컸는데, 술을 마시는 사람은 29.7퍼센트만 관계를 갖지 않는 반면, 술을 마시지 않는 사람은 48.4퍼센트가 관계를 갖지 않는다고 응답했다. 이것으로 볼 때 음주가 성관계의 기회와 상관관계가 있는 것으로 추정된다. 또한 개인 신앙의 정도에 따라서는, 기독교 입문층의 34.4퍼센트가 현재 관계를 갖고 있지 않다고 응답한 반면, 그리스도 중심층은 50.0퍼센트가 관계를 갖고 있지 않다고 응답했다. 그러나 그리스도 친밀층의 59.7퍼센트와 그리스도 중심층의 50.0퍼센트는 여전히 관계를 지속하고 있는 것으로 나타났으며, 특히 그리스도 중심층의 17.5퍼센트는 주 1회 이상 규칙적인 성관계를 가지는 것으로 나타난 점에 주목할 필요가 있다.

〈표32〉 현재 성관계 빈도

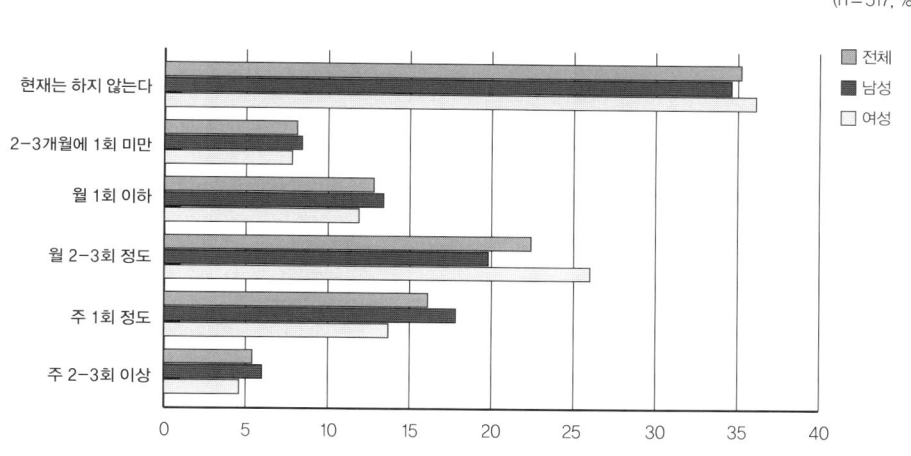

	사례 수	주 2-3회 이상 %	주 1회 정도 %	월 2-3회 정도 %	월 1회 이하 %	2-3개월에 1회 미만 %	현재는 하지 않는다 %
전체	(517)	5.4	16.1	22.4	12.8	8.1	35.2
성별							
남성	(298)	6.0	17.8	19.8	13.4	8.4	34.6
여성	(219)	4.6	13.7	26.0	11.9	7.8	36.1
연령							
20-24세	(117)	4.3	13.7	29.1	12.0	8.5	32.5
25-29세	(91)	8.8	20.9	23.1	9.9	8.8	28.6
30-34세	(208)	6.7	18.8	22.6	15.4	7.7	28.8
35-39세	(101)	1.0	8.9	13.9	10.9	7.9	57.4

직업							
직장인	(346)	5.2	18.2	24.6	12.7	8.7	30.6
학생	(112)	5.4	14.3	22.3	12.5	6.3	39.3
자영업/기타	(29)	3.4	13.8	6.9	17.2	3.4	55.2
무직	(30)	10.0	0.0	13.3	10.0	13.3	53.3
지역							
서울	(129)	2.3	18.6	23.3	14.7	6.2	34.9
인천/경기	(166)	6.0	15.7	21.1	12.7	9.6	34.9
부산/경남/울산	(51)	2.0	15.7	27.5	15.7	5.9	33.3
대구/경북	(58)	12.1	20.7	13.8	6.9	10.3	36.2
광주/전라	(49)	4.1	16.3	16.3	12.2	14.3	36.7
대전/충청	(41)	9.8	7.3	34.1	14.6	0.0	34.1
강원/제주	(23)	4.3	8.7	30.4	8.7	8.7	39.1
월 가구 소득							
200만 원 미만	(54)	7.4	11.1	29.6	7.4	7.4	37.0
200-349만 원	(186)	5.9	16.1	18.3	11.8	6.5	41.4
350-499만 원	(96)	6.3	17.7	24.0	12.5	4.2	35.4
500만 원 이상	(181)	3.9	16.6	23.8	15.5	12.2	28.2
거주 형태							
부모 동거	(326)	2.8	15.0	23.9	15.3	8.6	34.4
혼자	(148)	10.1	18.2	18.2	6.8	7.4	39.2
형제/친구 동거	(41)	7.3	17.1	26.8	12.2	7.3	29.3
부모 독립 기간							
3년 미만	(44)	13.6	20.5	15.9	4.5	4.5	40.9
3-6년 미만	(52)	3.8	17.3	23.1	7.7	5.8	42.3
6-10년 미만	(36)	13.9	11.1	25.0	13.9	5.6	30.6
10년 이상	(59)	10.2	20.3	16.9	8.5	11.9	32.2
음주 여부							
음주	(364)	4.4	17.0	24.5	15.7	8.8	29.7
비음주	(153)	7.8	13.7	17.6	5.9	6.5	48.4
개인 신앙 정도							
기독교 입문층	(213)	7.5	16.4	20.2	14.6	7.0	34.3
그리스도 인지층	(197)	3.6	19.3	24.9	12.2	8.6	31.5

그리스도 친밀층	(67)	4.5	7.5	25.4	13.4	9.0	40.3
그리스도 중심층	(40)	5.0	12.5	17.5	5.0	10.0	50.0

성관계를 갖는 이유에 대해서는 "사랑을 확인하거나 확신을 주기 위해서"가 49.9퍼센트로 가장 많았고, 다음으로 "성적 충동/욕구를 해소하기 위해서"가 32.7퍼센트, "상대방이 원해서"가 13.3퍼센트, "음주 등으로 자제력을 잃어서"가 3.1퍼센트의 순으로 나타났다. 여성은 남성보다 "사랑을 확인하거나 확신을 주기 위해서"라는 응답이 더 많았으며, 남성은 여성보다 "성적 충동을 해소하기 위해서"라는 응답이 훨씬 더 많았다. 또한 여성은 "상대방이 원해서"라는 수동적인 태도를 나타내는 응답이 22.8퍼센트나 나온 것이 특징이다. 연령에 따라 "사랑을 확인하거나 확신을 주기 위해 관계를 가진다"는 대답이 증가하는 경향을 보였고, "성적 욕구를 충족시키기 위해서"라는 응답은 흡연자(47.6퍼센트)에서 두드러지게 높았고, 직업이 자영업/기타인 경우(41.4퍼센트), 부모로부터 독립기간이 6-10년인 경우(41.7)에 높았다.

상대방이 원해서 관계를 가지는 경우는 나이가 어린 20-24세 구간에서 높게 나타났고(17.9퍼센트), 고학력인 대학원 재학 이상에서도 높았다(19.4퍼센트). 또한 월 가구소득 200만원 미만이 20.4퍼센트로 높았고, 개인 신앙 정도로는 그리스도 중심층에서 25.0퍼센트로 높았다. "음주 등으로 자제력을 잃어서"라는 대답은 평균이 3.1퍼센트에 불과하지만 자영업/기타에서는 13.8퍼센트, 무직에서는 10퍼센트의 높은 비율을 나타냈다.

개인 신앙의 정도를 보면 그리스도 중심층으로 신앙이 깊어질수록 성적 충동이나 욕구를 해소하기 위해 관계를 갖는 비율이 줄어드는 것으로 보인다. 그러나 수동적으로 상대방이 원해서 관계를 갖는 비율이 그리스도 중심층에서 25퍼센트나 되는 점은 이에 교육이 필요함을 나타낸다. 또한 사랑을 확인하거나 확신을 주기 위해서라는 응답도 평균보다 훨씬 높은 비율을 보여 주고 있는데, 이것 역시 성의 의미에 대한 교육이 필요하다고 판단되는 부분이다.

<표33> 성관계 이유

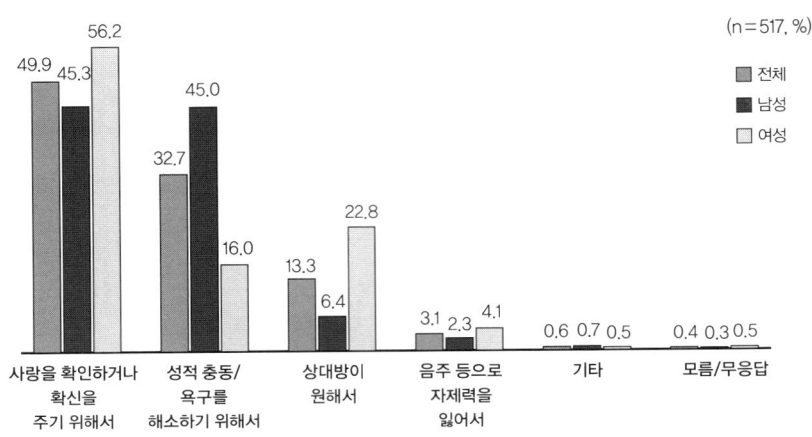

	사례 수	사랑을 확인하거나 확신을 주기 위해서	성적 충동/ 욕구를 해소하기 위해서	상대방이 원해서	음주 등으로 자제력을 잃어서	기타	모름/ 무응답
		%	%	%	%	%	%
전체	(517)	49.9	32.7	13.3	3.1	.6	.4
성별							
남성	(298)	45.3	45.0	6.4	2.3	.7	.3
여성	(219)	56.2	16.0	22.8	4.1	.5	.5
연령							
20-24세	(117)	46.2	32.5	17.9	3.4	0.0	0.0
25-29세	(91)	48.4	36.3	11.0	3.3	1.1	0.0
30-34세	(208)	50.0	31.3	15.4	2.9	.5	0.0
35-39세	(101)	55.4	32.7	5.9	3.0	1.0	2.0
학력							
고졸 이하	(61)	41.0	36.1	16.4	4.9	0.0	1.6
대재 또는 대졸	(353)	50.1	35.4	11.0	2.3	.8	.3
대학원 재학 이상	(103)	54.4	21.4	19.4	4.9	0.0	0.0

직업							
직장인	(346)	53.2	29.8	14.5	1.7	.3	.6
학생	(112)	43.8	38.4	14.3	2.7	.9	0.0
자영업/ 기타	(29)	31.0	41.4	10.3	13.8	3.4	0.0
무직	(30)	53.3	36.7	0.0	10.0	0.0	0.0
월 가구 소득							
200만 원 미만	(54)	40.7	27.8	20.4	7.4	3.7	0.0
200-349만 원	(186)	49.5	33.3	12.4	3.8	.5	.5
350-499만 원	(96)	58.3	30.2	9.4	2.1	0.0	0.0
500만 원 이상	(181)	48.6	34.8	14.4	1.7	0.0	.6
부모 독립 기간							
3년 미만	(44)	52.3	34.1	11.4	2.3	0.0	0.0
3-6년 미만	(52)	51.9	23.1	17.3	5.8	1.9	0.0
6-10년 미만	(36)	38.9	41.7	13.9	2.8	2.8	0.0
10년 이상	(59)	44.1	35.6	13.6	6.8	0.0	0.0
흡연 여부							
흡연	(164)	40.9	47.6	7.3	2.4	1.2	.6
비흡연	(353)	54.1	25.8	16.1	3.4	.3	.3
음주 여부							
음주	(364)	48.6	33.8	12.4	4.4	.5	.3
비음주	(153)	52.9	30.1	15.7	0.0	.7	.7
개인 신앙 정도							
기독교 입문층	(213)	44.1	37.1	14.6	3.8	.5	0.0
그리스도 인지층	(197)	54.8	32.5	10.2	1.5	.5	.5
그리스도 친밀층	(67)	50.7	31.3	11.9	4.5	1.5	0.0
그리스도 중심층	(40)	55.0	12.5	25.0	5.0	0.0	2.5

IV.
결론 및 제언

이번 조사 결과, 기독 청년 중에 혼전순결을 반드시 지킬 필요가 없다는 응답이 61.3퍼센트로 높게 나오고, 실제로 52퍼센트가 성관계 경험이 있다고 하는 예상보다 훨씬 높은 비율의 응답을 보여 다소 충격적이었다. 조사 결과에 따라 다소 차이가 있으나 청년층의 성 경험에 대해 비슷한 비율로 나온 조사들이 있었고, 이번 조사의 경우 온라인 조사라는 점을 감안할 때 비교적 정확도가 높은 조사 결과라고 판단된다. 게다가 교제 상대라면 3명 중 1명꼴로 성관계가 가능하다고 생각했고, 결혼을 전제로 한 경우에는 절반 이상(57.4퍼센트)이 성관계가 가능하다고 생각하는 것으로 나타나 기독 청년들의 성 의식이 매우 개방적인 것으로 나타났다. 또한 지금까지 성관계 상대자의 수가 남성 평균 6.0명, 여성 평균 3.2명이라는 조사 결과도 예상보다 매우 높은 수치였다. 이런 결과는 기독 청년들에게 단순히 이성교제나 스킨십 차원만이 아니라 반드시 성 관련 교육을 병행해야 함을 알려 준다. 특히 성 경험이 있는 사람들과 없는 사람들을 구분해 이성교제 단계에 따른 적절한 교육이 마련되어야 하리라고 생각된다.

성관계를 하는 이유에 대해서는 절반(49.9퍼센트)이 "사랑을 확인하거나 확신을 주기 위해서"라고 응답했으며, 여성의 경우 "상대방이 원해서"라는 대답이 22.8퍼센트인 점을 고려해 사랑을 확인하는 방법으로 또는 상대방이 원해서 성관계를 갖는 것에 대한 윤리적 지침을 마련할 필요가 있다. 특히 성관계를 통해서만이 아니라 보다 건전하고 행복하게 사랑을 확인할 수 있는 다양한 대안을 마련할 필요가 있다. 다양한 대안이 없다면 결국 성관계에 더 관심을 갖게 될 것이기 때문이다. 특히 최근 경제 상황의 어려움으로 결혼을 미루거나 포기하는 경향 때문에 결혼제도 밖에서 성관계가 이루어질 가능성이 커지고 있음을 고려해 혼전 성관계를 무조건 정죄시하기보다는 바람직한 대안 마련이 시급하다고 본다. 유사성행위 업소 출입과 성매매 업소 출입도 각각 13.9퍼센트(남성 25.3퍼센트)와 14.5퍼센트(남성 26.3퍼센트)로 나온 것도 이런 상황이 작용한 것으로 볼 수 있으나, 이것은 상대방과의 인격적인 관계보다는 욕구 해소 차원이 크므로 이에 대한 적절한 지침을 마련할 필요가 있다. 특히 죄냐 아니냐의 관점으로만 보게 되면 범죄와 죄책감, 정죄 등의 개념으로 접근할 수밖에 없으므로 대안의 관점이 마련될 필요가 있다.

성에 대한 고민(1+2순위)으로는 "성에 대한 지나친 관심"이 35.3퍼센트로 가장 많았고, 다음으로 성적 호기심에 대한 죄책감(27.5퍼센트), 자위행위(24.1퍼센트), 순결 문제(23.7퍼센트), 신체 문제(23.5) 등 다양한 내용들이 나왔고 심지어 성적 피해라는 응답이 10.1퍼센트, 성 정체성 혼란이라는 응답도 5.4퍼센트가 나온 것 역시 성 관련 교육이 매우 절실한 상황임을 보여 준다. 교회 안에서의 성교육에 대해 "매우 필요하다"(45.2퍼센트)와 "약간 필요하다"(39.5퍼센트)를 합해 84.7퍼센트가 필요하다는 응답이었으나 실제로 교회 안에서 성교육을 받은 경험은 17.7퍼센트에 불과하다는 결과는 성교육의 시급성을 보여 준다. 성교육 내용에 대해서는 "매우 만족한다"(12.4퍼센트)와 "약간 만족한다"(64.4퍼센트)를 포함해 76.8퍼센트가 만족한다는 견해였고, 개인 신앙 정도가 높을수록 만족도가 높은 점을 볼 때 성교육과 신앙교육이 별개가 아니라는 것을 알 수 있다. 그러나 성교육을 할 때에는 교회에서의 기존 성교육에 대해 "구체적이지 않다"(29.3퍼센트), "현실적이지 않다"(12.2퍼센트), "지나치게 종교적이다"(12.2퍼센트), "혼전순결만 강조한다"(7.3퍼센트) 등의 불만족 이유가 나온 점을 고려해 보다 실제적이고 피부와 와 닿는 교육 방안을 마련할 필요가 있다.

이번 조사에서는 성 의식이나 성 경험에서 전체적으로 흡연자의 비율이 높게 나왔는데, 이것은 인과관계라기보다는 상관관계로 보는 것이 타당하다고 생각된다. 다시 말해 흡연을 하기 때문에 성 경험이 많다기보다는 개방적인 의식을 가진 사람들이 흡연이나 성에 대해 비슷한 성향을 보이는 것이다. 또한 개인 신앙 정도나 QT 빈도와는 전체적으로 반비례하는 경향을 보였는데, 이것은 신앙을 통해 성 의식이나 태도가 바뀔 수 있다는 것을 보여 주는 중요한 단서다. 그러나 현재 교회에서 진행되는 이성교제나 성 관련 교육은 매우 미흡한 실정이므로 이에 대한 보완이 시급하다. 특히 그리스도 중심층에서조차 주 1회 이상 규칙적인 성관계를 갖고 있는 비율이 17.5퍼센트에 달한다는 조사 결과는 이들이 성관계에 대해 심리적인 저항감이 전혀 없다는 것을 의미하므로, 교회 안에서 기독교적인 성윤리 의식을 고양할 수 있는 프로그램을 개발할 필요가 있다. 이 조사와 이번 포럼을 바탕으로 한국 교계에서 성에 대한 인식이 개선되고 바람직한 성 문화가 정착되기를 바란다.

스킨십을 청문회에
스킨십의 진화와 재평가

송인규 (합동신학대학원대학교 조직신학 교수, 한국교회탐구센터 소장)

서론

I. 이성교제와 스킨십

II. 스킨십의 발전과 편만

III. 스킨십의 허와 실

IV. 스킨십에 대한 다양한 입장

V. 보충적 제안 사항

서론

스킨십, 말도 많고 탈도 많은 주제다. 다루려니 손보아야 할 부분이 한두 군데가 아니고, 그냥 넘어가자니 소리 없는 아우성이 사명감을 자극한다. 광란의 젊은 시절을 떠올리면 한없이 동정적이 되지만, 인생 연륜의 고도에서 내려다보면 기우라고 일축할 수 없는 한탄과 우려가 긴장을 형성한다.

물론 예전에도 어느 정도 그랬다. 그리스도인 젊은이를 사역의 대상으로 섬길 때 빠지지 않고 짚어 주어야 할 것이 바로 스킨십 문제였다. 1970년대를 돌이켜 생각해 보면, 완전히 광야에서 외치는 자의 소리였다. 꺼내 놓고 얘기하는 것을 모두들 어색해했고, 꺼내 놓은들 솔직하고 상세히 말하기 힘들고, 게다가 명료하게 가이드라인을 제시할 수 있는 것도 아니고… 그러나 그래도 모르는 척하고 그냥 넘어가는 것보다는 무언가 한 마디 하는 것이 나았고, 또 어쩌면 그냥 그런 이슈를 다루었다는 것 자체가 의미가 되는 그런 시절이었다.

40년이 훌쩍 지난 오늘날에도 어쩐지 어색하고 쭈뼛쭈뼛하는 점에서는 크게 달라진 것이 없는 것 같다. 그러나 젊은이들의 상황은 많이 달라졌다. 달라져도 정말 많이 달라졌다. 성은 훨씬 더 깊이 젊은이들의 의식 속으로 침투해 들어왔고, 그들은 자유와 분방의 노래를 부르며 성을 먹고 마시며 살아내고 있다.

한편으로는 아직도 '예전'을 표준으로 내세우며 걱정과 의혹의 눈초리를 번뜩이는 이들이 있다. 또 다른 편으로는 전통의 타파와 금기의 배척이 흡사 새 부대와 새 포도주인 양 쌍수 들어 즐거워하는 이들도 있다. 그러나 대부분의 그리스도인들-지도자나 일반인이나 나이 든 이나 새내기나 할 것 없이-은 혼란과 무질서에 떠내려가며 어쩔 줄 몰라 하고 있다.

이런 상황에서는 무엇이라도 하지 않을 수 없다. 과거에의 향수도 시류에의 편승도 무기력한 침묵도 능사가 아니라면, 누군가는 뭐라고 한 마디라도 해야 한다. 나는 이런 심정으로 스킨십을 청문회로 불러냈다.

나는 이 청문회를 다섯 분단으로 나누어 진행했다. 첫째 분단에서는 이성교제와 스킨십에 대한 일반적 내용을 기술했다. 둘째 분단은 스킨십이 오늘날의 위치를 점하게 된 사회·문화적 변화 과정을 추적하는 데 할애했다.

아마도 셋째 분단과 넷째 분단이 이 청문회의 핵심이라고 할 수 있을 것이다. 셋째 분단에서는 스킨십의 유용성과 폐해성을 가능하면 객관적으로 묘사하고자 힘을 기울였다. 넷째 분단에서는 기독교계에서 스킨십 문제에 어떤 반응을 보이고 있는지 유형별로 정리해 보았다.

마지막 다섯째 분단은 지금까지의 내용에 기초해 그리스도인 젊은이들이 스킨십의 사안과 관련해 어떤 태도와 방침을 견지해야 할지 안내하려는 목적으로 기술되었다.

자, 이제 청문회 시작이다!

I.
이성교제와 스킨십

1. 이성교제가 초래하는 딜레마

이성교제란 성(性)이 서로 다른 대상 사이-즉 남성이 여성에 대해, 여성이 남성에 대해-에 이루어지는 교분과 사귐을 말한다. 그리스도인은 원론적으로 이성교제에 반대하거나 부정적인 입장을 취하지 않는다. 사람은 누구나 사춘기를 전후로 해서 이성에게 끌리게 마련이고, 또 그렇기 때문에 자연히 이성과의 사귐을 추구한다. 이것은 그리스도인의 경우에도 어김없는 사실이다. 그리스도인은 하나님께서 사람을 남자와 여자로 만드셨고, 서로에 대해 성적 매력을 느끼며 둘 사이에 가깝고 친밀한 관계가 수립되도록 정하셨다고 믿는다.

이처럼 이성교제가 자연스런 일이고, 자신과 반대되는 성적 대상과 긴밀한 유대를 형성코자 하는 것이 바람직한 활동이라 하지만, 조만간 여기에는 커다란 난관이 대두된다. 바로 '스킨십' 문제다. 스킨십은 남녀가 가까워지면서 거의 필연적으로 경험하는 성적 현상이다. 그런데 스킨십에 연루되는 여러 가지 문제들 때문에 사귐을 갖는 당사자들 – 특히 그리스도인들 – 은 꽤 많은 경우 불편과 고민과 갈등을 겪는다.

바로 여기에 이성교제가 초래하는 딜레마가 있다. 한편으로 이성교제를 계속하다 보면 자연히 이성과 더불어 친밀성을 추구하게 되고, 그러노라면 어느 정도 스킨십에 연루되게 마련이며, 이로써 어려움을 겪는다. 다른 한편으로 이처럼 스킨십이 초래하는 어려움을 피하기 위해 아예 스킨십을 배제하면(실상 이것은 매우 힘든 일이지만 가상으로 가능하다고 하면), 이성과의 친밀한 관계 형성이 저지받든지 심히 약화되어 둘 사이에 딱히 이성교제라 불릴 만한 특징조차 희미해져 버리고 만다.

2. 이성 사이의 친밀성과 스킨십

이성 사이에 친밀성을 추구하는 일이 조만간 스킨십으로 이어진다는 것은 누구나 수긍하는 바이지만, 이 과정을 좀더 깊이 이해하기 위해서는 다소의 분석 작업이 필요하다. 우선 이성교제에서의 '친밀성'부터 살펴보자.

1) '친밀성'이란 무엇인가

친밀성(intimacy)의 형용사인 '친밀(親密)하다'는 "(어떤 사람이 다른 사람과 또는 여러 사람이) 지내는 사이가 아주 친하고 밀접하다"[1]라고 한글 사전에 설명되어 있다. 한 마디로 축약하면, "사이가 가깝다"는 것이다. 영어 사전에서는 intimate의 의미가 다음과 같이 좀더

---

[1] 고려대학교 민족문화연구원 국어사전편찬실 편, 「고려대 한국어대사전: ㅈ~ㅎ」(고려대학교 민족문화연구원, 2009), p. 6312.

자세하고 광범위하게 기술되어 있다.[2]

① 사물의 내적 혹은 근본적 성격에 대한; 본질적인; 본유적인[주로 과학적 용례].
② 한 사람의 최심층적(最深層的) 생각이나 느낌과 연관된; 매우 개인적인/사적인.
③ 매우 밀접한 관계나 결합이 수반되는.
④ (지식과 연관해) 익히 알고 있는.
⑤ 우정이나 기타 개인 관계에 의해 결속이 된; 친밀히 연관된; 스스럼없고 따뜻하며 우호적 분위기를 만들어 내는.
⑥ [완곡어법] 성행위에 대한; 성적 기관에 관계되는.

이 가운데 우리의 주목을 끄는 항목은 ②, ③과 ⑤다. 이런 항목들을 종합해 볼 때 친밀성은 "두 사람 (혹은 소수의 인원) 사이에 사적이고 개인적인 것들을 나눔으로써 서로 긴밀한 유대감과 동료 의식을 함양하는 관계적 특성"이라고 정의 내릴 수 있다.

2) 이성 사이의 친밀성

이제 상기한 정의를 이성관계에 적용해 보자. 나는 이성교제에서의 친밀성을 "한 남성(여성)이 다른 여성(남성)과 더불어 사적이고 개인적인 것들을 나눔으로 말미암아 서로를 깊이 알고 그리하여 둘 사이에서만 가능한 독특한 동반관계(companionship)를 발전시키는 일"이라고 묘사하고자 한다. 이성교제의 친밀성에 관한 이 묘사에는 최소 세 가지 사항이 포함된다.

① 대상: 성별이 다른 두 인물 ―남성과 여성― 사이에 이루어진다.
② 방편: 서로 사적이고 개인적인 것들을 나눈다.
③ 결과: 서로를 깊이 알게 되고, 둘 사이에서만 가능한 독특한 동반관계가 발전한다.

---

2 Leslie Brown, ed., *The New Shorter Oxford English Dictionary*, Vol. 1: *A-M*(Oxford: Clarendon Press, 1993), p. 1402.

그런데 이런 특징적 양상은 성경 최초의 이성관계라 할 수 있는 아담과 하와 사이의 모습에도 역력히 나타난다.

> …아담이 돕는 배필이 없으므로 여호와 하나님이 아담을 깊이 잠들게 하시니 잠들매 그가 그 갈빗대 하나를 취하고 살로 대신 채우시고 여호와 하나님이 아담에게서 취하신 그 갈빗대로 여자를 만드시고 그를 아담에게로 이끌어 오시니 아담이 이르되 이는 내 뼈 중의 뼈요 살 중의 살이라. 이것을 남자에게서 취하였은즉 여자라 부르리라 하니라. 이러므로 남자가 부모를 떠나 그의 아내와 합하여 둘이 한 몸을 이룰지로다.(창 2:20-24)

상기한 구절에서도 세 가지 사항을 찾을 수 있다.

① 대상: 남성인 아담과 여성인 하와 사이에 이루어지는 일이다.
② 방편: 아담이 하와와 더불어 둘 사이의 공통 본질인 '뼈'와 '살'을 나눔으로써 '연합'을 추구한다.
③ 결과: 남자로서 여자를 알고, 둘이지만 하나 됨을 경험한다.

이렇게 볼 때 아담과 하와의 모습 역시 이성교제에서의 친밀성을 반영하고, 그러한 친밀성의 특징적 양상을 세 가지 항목으로 정리할 수 있다.

3) 친밀성 확립의 수단

그러면 그리스도인끼리의 이성교제에 있어서 "서로를 깊이 알게 되고, 둘 사이에서만 가능한 독특한 동반관계"를 발전시키는 수단은 무엇인가? 우리의 처지와 형편을 고려할 때 네 가지 사항[3]이 이러한 수단을 구성한다고 할 수 있다. 다음의 도표를 보라.

---

3 물론 이 네 가지는 완전히 별개의 사안이 아니기 때문에 경우에 따라 조금씩 중첩되기도 한다. 그럼에도 불구하고 이 사항들은 서로 구별되는 독립적 항목으로 간주할 수 있다.

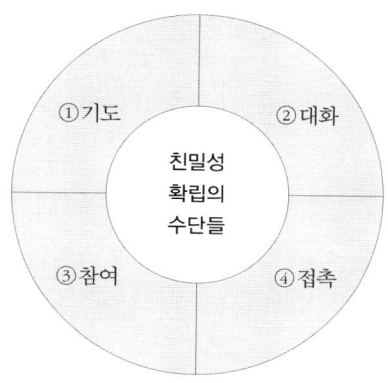

① 기도: 서로를 위한 기도와 더불어 함께 기도하는 것을 의미한다.
② 대화: 각종 주제에 대한 이야기와 의견 교환을 말하는데, 때로 의문·반론의 제기나 응수·해명·논박 등도 포함한다.
③ 참여: 예로서 예배 참석, 단기 선교사역의 수행 등 신앙적 활동뿐 아니라 문화·예술행사 관람, 물건 구입, 여행 등 일반적 영역의 것도 들어간다.
④ 접촉: 다정함과 따스함을 전달하는 모든 종류의 신체적·성적 제스처를 지칭하며, 스킨십은 이 분야에 포함된다.

4) '스킨십'이라는 용어와 의미

'스킨십'의 유래

'스킨십'이라는 말은 외래어가 아니고 1990년대 한국의 토양에서 신조된 단어다. 원래 '십'(-ship)은 leader*ship*, scholar*ship*, prince*ship* 등의 경우처럼 사람을 나타내는 명사 뒤에 접미사 노릇을 하는데, 이로써 그 인물의 상태·신분·직위·수완 등을 나타내는 추상명사가 형성된다. 그런데 '스킨'(skin)은 물질에 해당하는 명사이므로 사실상 ship을 접미사로 취할 수 없다. 그러나 언어는 문법과 규칙을 따라 발전하지 않고 오히려 대다수의 사용과 광범위한 통용에 의해 갑자기 각광을 받기도 하고 자취를 감추기도 하는 법이다. '스킨십' 역시 이러한 발생의 대표적인 예라고 할 수 있다.

오히려 스킨십에 해당하는 영어식 표현은 physical touch/contact[신체적 접촉]이지만, 이미 한국 실정에서 '스킨십'이라는 말이 자리를 잡고 있기 때문에 그냥 사용한다.

'스킨십'의 의미

앞에서 남녀 사이의 친밀성을 확립하는 수단 가운데 하나로 '접촉'을 언급했고, 그것이 "다정함과 따스함을 전달하는 모든 종류의 신체적·성적 제스처"라고 설명했다. 이 설명에 의하면 '접촉'은 스킨십을 포함하되 스킨십보다 훨씬 넓은 개념이다.

스킨십은 '접촉' 가운데에서도 성적 함의(含意)가 짙은 요소다. 이것은 "사랑을 신체적 형식으로 표현하는 다양한 방도"[4]다. 어떤 지도자는 스킨십과 관련해, "혼전의 성적인 어루만짐(premarital sexual fondling) - 종종 애무라 불리는데 - 은 미혼자들 사이에 이루어지는 성교를 제외한 모든 친밀한 성적 행위를 가리킨다"[5]라고 말한다. 또 어떤 학자는 스킨십을 그저 '애무'(petting)라고 지칭하기도 한다.

> 애무란 몸을 탐색하는 넓은 범위의 행위를 포함하는데 젊은이 집단마다 가벼운 애무(light petting)와 진한 애무(heavy petting)에 대한 정의가 그들 나름대로 다르다. 애무는 다정한 포옹과 성교 사이의 어느 지점에 위치하는데, 성적으로 자극이 되는 부위를 서로 어루만지는 행위 정도로 정의할 수 있을 것이다.[6]

이상의 설명을 종합해 볼 때 스킨십은 서양의 그리스도인들 사이에서도 통일된 용어가 없이 '접촉' '애무' '혼전의 성적인 어루만짐' 등으로 표현됨을 알 수 있다. 그러나 그 의미에 있어서만큼은 다음과 같이 어느 정도 공통점을 지닌다.

4　Joyce Huggett, *Growing into Love Before You Marry* (Downers Grove, Illinois: InterVarsity Press, 1982), p. 80. Huggett는 스킨십에 해당하는 대응어로서 touch(접촉)라는 용어를 쓰기도 한다(*Ibid.*). 이때 Huggett의 '접촉'은 내가 사용한 '접촉'보다 좁은 개념이다.

5　Randy C. Alcorn, *Christians in the Wake of the Sexual Revolution: Recovering Our Sexual Sanity* (Portland, Oregon: Multnomah Press, 1985), p. 219.

6　Lewis B. Smedes, *Sex for Christians: The Limits and Liberties of Sexual Living*, rev. ed.(Grand Rapids, Michigan: William B. Eerdmans Publishing Company, 1994), p. 129.

첫째, 스킨십은 남녀 사이에 자신들의 애정을 성적으로 표현하는 활동이다.

둘째, 스킨십은 주로 혼전의 관계에서 이루어지는 것을 지칭한다.

셋째, 스킨십에는 다양한 형태의 행위가 포함되지만 성교는 제외된다.

3. 딜레마의 실상

이성교제가 원만하고 건전하려면, 친밀성이 확립되는 데 있어서 앞에서 언급한 네 가지 수단들이 가능한 한 골고루 활용되는 것이 중요하다. 그런데 대체로 ①기도, ②대화, ③참여의 경우에는 어떤 특정한 활동이나 프로그램을 통해 함께 이루어질 수 있는데 비해, ④접촉의 경우-특히 스킨십-에는 다른 수단들과 함께 어우러지지 않고 독립적·배타적으로만 수행이 가능하다. 구체적으로 말해, 스킨십에 몰두하는 두 대상의 경우 '기도'나 '대화'나 '참여'를 동시에 시행하기가 거의 불가능하다는 말이다.

그리하여 일단 스킨십이 교제와 만남의 중심 활동으로 정착되면, 친밀성 확립을 위한 다른 수단들은 뒷전으로 밀리고 이성교제가 그저 스킨십 위주로 이루어지고 스킨십을 도모하기 위한 '위장적 방편'으로 전락해 버린다.

이것이 이 글의 초반부에서 언급한 딜레마의 내용이다. 이성교제가 제대로 이루어지려면 친밀성이 확립되어야 하고, 그 친밀성의 수단 가운데 스킨십을 포함한 '접촉'의 항목이 필요하게 된다. 이런 수단이 결여된 교제는 엄밀히 말해서 '이성'교제에 미달된다. 그런데 이런 부족점을 보충하고, '접촉'의 항목을 합당한 요소로 인정하고 받아들이다 보면, 조만간 이성교제가 스킨십 위주로 탈바꿈하기 십상이다. '접촉'을 이성교제의 양보할 수 없는 특징으로 내세우는 것은 좋지만, 머지않아 이것만이 이성교제의 전부가 된다는 것 또한 심각한 문제다.

II.
스킨십의 발전과 편만

그리스도인의 이성교제에서 스킨십 문제가 불거진 것은 어제 오늘만의 일이 아니다. 내 경험 위주로 이야기하면, 청년 시절이던 1970년대에 이미 이 사안은 대학생들과 청년 사역자들에게 쉽게 답변하기 힘든 어려운 주제였다. 그러나 오늘날에 이르러서는 스킨십 문제를 다루기가 훨씬 더 어려워졌다. 무엇보다 스킨십의 내용과 정도가 과거에 비해 훨씬 깊어지고 빈번해졌다. 게다가 그리스도인이라 할지라도 이 사안에 있어서는 비그리스도인과 별반 차이가 없기 때문에, 더욱 이 문제에 대한 대응책을 논하기가 어려운 실정이다. 그러나 어쨌든 이 분단에서 한국의 젊은이들 가운데 스킨십이 이토록 심화되고 편만하게 된 요인을 추적하고자 한다. 적어도 다섯 가지 서로 맞물린 이유가 있다.

1. 성 의식의 변화

최근 30년 사이 한국인들의 성 의식에 커다란 변화가 생겼다. 과거 1970년대에는 한국인들의 성 의식과 성적 행태와 관련해 두 가지 정도의 통제 요인이 작용했다. 첫째, 한국 사회가 아직 성적 해방이나 자유를 구가하던 때가 아니어서 대체로 성 행위나 스킨십에 대해 보수적인 분위기가 풍미했다. 비록 체면과 위신이 중요한 동인이었지만, 어쨌든 이런 것이 은연중에 사람들로 하여금 지나친 성적 방임과 질주를 예방하도록 도움을 주었다.

둘째, 교회 역시 성적으로 상당히 방어적인 입장을 취했기 때문에 이 또한 성적 개방이나 활성화를 막는 견제 요인으로 작용했다. 교회가 그런 입장을 취한 것은 실상 신앙 정신의 구현은 아니었다. 교회의 구성원들이 오랫동안 동양 전통적이고 다소 금욕적인 성적 관념을 견지해 왔기 때문이라는 것이 더 정확한 관찰일 것이다.

어쨌든 1970년대의 그리스도인 젊은이들에게는 적어도 성적 행위나 스킨십 문제와 관련해 비록 형식적이나마 어떤 도덕적 '울타리' 같은 것이 있었다. 비록 그 울타리 안에서 호기심 가운데 밖을 내다보기도 하고 소수의 반골들이 울타리를 뛰쳐나가 지탄받을 만한 행태를 연출하기도 했지만, 그래도 '울타리'는 금지와 더불어 안전망 역할도 했다.

그러다가 서서히 변화가 찾아왔다. 언제부터인지 명확하지는 않지만 —88올림픽 전후가 신기원적 역할을 하지 않았을까 추측한다— 사람들은 이제 성의 자유를 구가하고 그러한 급물살에 몸을 맡긴 채 스스로 대견해 하는 것처럼 보였다. 이런 변화의 조짐을 세 가지로 정리할 수 있다. 우선 무엇보다 먼저 성적 욕구에 대한 용어나 표현이 보편화되기 시작했다. 대표적인 경우로 '섹시(sexy)하다'라는 단어를 거론할 수 있다. 과거에는 이런 말을 입에 올리는 것조차 금기시되었고 점잖은 사람은 절대 이 단어를 사용하지 않았다. 그러나 성적 개방이 대세가 되면서 처음에는 다소 어색해 하다가 언젠가부터 이 단어를 아무렇지도 않은 듯 사용하게 되었다. 이것은 여성의 몸매와 성적 부위에 관한 묘사—"쭉쭉 빵빵" 등—나 성적 환희를 상기시키는 자세나 탄성을 코믹하게 흉내 내는 일에 있어서도 마찬가지다.

둘째, 인간을 성적 존재로 이해하는 것이 자연스런 현상으로 자리 잡았다. 인간은 지적이거나 경제적인 존재인 것과 똑같이 성적이고 쾌락적인 존재라는 것을 인정하고 공표하고 축하하게 되었다. 그리하여 성적 경험 또한 버젓이 인간 본유적 활동이나 현상으로 소개되었다. 사람들은 이제 전처럼 부끄러워하거나 남의 눈치에 신경을 쓰지 않고 자위행위에 대해서, 이성끼리의 애무에 대해서, 부부간의 성적 기교에 대해서 경험을 나누고 의견을 개진하고 토론하게 되었다.

끝으로, 옷차림과 관련한 성적 자기표현의 시도가 도드라졌다. 이것은 특히 여성의 경우 더욱 잘 들어맞는다.[7] 과거에는 특정 직업의 종사자를 제외하고는 여성이 의상이나 옷차림을 통해 성적 표현을 하는 일이 거의 없었다. 그러나 이제는 달라졌다. 무엇보다 여성은 옷차림을 통해 여성적 면모를 과시하고 여성으로서의 매력을 드러내며 타인의 이목을 끄는 데 초점을 맞춘다. 그리하여 가슴을 드러내거나 강조하고, 핫팬츠나 짧은 스커트를

---

7   내가 한국 여성들의 옷차림에 현격한 변화가 생겼다는 것을 감지한 것은 1989년이다. 당시 미국에 있다가 홀수 해마다 주로 여름 수련회 때문에 한국을 방문하곤 했다. 예정된 스케줄에 따라 1987년에 한국을 방문했고 88올림픽이 있던 해는 건너뛴 채 그 다음 해인 1989년에 다시 한국을 찾았다. 그때 여성의 옷차림이 근본적으로 바뀌었다는 것을 확연히 느꼈다.

착용함으로써 대퇴부와 둔부에 포인트를 주는 것이 옷차림의 정석으로 자리 잡게 되었다.

이처럼 불과 25-30년 사이에 한국인들의 성 의식과 풍속도에는 커다란 지각 변동이 찾아왔다. 이러한 사태 발전이 그리스도인의 이성교제와 스킨십 문제에도 점진적이지만 돌이킬 수 없는 변화를 초래한 것이다.

2. 개인주의와 쾌락주의의 결합

개인주의적 경향에 의해 성적 쾌락의 추구가 크게 활성화되었다. 전통적으로 한국 문화와 사회는 공동주의적(communitarian)이었다. 한국인들은 가족과 가문을 중심으로 성씨와 지역을 공통분모로 하여 삶의 기반을 이루어 왔다. 한국인들이 공동주의적이라는 사실은 '우리'라는 일인칭 복수 소유격 사용의 만연화 현상을 통해서도 쉽게 알 수 있다. 우리는 자신의 집이나 어머니를 개인적으로 지칭할 때 '우리 집' 혹은 '우리 엄마'라고 표현하지 서양 사람들처럼 '나의 집'(my home)이나 '나의 엄마'(my mom)라고 하지 않는다.[8] 한국인의 공동주의적 특징은 언어에만 반영되는 것이 아니고 자신을 묘사하는 방식, 권위에 대한 이해, 대인관계, 공동체 생활은 말할 것도 없고 돈과 시간 사용, 이성교제에까지 영향을 미친다.

그러한 공동주의적 시각과 관점 역시 1970년대 이후 서구화의 물결에 의해 큰 변화를 겪는다. 서양의 개인주의(individualism) 정신이 침투해 들어오면서 실로 패러다임의 전환이 이루어진 것이다. 이제 한국의 젊은 세대들은 더 이상 공동주의적이 아니다. 그들은 이미 자신의 결정, 표현, 사고, 행동방침 등에 있어서 '나'라는 개인을 중심에 놓고 있다. 개인이 모든 생각, 활동, 결정에 있어서 중심인 것이다. 이런 개인주의적 안목이나 방침이 모두 다 그릇된 것은 아니지만, 인간은 워낙 죄의 성향이 깊은지라 개인주의는 곧잘 자기중심주의나 이기주의로 변질되곤 한다.

그 구체적인 예가 쾌락주의와의 접합이다. 쾌락도 그 자체로서 죄악된 것이라고 볼 수

---

8 만일 서양 사람이 'our home'이나 'our mom'이라는 말을 사용했다면, 이것은 화자(話者) 개인뿐 아니라 함께 있는 동기(同氣)를 염두에 두고 발설한 합성적 표현으로 이해해야 할 것이다.

는 없다. 여기에서 문제 되는 것은 쾌락**주의**-쾌락의 추구와 향유를 모든 가치보다 높이고 그 목적만을 위해 생의 동력을 소비하는 것-다. 쾌락주의는 우리가 쾌락을 얻을 수 있는 수단이나 자원과 연관되면서 '음식 쾌락주의' '신체 쾌락주의' 등의 형태를 띤다. 음식 쾌락주의는 식도락적 즐거움이 최고의 가치가 되는 일이고, 신체 쾌락주의는 건강이나 체중·미용·피부·몸매 등의 신체관리에 온갖 정력을 쏟는 일이다. 그리고 이에 못지않게 기승을 부리는 형태가 있으니 곧 '성 쾌락주의'다.

'성 쾌락주의'는 개인주의, 이기주의, 신체주의, 쾌락주의가 함께 만나 형성된 기묘한 형태의 자아주의(self-ism)다. "나는 내 몸이고 내 몸은 내 것이다," "내 몸이 나의 것이라면 나는 마땅히 몸에 대한 소유권을 주장할 수 있다," "나는 내 몸을 통해 쾌락을 유도하고 향유할 수 있다," "성적인 쾌락은 내가 누려야 할 마땅한 권리다."[9] 일단 이러한 일련의 사고의 발전에 따라 '성 쾌락주의'가 어떤 이의 가치관으로 확립되면, 그는 성적 행위와 성적 교분을 통해 최상의 쾌락을 추구하고자 할 것이다.

안타깝게도 '성 쾌락주의'는 비그리스도인만의 메뉴가 아니다. 그리스도인들도 때로 그릇된 세상 정신에 미혹되어[cf. 쾌락을 사랑하기를 하나님 사랑하는 것보다 더하며(딤후 3:4)] '성 쾌락주의'에 빠질 수 있다. 또 혹시 '성 쾌락주의'를 삶 전체에 대한 방침으로서는 아니라 하더라도 많은 그리스도인들이 부지불식간에 이런 모토를 남녀의 이성교제에 적용하는 수가 적지 않다. 실은 이것이 오늘날의 형편이기 때문에 스킨십이 이성교제의 전부인 것처럼 그리스도인의 눈을 멀게 하고 마음을 오염시키고 있다.

3. 매스미디어의 부추김

매스미디어가 성적 일탈과 부도덕을 미화하고 사람들의 성 관념을 부적절한 방향으로 선도했다. 매스미디어가 대중의 의식과 가치관에 끼치는 영향이 얼마나 지대한지는 누구도

---

9 Stanley J. Grenz(1950-2005)는 현대 서양인의 윤리에도 이러한 '소유의식' 및 '권리의식'이 강조되고 있다고 설명한다[*Sexual Ethics: An Evangelical Perspective*(Louisville, Kentucky: Westminster John Knox Press, 1997), p. 218].

부인할 수 없게 되었다. 이것은 특히 젊은이들의 성 의식과 성적 각성에 지울 수 없는 영향을 끼쳤다. 그런데 문제는 그 영향이 부정적이고 바람직하지 않다는 데 있다.[10]

매스미디어 가운데에서도 가장 영향력이 큰 것은 역시 TV다. 혼전 동거가 사회의 담론으로 부상한 데는 "옥탑방 고양이"(2003년)나 "애정의 조건"(2004년)[11]과 같은 TV 드라마의 역할이 컸다. 영화 역시 성 혁명의 추세를 부추기는 데 둘째가라면 서러울 정도로 기여했다. 1990년대 말부터 2000년대 초까지 노골적인 성적 장면으로 관심을 모은 영화만도 "처녀들의 저녁식사"(1998년), "해피엔드"(1999년), "청춘" "미인"(2000년), "썸머타임"(2001년), "중독" "결혼은 미친 짓이다" "밀애" "나쁜 남자" "색즉시공"(2002년), "바람난 가족"(2003년) 등 상당히 많다. 또 1990년대 이후에는 TV의 광고가 거의 하나의 장르로 자리를 잡다시피 했는데, 많은 광고의 콘텐츠가 성적 암시로 일관한다.

대중가요 또한 젊은이들의 의식 형성에 지대한 영향을 미친다고 할 수 있다. 특히 이성친구, 데이트, 연애, 결혼 등의 가치관은 알게 모르게 이런 가요의 가사 내용에 의해 형성된다. 즉 가요는 음악적 호소력을 매개로 하여 작사자의 '가치관'이나 '세계관'을 듣는 이의 의식 속에 교묘히 잠입시키곤 한다. 여기 2003년에 나와 사람들의 인기를 끌었던 두 곡의 가사 일부를 소개한다.

노래: 양혜승
제목: 결혼은 미친 짓이야[12]

결혼은 미친 짓이야

---

10 매스미디어가 성의 이미지나 관념을 왜곡시킨다는 것은 어디에서나 이야기되는 바다. 이것은 한국의 경우에도 어느 정도 그렇고[서상원, 「대중매체가 한국 교회 고등학생의 성 의식에 미치는 영향」(아세아연합신학대학원 석사학위 논문, 1998)], 미국의 경우에도 대동소이한 상황이다: "그러나 불행하게도 미디어는 성이라는 주제에 대해 균형을 벗어난 관심을 쏟았다. 또 전통적인 성 윤리에 해를 끼칠 정도로 왜곡되고 오도적(誤導的)인 모습을 띠었다"(Stanley J. Grenz, op. cit., p. 202).
11 이와 관련해 유애순, 「TV 드라마 담론 생산 과정과 사회의미 형성에 관한 연구: '혼전동거' 관련 드라마 "옥탑방 고양이"와 "애정의 조건"에 대한 분석을 중심으로」(성균관대학교 석사학위 논문, 2005)를 참조하라.
12 이 곡은 원래 Angie Gold의 "Eat You Up"을 번안한 것이다. 원곡의 내용은 상대방에 대한 성적 욕구를 거의 동물 수준에서 표현하고 있어서 한글 가사와 차이가 난다.

정말 그렇게 생각해

이 좋은 세상을 두고

서로 구속해 안달이야…

날 그냥 버릴 거니 가질 거니

그것만 확인하면 돼

모두 영원하자 약속하지

어이가 내 뺨을 때려

날 그냥 내버려둬 책임 못 져

더 이상 부담 주지마….

노래: 이정현

제목: summer dance

Honey 멍하니 누굴 보는 거니

왜 그리 눈치 없는 거니

내게 오지 않고 뭐하니 OH OH OH

너 정말 Lucky한 거 아니

나 지금 너에게로 다가가잖아

이 여름 동안에 나를 너의 여자로 만들어

내게로 다가와 반짝이고 있는 나를 느껴봐 오오…

Honey 넌 너무 Art한 거 아니

어쩜 그렇게 sexy하니

너무 완벽한 거 아니니 OH OH OH

사르르 녹여 버릴 거야

꿈같은 여름날을 만들어 줄게….

또 TV나 영화만큼은 아니지만 소설 역시 자유분방한 성적 분위기 조장에 일조했다. 이것은 이미 과거에도 그랬지만 1990년대부터는 좀더 파급 효과가 크게 나타났다. 처음에는 마광수의 「즐거운 사라」(청하, 1992)와 장정일의 「내게 거짓말을 해 봐」(김영사, 1996)가 외설 시비로 법적 이슈로까지 비화되더니, 2000년에 가까워지면서 훨씬 대범한 시도들이 나타났다. 손정섭의 「노랑머리」(현실과미래사, 1999), 김지룡의 「나는 솔직하게 살고 싶다」(명진출판, 1999), 서갑숙의 「나도 때론 포르노그라피의 주인공이고 싶다」(제이피유비, 1999), 정세희의 「난 이제 당당하게 벗을 수 있다」(제일출판사, 2000) 등이 대표적인 예다.

이상에서 소개한 여러 종류의 매스미디어가 한결같이 연애 중의 남녀관계에 초점을 맞추고 있는 것은 아니다. 그러나 이러한 모든 작품들은 될 수 있으면 현대인의 성 관념과 성의식을 전통의 족쇄에서 풀어 놓고자 한다는 점에서 공통적이다. 이런 시도가 불가피하게 이성 사이의 스킨십에 대해서도 직·간접적인 영향을 끼친 것이다.

4. 새로운 시대의 생활환경

새로운 시대의 생활환경이 성적 욕구의 분출과 탐닉에 적절한 여건을 제공했다. 지나간 시대와 오늘의 새로운 시대를 비교해 보면, 생활환경이 크게 달라졌다는 사실을 간과할 수 없다. 생활환경의 변화에는 여러 가지 사항이 포함되겠지만, 그 중 젊은이들의 성적 행태를 심화시킨 것으로서 적어도 다섯 가지 항목을 거론할 수 있다.

첫째, 거주 환경의 변화를 꼽을 수 있다. 여기에서 말하는 거주 환경은 젊은이들이 결혼을 하기 전부터 갖는 독립적 거주 공간을 의미한다. 소위 원룸(one room)이라 불리는 형식의 거주 공간은 자신의 프라이버시를 지키면서 기본 생활을 영위할 수 있는, 협소하지만 독자적 삶을 꾸밀 수 있는 기회를 제공한다.

바로 이런 거주 공간이 이성교제와 스킨십을 위한 편리한 장소로 활용되곤 한다. 원룸에서는 그 누구의 간섭도 받지 않고 자기 마음대로 시간을 사용할 수 있다. 그런데 바로 이런 자유가 이성교제와 스킨십의 경우에도 해당되는 것이다.

둘째, 각종 숙박업소가 크게 다양화되었다. '여관'이 단어의 자구적 의미처럼 여행객들의 숙박만을 위해 활용되는 것이 아님은 이미 누구나 인정하는 사실이다. 그런 의미에서 과거에는 주로 여관과 호텔이 있었다. 그러다가 1980년대 이후부터 새로운 양태의 숙박업소가 번창하기 시작했으니 이름하여 '러브텔'[13]이다. 러브텔은 과거 숙박업소들의 명칭이 뒤집어쓰고 있던 내숭을 떨어 버리고, 시설물 이용의 목적이 남녀의 애정 행각임을 노골적으로 드러낸다. 이런 신종 숙박업소는 사실상 하룻밤을 묵기보다는 불과 몇 시간의 대여 목적으로 충당되는 경우가 더 빈번했다. 그리하여 전국의 강산에 흩어져 있는 휴양시설, 관광명소, 유원지에는 어느 곳이나 러브텔이 들끓었고, 이 시설물은 어느 새 불륜의 상징으로 회자되기 시작했다.

2000년 이후에는 또 펜션 바람이 불어 이 역시 남녀의 성적 기상도에 영향을 미쳤다. 물론 펜션의 경우에는 관광·휴식·레크리에이션 목적이 더 뚜렷해서 러브텔만큼 성적 해이를 부채질한 것은 아니지만, 어쨌든 남녀가 자기들끼리의 시간과 공간을 확보하는 데 도움을 준 것만큼은 사실이다.

셋째, 각종 위락시설 또한 남녀의 성적 활성화에 기여했다. 위락시설은 숙박업소처럼 사람들의 거주 지역과 다소 거리를 두고 조성되는 수도 있지만 상당히 많은 경우는 그저 일상적 삶의 터전 내에 자리를 잡는다. 그렇기 때문에 어떤 면에서는 숙박업소보다 더 이용도가 높을 수도 있다. 과거에는 이런 목적의 위락시설이 퇴폐 이발소나 안마시술소 등으로 한정되어 있었으나 오늘날에는 비디오방, 노래방, 단란주점까지도 성 해방의 물결에 가세하고 있다. 이런 위락시설은 폐쇄적 공간과 은밀한 분위기 등을 대동하기 때문에 스킨십의 가능성과 정도를 훨씬 더 가속화한다.

넷째, 자동차의 소유와 이에 따른 이동성(mobility)의 증대가 스킨십의 편만화에 꽤 큰 기여를 했다. 개인에게 차량이 확보된다는 것은 남녀관계에서도 절호의 기회와 사태의 진전을 의미한다. 킴볼 영(Kimball Young)이라는 사회학자는 "지난 2000년 동안에 발생한 그 어떤 일도 자동차만큼 연애 패턴의 변화에 기여한 것은 없다"라고 했다고 한다.[14] 물론 한국의 경우 이토록 지대한 공로를 자동차에 돌릴 수는 없겠지만, 어쨌든 상당한 정도

---

13 '러브텔'은 순전히 한국에서의 신조어다. 아마도 '모텔'(motel)이라는 단어가 '자동차'(motor)와 '호텔'(hotel)로부터 합성되었듯이, '사랑'(love)과 '호텔'(hotel)을 합성한 단어로 생각하면 될 것이다.

14 Dwight Small, "Dating: With or Without Petting," in *Essays on Love*, Walter Trobisch *et al*(Downers Grove, Illinois: InterVarsity Press, 1968), p. 13.

의 인정은 필요하다. 차가 있으면 호젓한 장소나 방해받지 않을 수 있는 지역으로의 이동이 가능하고, 이것이 결과적으로 스킨십의 기회를 상승시킨다. 또 차량은 외부와의 접촉을 차단하고 밀폐된 독립적 공간을 제공하기 때문에 그 자체로서 스킨십의 유발 요인이 된다.

다섯째, 인터넷의 보급과 활용 또한 성적 분위기 및 스킨십의 여건 조성에 막중한 영향을 끼쳤다. 포르노그래피가 성적 충동 및 성욕의 표출을 초래한다는 것은 누구나 알고 있는 사실이다. 과거에는 포르노그래피에 접근하려면 특정한 장소를 찾아가야 했고, 원하든 원치 않든 자신의 모습을 어느 정도 노출해야만 그런 자료의 입수가 가능했다. 그러나 인터넷이 등장한 후로는 사정이 완전히 바뀌었다. 바로 자기만의 공간에서 자기가 원하는 시간에 얼마든지 모든 형태의 포르노그래피에 접속이 가능하게 된 것이다. 이것은 일반적인 성적 분위기의 고양에도 기여했지만 특히 남녀간의 이성교제와 스킨십을 부추기는 데도 적지 않은 역할을 했다.

5. 길어진 미혼 기간

미혼으로 있는 기간이 길어지면서 스킨십을 출구로 삼기 시작했다. 스킨십 문제는 사안의 성격상 결혼 전의 남녀 사이에서 발생한다. 두 사람이 서로 점점 깊이 사귐을 가지면서도 신체적 친밀성을 마음대로 나눌 수 없는 처지일 때 고뇌와 좌절이 뒤따른다. 그런데 그러한 신체적·심리적 어려움의 기간이 별로 길지 않다면 불행 중 다행이라고 할 수 있는데, 안타깝게도 사태는 정반대의 양상을 보이고 있다. 오늘날의 젊은이들은 성에 대해 일찍 눈이 뜨면서도 정작 결혼이라는 목표에 이르기까지는 거의 20년에 가까운 기간을 미혼 상태로 지나야 한다. 여기에 그들의 고통과 시련이 있는 것이다.

오늘날의 젊은이들이 과거에 비해 미혼으로 있는 기간이 길어진 것은 두 가지 복합적 요인 때문이다. 첫째, 성적 조숙 현상이 가속화되었기 때문이다. 이것은 사춘기 도달 연령이 점점 낮아지는 것을 보아 알 수 있다. 둘째, 결혼의 시기가 점점 늦어지기 때문이다. 최근의 젊은이들은 경제적 여건-결혼하면 집이 있어야 한다든지, 식구들을 먹여 살려야 한다든지, 최소한의 생활수준은 유지해야 한다든지 등등 – 에 발목이 잡혀 결혼을 원하면서도 성사시키지 못하는 수가 비일비재하다. 그러다 보니 결혼연령이 자꾸 높아진다.

서양에서는 이런 상황이 한국보다 좀더 일찍 발생한 것 – 아마도 1970년대부터 – 으로 이야기된다. 볼스윅(Judith & Jack Balswick) 부부는 미국의 젊은이들도 우리와 비슷한 상황임을 이렇게 설명한다.

우리 문화에서, 미혼자들에게 점차 긴 기간에 걸쳐 성적 충동을 자제하라고 요구하는 일은 상당히 새롭게 등장한 현상이다. 이는 **사춘기는 빨라지는데 설상가상으로 결혼 연령은 늦어지는 바람에 생긴 문제**다. 역사를 통틀어 볼 때, 대부분의 사회에서 젊은이들은 성적 능력과 생식 능력이 발달되기 직전에 결혼했다. 1800년대 중반에는 여자들의 초경 연령이 보통 15세에서 16세 사이였으며 그 시점에 결혼을 했다. 오늘날에는 초경 시작 연령이 12세에서 13세 사이로 떨어졌는가 하면, 평균 초혼 연령은 여자는 23.6세 남자는 26.9세에 달한다 [강조는 인용자의 것].[15]

그러면 한국의 경우는 어떤가? 우선 사춘기 도달 연령부터 알아 보자. 다음 페이지의 〈표1〉은 인터넷 자료의 도움을 받아 과거부터 현재에 이르기까지 사춘기 도달 연령을 정리한 것이다. 이 도표에 따르면 1980년대에는 여아들이 14.7세에 초경을 겪었지만 2001년에는 평균 13세로 떨어지고 2013년에는 평균 12.8세로 더욱 낮아진다. 남아들은 2001년도에 평균 15세로 되어 있고 2011년에는 평균 14.6세로 낮아졌다. 이로 보건대 1980년대에는 여아 15세, 남아 16.5세 정도로 추정되는데, 2011년 정도에 이르러서는 여자 평균이 12.8세이고 남아 평균이 14.6세로 줄어들었다.

---

15 Jack O. Balswick & Judith K. Balswick, *Authentic Human Sexuality: An Integrated Approach*(Downers Grove, Illinois: InterVarsity Press, 1999), p. 107. 또 Tim Stafford는 Richard와 Janis라는 남녀의 예를 들어가며 미국 젊은이들의 어려운 형편을 소개한다[*The Sexual Christian*(Wheaton, Illinois: Victor Books, 1989), pp. 115-117].

<표1> 사춘기 도달 연령

	여 아	남 아
1930년대	16.0세	
⋮	⋮	
1980년대	14.7세	
⋮	⋮	
2001년	평균 13세	평균 15세
2003년	13.2세	
2011년		평균 14.6세(12.5-16.5세)
2013년	평균 12.8세(10.8-14.세)	

<표2> 남녀 결혼의 평균연령

	남 자	여 자
1990년대	27.8세	24.8세
⋮	⋮	⋮
2000년	29.1세	26.5세
2001년	29.5세	26.8세
2002년	29.8세	27.0세
2003년	30.1세	27.3세
2004년	30.5세	27.5세
2005년	30.9세	27.7세
2006년	31.1세	27.8세
2007년	31.1세	28.1세
2008년	31.4세	28.3세
2009년	31.6세	28.7세
2010년	31.8세	28.9세
2011년	31.9세	29.1세
2012년	32.1세	29.4세

그러면 결혼 연령은 어떤가? 통계청 발표 자료에 의한 남녀 결혼의 평균연령을 연도별로 정리했다(〈표2〉).

이 대조표에 의하면 1990년대에는 남자의 결혼 평균연령이 27.8세이고 여성의 경우는 24.8세였다. 이것이 2012년에 이르러서는 남성이 32.1세, 여성이 29.4세로 늦춰졌다. 20년 동안 남성과 여성 모두 초혼 연령이 5세 정도 늘어났다.

이처럼 사춘기 도달 연령은 낮아지고 결혼 연령은 늦어짐으로써 미혼으로 지내는 기간이 예전보다 훨씬 길어지게 된 것이다. 1980년대에는 약 12년을 싱글로 지내면 되었지만, 2012년에는 약 17년에 걸쳐 미혼의 신분을 유지하지 않을 수 없게 된 것이다. 이처럼 미혼의 기간이 길어지면서 이성교제 중인 남녀 사이에는 예전보다 더욱 더 스킨십을 통한 성적 욕구의 해소가 중요한 사안으로 자리 잡았다.[16]

이와 같은 다섯 가지 요인으로 인해 젊은 그리스도인 사이의 스킨십 현상은 빈도도 커지고 정도 역시 심각해졌다. 이렇게 스킨십이 훨씬 더 보편화되고 편만해진 상황인지라 이 사안을 의미 있게 다루고 문제점에 대해 실효성 있는 대응책을 마련하는 일이 종전에 비해 훨씬 더 어렵게 된 것이다.

III.
스킨십의 허와 실

앞 분단에서 스킨십이 득세하게 된 거시적 상황을 묘사했다. 이제는 좀더 미시적 수준으로

---

16 물론 성적 욕구의 해소 방안에 스킨십만 있는 것은 아니다. 자위행위, 포르노 이용, 성매매 등도 종종 채택되는 수단이다[이와 관련해 글로벌리서치, 「기독 청년 성 의식 조사」(글로벌리서치, 2013)의 제28번 항목 "성적 욕구 해소 방법"을 참조하라]. 그러나 남녀가 함께 사귀고 친밀성을 추구하는 상황이라면 아무래도 성적 욕구의 해소를 스킨십에 의존할 가능성이 높다.

범위를 좁혀 개개인의 사정을 밝히는 데 초점을 맞출 것이다. 스킨십이 그리스도인 젊은이들 사이에서도 이토록 극성을 부리는 이유는 무엇일까? 무엇이 사귀는 두 사람을 스킨십의 소용돌이로 빨아들이는가? 스킨십은 과연 교제하는 두 사람 사이에 관계의 증진을 마련하고 헌약(commitment)의 깊이를 더해 주는가? 이 분단에서 나는 이 질문들을 염두에 두고 스킨십의 허와 실-혹은 유용성과 폐해성-을 논하려고 한다.

1. 스킨십의 유용성

먼저 스킨십이 연관된 당사자들에게 주는(혹은 준다고 생각되는) 유익을 네 가지 사항으로 정리한다.

첫째, 스킨십은 성과 관련한 자기 발견의 기회를 제공한다. 인간은 자기 이외의 모든 외부 대상을 객체로 파악할 뿐 아니라 성숙함에 따라 자기 자신 또한 파악의 대상으로 삼는 능력을 발휘한다. 그리하여 자신의 행동과 모습, 상태 등을 객관적으로 -혹은 제3자의 시각에서- 인식함으로써 새로운 지식과 깨달음을 얻는다. 이런 과정 가운데 자신을 새롭게 파악하거나 인식하는 일이 생기는데, 바로 자기 발견(self-discovery)이다. 이런 자기 발견은 이성교제와 스킨십의 활동을 통해서도 이루어진다.

이성교제는 이성에 대한 발견뿐 아니라 이성과의 관계에서 자신이 어떻게 느끼고 반응하고 행동하는지를 관찰하는 자기 발견의 계기를 마련해 준다. 이것은 스킨십에 있어서도 마찬가지다. 스킨십에 참여하는 젊은이들은 스킨십이 상대방에게 일으키는 효과와 반향에 대해서도 깨닫고 배우지만 그동안 자기 자신에게 일어나는 신체적·심리적 반응에 대해서도 자각하게 된다. 다음의 진술은 드와이트 스몰(Dwight Small)의 설명이다.

남성과 여성 사이의 차이점을 새로이 의식하면서, 좀더 상세히 알고 싶은 욕구가 일어난다. 이성의 본질을 탐구하는 것은 **사실상 자기 자신의 성이 독특하다는 것을 이해하는 수단이 된다.** 애무 행위는 이런 지식을 지향하는 좀더 직접적인 방도 가운데 하나다. 여기에 이성의 대상을 매혹할 수 있는 능력이 자신에게 있음을 깨닫는 사춘기적 각성이 더해진다. 이것

은 자신의 개인적 능력의 범위를 알고 싶어 하는 성숙 현상의 부분이다[강조는 인용자의 것].[17]

어떤 정신과 의사는 스킨십의 이러한 측면을 좀더 긍정적으로 설명한다.

> 그러나 사춘기 때의 성적 행위를 달리 볼 수 있는 방도들도 있다. 소년 소녀들이 수음을 통해 자신들의 성적 잠재력을 발견하듯 그들은 사춘기 때의 성적 실험을 통해 **서로에 대해서 좀더 많은 것을** —애정(affection)의 견지에서 그리고 더욱 중요하게는 에로틱한 각성의 견지에서— **발견하는 것**이다. 이 시기는 하나님께서 우리의 존재 안에 심어 넣으신 바인데, 이는 우리로 하여금 부분적으로나마 **우리의 몸을 발견하도록** —이는 몸 전체를 성적 즐거움과 연관 짓는 발견인데— 하기 위함이다[강조는 인용자의 것].[18]

둘째, 스킨십은 이성교제의 본유적 특징을 드러내 준다. 이성교제는 문자 그대로 이성, 곧 성(性)이 서로 다른 남성과 여성끼리의 사귐이다. 그러므로 이성교제는 동성끼리의 우정이 아무리 고귀하다고 해도 —때로 이것은 사실이다— 그것과는 격이 다른 성적 차원의 독특함이 있다. 스메디스는 이 점을 다음과 같이 설명한다.

> …남성과 여성이 서로 하나의 인격체로서 관계할 때 그 관계에는 언제나 성적 차원이 있게 마련이다.…다만 심령적 성(psychic sexuality)이라 부를 수 있는 성적 동력이 있어서, 이것이 다양하고 예측 불가적인 저류(底流)를 형성한다. 이것은 또 모험과 흥분, 불확실성과 호기심 등 어떻게 정의하기 힘든 성적 묘미를 더해 준다. **이는 성이 같은 사람들 사이의 밋밋한 대화에는 빠져 있는** 온갖 밝고 빛나는 색조로써 그 대화를 윤색한다. 매우 '평범한' 관계의 성적 차원이라도 **단일한 성의 사회에는 슬프게도 결여되어 있는** 개인 관계의 모험과 신비를 제공한다[강조는 인용자의 것].[19]

17　Dwight Small, "Dating: With or Without Petting," *op. cit.*, p. 18.
18　Jack Dominian, *The Growth of Love and Sex* (Grand Rapids, Michigan: William B. Eerdmans Publishing Company, 1982), p. 46.
19　Lewis B. Smedes, *op. cit.*, p. 84.

그런데 이런 이성 관계의 성적 동력은 종종 스킨십을 통해 확연히 드러난다. 허기트(Joyce Huggett)는 이성과의 만남에서 신체적 접촉이 수행하는 역할을 이렇게 묘사한다.

> 접촉(touch)은 배울 수 있는 언어다. 이는 개인적 각성으로의 모험이요 사랑하는 대상을 더 깊이 이해하게 만드는 통로다.…본인은 [접촉이라는 것이] 사랑으로의 성장을 꾀하는 두 사람이 반드시 배워야 할 언어라고 생각한다.…이것을 배워야 하는…이유는 점진적 친근성(progressive closeness)을 가져오기 때문이다. **사랑이 두 사람을 정서적·창의적·영적 친밀성으로 이끌어 오듯이 합당한 신체적 친밀성에 대해서도 점차 편안해져야 한다.** 꼭 안는 것이나 입 맞추기가 결코 간격 메우기, 곧 지루함의 해소 방안이어서는 안 된다. 이것은 두 사람이 "나는 당신을 사랑해"라고 말하는 방법 가운데 하나여야 한다[강조는 인용자의 것].[20]

이처럼 스킨십은 이성교제가 이성교제답도록 만들어 주는 수단이 된다.

셋째, 스킨십은 이성과의 친밀성을 산출하는 유력한 방편이 된다. 인간이 이성과의 친밀성을 추구하도록 만들어진 존재라는 것은 그리스도인이라면 누구든지 인정하지 않을 수 없다(창 2:18, 22-24). 그런데 이런 친밀성을 추구하다 보면 서로의 신체적·심리적·신앙적 측면에 관심을 갖게 되고, 그런 모든 면에서 가까워지기를 동경한다. 여기 익명의 어떤 인물이 쓴 편지 내용에는 이런 동경 심리가 솔직하고도 생생한 필치로 기술되어 있다.

> 어떤 때 -바로 오늘 같은 밤에!- 나는 나를 몸과 마음과 영의 모든 면에서 사랑해 줄 누군가를 목마르게 갈망해. 나는 누군가에게 많은 것을 줄 수 있을 것 같아. 또 누군가-나를 찾아 주고 나를 사랑한다고 말해 주는 사람-도 내 머리를 살며시 안고서 쓰다듬어 주는 등 내게 무언가를 줄 수 있다면 얼마나 좋을까?! 나는 신체적일 뿐만 아니라 비록 그것이 주요 부분이지만 모든 면에서의 성적 성취감을 동경하고, 나 또한 그것에 대한 응답으로 누군가에게 성취감을 주고 싶어. 나는 혼자 있는 것에 지쳤어. 네게 편지 쓰기를 마치고 나면

---

20 Joyce Huggett, *op. cit.*, p. 82.

여기 뜨거운 물병보다는 훨씬 반응을 잘 하는 그런 누군가에게 바싹 안기고 싶어.[21]

이상의 편지에 나타나 있듯 이성과의 친밀성에서는 신체적 접촉의 요소를 배제할 수가 없다. 스메디스는 신체적 접촉-곧 스킨십-이 남녀 간의 친밀성 산출에서 하는 역할을 이렇게 기술한다.

> 성적 관계란…남성과 여성이 정신적/비(非)신체적 의식(psychic awareness)을 개인적으로 나누는 일 또한 포함할 수 있다. 거기에는 또 희롱, 애무 행위, 상호 수음, 그리고 최종적으로 성교가 포함될 수도 있지만, 반드시 그래야 하는 것은 아니다.…다양한 성적 관계에는 어떤 시점에서 그 자체로서 목적이 되는 바-상호 탐구, 상호간의 애정 표현, 성적 관계의 의미와 깊이에 대한 상호 발견 등-에 대한 여지가 있다. **애무 행위는 궁극적 친밀성을 고려하지 않으면서 어느 정도의 친밀성을 함께 나누는 방도가 될 수 있다. 이런 의미에서 이 행위는 두 사람 사이의 관계적 깊이를 더욱 명료히 이해하게 만드는 통로가 될 수 있다. 즉, 서로에 대한 또 자기들 자신에 대한 진정한 태도를 발견할 수 있는 방도가 될 수 있다는 것이다**[강조는 인용자의 것].[22]

넷째, 스킨십은 한 걸음 더 나아가 특정한 경우 두 사람 사이의 교제·사랑·헌약을 확인하고 강화시키는 촉진제 구실을 할 수 있다. 스킨십은 때로 두 사람 사이의 사랑을 확인하고 강화시켜 줄 수 있다. 비록 이것이 자주 있는 일은 아니지만, 어쨌든 가끔씩이라도 목격되기 때문에 언급한다. 사실 스킨십이 두 남녀의 교제를 자동으로 든든히 해주거나 둘 사이의 사랑과 헌약을 저절로 공고히 만들어 주는 것은 아니다. 그러나 특수한 상황에 처한 두 남녀가 스킨십을 통해 둘의 관계를 다시 한 번 확인하고 더욱 굳건히 세워 가는 경우가 있을 수 있다. 여기 구체적 사례를 소개한다.

---

21 Joyce Huggett, *Just Good Friends?: Growing in Relationships*(Leicester, England: Inter-Varsity Press, 1986), p. 11.
22 Lewis B. Smedes, *op. cit.*, p. 131.

우리는 연애하는 동안 내내 성적 행실에 대한 기독교적 표준으로 간주되는 바-곧 혼전 성교를 피하는 일-를 끈질기게 고수했다. 우리는 일 년 넘게 함께 지냈고 결혼을 원했다. 나는 18세였고 내 약혼녀도 같은 나이였다.

우리 부모는 결혼에 반대했고, 우리는 별 진전 없이 헛된 노력만 하고 있었다. 흡사 벽돌로 된 담에 맞서는 격이었다. 그런데 아버지가 다소 누그러져서 아직 미성년인 내게 결혼을 허락하겠다고 말씀하셨다. 막 서명을 하려는 판에 어머니가 새로이 반대를 하셨고 아버지 또한 다시금 거부하셨다.

바로 이 시점에 우리는 성관계를 맺었다. 그 일이 발생한 지 일 년 정도 지난 시점에서 그때를 돌이켜보면, 우리가 왜 그랬는지 몇 가지 이유가 생각난다. 꽉 막힌 상황에서 우리가 크게 좌절했을 때 성행위는 우리에게 두 가지를 해주었다. **첫째, 우리는 서로에게 가까이 붙어 있어야 했는데, 이것이 우리가 원하는 친근함을 얻을 수 있는 방도였다.** 둘째, 부모의 반대에도 불구하고 우리는 결혼을 향해 나아간다는 생각이 들게 해주었다. 사실 그리스도인의 의미에서 보자면, 우리는 성관계 이후 벌써 결혼을 한 셈이었다. 그때는 우리의 행위 가운데 부모에 대한 앙갚음의 요소가 들어 있었다. 여러 가지가 상당히 복잡하게 꼬인 때였다.

그후 우리는 목회자에게 찾아갔고, 목회자는 부모님들로 하여금 우리의 결혼에 동의하도록 해주었다[강조는 인용자의 것].[23]

비록 이 둘 사이에 스킨십의 범위를 벗어나는 행위가 개재되었지만, 어쨌든 스킨십과의 연속선상에서 평가될 수 있는 사례이기 때문에 소개했다. 나의 논점을 예시하는 또 한 가지 사례가 있다.

캐롤에게는 뭔가 별난 점이 있어요. 그녀는 내가 알아 온 어떤 여자들과도 다르거든요. 난 정말로 그녀와 한 쌍이라는 걸 느껴요. 그녀는 내가 원해 오던 전부예요.…그녀는 원칙이 있는 여자예요. 우리가 결혼하기까지는 잠자리를 같이 하지 않을 거예요. 그녀는 나의 전부예요. 예쁘죠, 집안 좋죠, 나와 취향도 같아요. 난 정말 우리가 서로를 알게 된 지 3개월 만

---

23 Lester A. Kirkendall, *Premarital Intercourse and Interpersonal Relationships* (New York: The Julian Press, Inc., Publishers, 1961), pp. 166-167.

에 사랑에 빠졌어요. 우리는 그때부터 참으로 서로에 대해 친밀해지기 -그냥 친하다는 것이 아니고 친밀해지는 것 말이죠- 시작했어요. 우리 사이에는 자석 같은 것이 있어요. 만일 그녀를 놓친다면 죽을 것 같아요. 미쳐 버리겠죠. 어떨 때 그녀가 다른 사람과 떠나면 어쩌나 두렵기도 하지만, 그런 일이 있으리라고는 생각하지 않아요. 내가 수많은 세월, 심지어 백만 년을 찾아 다녀도 그녀와 같은 사람은 발견할 수 없을 거예요. 내가 사는 목적, 내가 일하는 목적이 바로 그녀랍니다. 난 그녀를 만날 수 있는 만큼 만나지만, 매일 저녁은 아니에요. 그녀와의 관계를 망칠 수야 없죠.[24]

이상의 내용에 스킨십에 관한 구체적인 언급은 없지만 둘 사이에 모종의 스킨십이 작용하고 있었으리라는 것은 추측하기 어렵지 않다.

상기한 두 가지 예는 조금 특수해서 일반화시키기는 어렵지만, 어쨌든 스킨십이 둘 사이의 사랑과 헌약의 관계를 확인하고 강화해 준 사례로는 채택될 수 있을 것이다.

2. 스킨십의 폐해성

스킨십은 젊은 그리스도인들이 함께 사귀고 친밀성을 추구하는 가운데 당연히 참여하는 활동이다. 그런 의미에서 스킨십이 그 나름대로의 유용성이 있다는 것을 네 가지 항목으로 설명했다. 그러나 스킨십이 그 연관된 당사자들에게 유익만을 끼친다는 말은 아니다. 아니 오히려 어려움을 초래하는 경우가 더 많다고 해야 할 것이다. 스킨십이 야기하는 폐단을 다섯 가지로 거론한다.

첫째, 스킨십은 꽤 많은 경우 남녀 사이의 만남을 성적 추구 일변도로 몰아감으로써 건전한 사귐의 기회를 박탈해 버린다. 아마 스킨십이 문젯거리로 대두되는 가장 흔하고 빈번한 이유는 바로 이 점에 있다고 해도 과언이 아니다.

젊은 남녀가 사귐을 가지면서 신체적 접촉을 시도하는 것 자체는 잘못이라고 할 수 없

---

24 Charles Hamblett and Jane Deverson, *"Generation X"* (Greenwich, Conn.: Gold Medal Books, 1964), p. 76.

다. 문제는 일단 접촉을 시작하면 아무리 가벼운 정도로 출발했다고 해도 중도에 그만두기가 매우 힘들다는 사실에 있다. 나는 이것을 스킨십의 **에스컬레이터 현상**이라 부르고자 한다. 상승용 에스컬레이터는 위로만 올라가게 되어 있지 아래로 내려가지 않는다. 또 이 에스컬레이터는 한번 타면 꼭대기에 도달할 때까지 내릴 수가 없게 되어 있다. 스킨십도 이성교제에서 이런 현상을 일으킨다. 어떤 여성 상담가는 이 점을 다음과 같이 설명한다.

> 접촉(touch)은 무슨 일을 일으키는가? 성에 대한 접촉의 관계는 구운 베이컨 냄새가 침샘에 대해 갖는 관계 – 곧 강력한 자극제가 된다는 것 – 와 같다. 손을 잡는 일은 곧 껴안는 것과 입 맞추는 일로 이끈다. 입 맞추는 일은 진한 입맞춤이 된다. 그러고 나면 성적 충동이 힘을 얻어 당신을 애희(愛戱, love-play)의 더욱 은밀한 행위로 몰아넣는다.…신체의 매우 민감한 부분을 손으로 자극하면 강한 반응이 일어난다. 전에 살폈듯, 가슴을 어루만지고 유두에 입을 맞추는 행위는 자궁에 반사적 수축 동작을 산출한다. 이로써 여성은 오르가즘의 클라이맥스를 누리기 위해 남성의 생식기를 받아들일 준비를 한다. 여성의 몸은 이러한 성적 성취로의 흥분된 모험이 중단되는 것을 쉽사리 용납하지 않는다.
>
> 남성 역시 성적 극치 이전에 멈추는 것은 매우 힘들다. 보통은 축 처져 있던 성기가 접촉으로 말미암아 커지고 딱딱해져서 발기하면 흥분의 정도가 높아진다. 이런 성적 긴장 상태는 폭발적이라서 통제가 거의 불가능하다.[25]

스킨십의 에스컬레이터 성향에 대한 다른 상담가의 의견도 대동소이하다.

> 잘생긴 18세의 소년과 어여쁜 16세의 소녀가 어떤 외진 장소에서 입을 맞추고 포옹한다고 하자. 어떻게 이런 경험이 성적 자극을 일으키지 않겠는가? 우리는 완전히 솔직해야 한다. 입맞춤과 포옹은 성적 자극을 일으킨다 하나님께서 인간을 그렇게 만드셨다. 입맞춤과 포옹이 다른 형태의 성적 자극으로 진전하는 것은 매우 쉬운 일이다. 성적인 느낌이 자극을 받으면 통제가 힘들고, 자극이 강력하면 강력할수록 통제는 더 힘들어진다. 지속적인 성적

25　Joyce Huggett, *Growing into Love Before You Marry*, pp. 85-86.

자극은 계속 진행하려는 생물학적 강박증을 일으킨다. 많은 젊은이들은 이 과정을 멈추는 데 필요한 철혈적 의지를 갖고 있지 못하고, 외견상 성숙해 보이는 젊은이들도 비록 굴복할 의향이 없고 굴복하지 않겠다고 용감히 스스로 장담하지만 실제로는 이런 힘에 굴복하게 된다. 성적으로 흥분한 동안에는 성숙과 지성, 그리고 도덕적·종교적 고려 사항은 종종 일시적으로 압도당하거나 정지되거나 효력을 상실한다.[26]

그런데 이런 에스컬레이터 현상은 한 번의 만남에서만 일어나는 것이 아니다. 스킨십의 횡포는 단회의 데이트에서만 발생하는 것이 아니고 남녀의 연애 전 과정에 걸쳐서도 목도된다. 즉, 만남의 초기에는 옅은 수준의 스킨십으로 만족할 수 있었던 두 사람이 사귐과 연애가 진행함에 따라 더욱 짙은 형태의 스킨십으로 발전한다는 것이다. 이 과정에서도 역시 중간에 멈추거나 과거의 수준으로 되돌아가기가 쉽지 않다. 이에 대한 날카로운 지적을 보라.

사귀는 두 사람은 일단 그들이 성적 모험의 길로 나서고부터는 돌아오기가 힘들다는 것을 발견한다. 게다가 그들이 이미 움직여 온 것보다 더 낮은 수준의 신체활동[스킨십]으로 되돌아간다는 것은 거의 불가능하다. 현재 행하는 것보다 낮은 정도의 성적 표현으로 되돌아가는 것은 만족을 주지 못하고 오히려 좌절을 일으킨다. 사실 똑같은 정도의 쾌락과 만족을 유지하기 위해서는 두 사람이 더욱 깊은 차원의 신체적 관계를 가져야 하므로, 그들은 더욱 증대된 수준의 신체활동에 몰입하게 된다.[27]

결국 스킨십으로 말미암은 에스컬레이터 현상은 건전한 데이트와 만남을 망치게 된다. 원래 이성교제에서의 친밀성은 신체적인 면뿐 아니라 지적·사회적·신앙적 면모 또한 포괄하는 것이어야 함에도 불구하고, 스킨십이 들어와 신체적 측면 이외의 양상들을 잠식해 버렸기 때문에 데이트 본연의 바람직한 모습이 그 자취를 감춘 것이다. 이에 대한 스몰의 평가는 다음과 같다.

---

26 Herbert J. Miles, *Sexual Understanding Before Marriage* (Grand Rapids, Michigan: Zondervan Publishing House, 1971), p. 64.
27 Stanley J. Grenz, *op. cit.*, p. 212.

일단 데이트 관계가 심한 페팅으로 발전하면, 그렇지 않았더라면 다른 관심 분야와 활동을 즐겼을 두 사람은 너무도 쉽게 누리는 이 즉각적이고 강렬한 쾌락 때문에 다른 형태의 만족은 경시하거나 짓눌러 버린다. 관계의 성공 여부가 이제는 강청(demand)이 되어 버린 애무 행위에 의존하게 된다. 관계의 색조가 악화하는 것은 두 사람이 누리는 것이 고작해야 그들의 최소 공통분모인 몸뿐이기 때문이다. 따라서 원래 다른 이들과 더불어 다양한 관심사에 대해 배우고 나눌 기회를 제공하기로 되어 있는 데이트라는 것이 그저 판에 박힌 구습의 과정이 되고 말았다. 혹은 아주 잘 봐 주어도 건전한 활동이나 관심사는 페팅의 예비 단계로 머무르게 되었다.[28]

이처럼 데이트가 원래의 고상하고 건전한 목표를 상실하게 된 것은 스킨십의 강박적인 에스컬레이터 성향 때문이다.[29]

둘째, 스킨십에 대한 과도한 (또는 그릇된) 기대로 말미암아 관련 당사자들은 더욱 심한 심리적 어려움에 빠진다. 엄밀하게 말해서 두 번째 사항은 스킨십 자체가 일으키는 폐해는 아니다. 오히려 이것은 스킨십에 대해 그릇되거나 지나친 기대를 걸고 접근하는 이들의 문제점이라고 할 수 있다. 그러나 그럼에도 불구하고 야기되는 어려움은 스킨십과 연관되어 나타나므로 이처럼 스킨십 자체의 문제점으로 표명했다.

그렇다면 스킨십에 대해 그릇되거나 지나친 기대를 거는 이들은 누구인가? 대체로 이것은 자존감이 낮은 청소년들에게 발견된다. 볼스윅 부부의 설명은 다음과 같다.

성적으로 문란한 많은 10대들은 정서적인 사랑에 대한 커다란 갈급함을 가지고 있다. 그런데 **그들은 낮은 자존감으로 인해 사랑을 받을 만하지 못하다고 생각하기 때문에 그들의 몸을 대용품으로 내주는 것이다.** 그들이 신체적 쾌락을 경험할지는 모르지만, 그 쾌락은 결코 그들이 원하는 정서적 친밀감은 주지 못한다. 슬프게도 이런 젊은이들은 하나의 성적 대상에서 또 다른 대상에게로 옮겨 다니면서 자신들에게는 다른 이들을 매혹할 점이 아무것

---

28 Dwight Small, "Dating: With or Without Petting," *op. cit.*, pp. 19-20.
29 Walter Trobisch 역시 자신의 책에서 Miriam과 Timothy의 이성관계가 난궁에 봉착한 것도 실상 스킨십 때문이었음을 생생히 묘사한다[*I Married You* (London: Inter-Varsity Press, 1972), pp. 79-81].

도 없다고 생각한다. 자신들이 단지 성의 대상인 것처럼 느낌에 따라 그들의 자존감은 더욱 하락한다[강조는 인용자의 것].[30]

한 정신과 의사는 낮은 자존감의 문제라기보다는 주목집중목적의 행위(attention-getting behavior)라는 각도에서 이들을 이해한다.

저울의 다른 쪽 끝에는 성적으로 문란해 보이는 여자와 남자 아이들이 있을 것이다. 여자애들은 자신들의 성적 호의를 아무에게나 기꺼이 제공하려 하고 남자애들은 그들의 여성 편력을 자랑하고 다닐 것이다. 그런 청소년들은 특별한 이해를 필요로 한다. 이처럼 활발한 성적 활동 뒤에는 **아무도 자기들을 진정으로 원하지 않으리라는 엄청난 두려움이 있을지 모른다**. 그들의 과거를 보면 **오랜 세월에 걸친 상실과 정서적 필요의 내력이 있을 수도 있다. 성적 활동은 이들에게 누군가가 자기들을 원하고 있다는 느낌을 제공한다**. 사실상 성적 경험 자체는 연관된 당사자에게 그저 제한된 관심사일 수도 있다. **성적 매력이란 그들로서는 결사적으로 필요한 바 주목을 얻는 수단인 것이다**. 이런 필요가 너무 절박해서 누구든 그것을 제공하는 이는 즉각 성적 대상으로 승인을 얻는다. 그 결과 관계는 신속히 바뀌고 단 한 가지 중요한 사안인즉 누군가가 나타나느냐 하는 것이다. 잦은 변화에 더하여 외관상의 성적 관심 때문에 이들이 성적 문란의 특징을 띠고 나타나지만, 종종 **이 청소년들은 참으로 정서적으로 빈곤하기 짝이 없는 상태이고 어느 곳으로부터든 필사적으로 관심을 받고 싶어 하는 것이다**[강조는 인용자의 것].[31]

비록 이런 문제가 사춘기 전후의 청소년들에게 많이 퍼져 있지만, 종종 그 연령대를 벗어난 이들에게서도 찾아볼 수 있다. 이들은 낮은 자존감이든 주목의 결여든 자신의 심리적 문제점을 안고 은연중에 그런 문제가 해결되기를 기대하며 스킨십에 접근한다. 그러나 스킨십이 이런 문제를 해결해 줄 수 없기 때문에 점점 더 심리적 나락으로 빠져든다.

---

30 Judith & Jack Balswick, *Raging Hormones*(Grand Rapids, Michigan: Zondervan Publishing House, 1994), pp. 100-101.
31 Jack Dominian, *op. cit.*, pp. 48-49.

셋째, 스킨십이 잦은 이성교제는 관련 당사자들의 인격적 가치를 저하시키고 이로써 관계의 소원이나 단절을 야기한다. 스킨십이 때로 남녀 사이의 관계를 공고히 해줄 수도 있음은 앞에서 밝힌 바와 같다. 그러나 더 많은 경우 스킨십은 사귀는 두 사람 사이에 소원감(疏遠感)과 단절 의식을 불러들인다. 이것은 특히 스킨십의 빈도와 정도가 심한 경우 더 그렇다.

왜 스킨십으로 말미암아 사귀는 두 사람의 관계가 타격을 입고 부정적인 영향을 받는가? 이것은 스킨십이 이루어지는 남녀의 성심리적 환경과 다이내믹스 때문이다. 즉, 스킨십이 빈번하고 깊어지면 연관 당사자는 자기 존중심을 잃어버리고 헤픈 존재로 전락한다. 이런 가치저하 현상이 남녀 모두에게 일어나지만, 더 불이익을 겪고 피해를 입는 것은 여성 편이다. 스몰은 이 점을 다음과 같이 설득력 있게 묘사한다.

> 사랑의 모든 에너지가 하나님께서 허락하신 헌신의 대상에 대한 유일무이의 자기 위탁(self-giving)이 되기까지 그것을 때 묻지 않게 보존한다면 얼마나 좋겠는가?!…이것은 특히 입맞춤과 애무 행위를 최고의 선물로 가지고 있는 여성의 경우에 더욱 그렇다. **그런 선물들을 문란하게 내주면 그것들은 품위 없고 무가치하게 되어 버린다. 그녀를 더욱 원하게 만들기보다는 오히려 그 여성으로부터 자기 존중심(self-respect)과 바람직한 특성(desirability)을 빼앗는다.**…페팅은 하나님께서 고귀하고 순수하게 되도록 의도하신 것을 천박하고 속되게 만든다[강조는 인용자의 것].[32]

그러면 왜 스킨십이 특히 여성을 더 불리한 위치로 몰아넣는 것일까? 여기에서 우리는 남성과 여성 사이의 묘한 차이를 언급하지 않을 수 없다. 일반적으로 남성은 여성에 비해 성욕의 생식기적 측면이 강하고 이런 본능적 충동에 의해 그가 처하는 삶의 모든 조건을 성적 분출의 기회로 삼으려는 경향이 있다. 스킨십은 이런 욕구를 채우기 위한 절호의 찬스가 된다. 남성은 이런 경우 가능한 모든 수단을 총동원해 여성이 스킨십에 관한 자신의 요구를 받아들이도록 유도한다. 그때 여성이 자신의 뚜렷한 원칙과 소신을 내세워 그 요구

---

32 Dwight Small, "Dating: With or Without Petting," *op. cit.*, p. 20.

를 들어주지 않으면, 때로 화를 내고 거칠게 나가지만 속으로는 (또 장기적으로는) 그 여성을 존경한다. 그러나 반대로 남성의 요구를 쉽게 받아들여 스킨십을 허용하면 그 순간에는 기쁘고 즐거워하지만 광란의 순간이 지나면서부터 그 여성을 하찮게 여긴다.[33]

헬무트 틸리케(Helmut Thielicke)는 인간, 특히 남성이 가진 이러한 리비도(libido)의 심리적 메커니즘을 다음과 같이 설명한다.

> 그러나 리비도의 덧없는 특성은 쾌락과 무감각, 도취감과 우울증의 교차에서만이 아니고 여기에 작동하는 끌림(attraction)과 반발(repulsion)의 법칙에서도 나타난다. 에로틱한 행위가 단지 본능적 충동을 방출하는 사안이 되면 될수록 이 법칙에 종속이 된다. 예를 들어 매춘 행위에서와 같이 단지 동물적 쾌락의 순간 가운데 만나는 대상들 사이의 성적 교섭은 보통 오르가즘 직후에 혐오(aversion) 및 정떨어짐(disgust), 곧 '반발'로 바뀌는데, 이는 이미 잘 알려진 현상이다.[34]

바로 이런 이유 때문에 스킨십이 남성보다 여성에게 더 치명적이라고 말하는 것이다. 물론 이런 폐해에 여성들만 어려움을 겪는 것은 아니다. 시맨즈는 이런 현상이 남성이든 여성이든 연관 당사자 모두에게 영향을 주며 결국 관계의 악화를 빚는다고 말한다. "어쨌든 그들은 심한 죄의식으로 시달리고, **자기 자신 및 상대방에 대한 존중심을 상실하며**, 종종 서로에 대해 흠을 잡고 말다툼을 벌여 자신들이 표현하고자 의도한 바로 그 사랑을 파괴하고 만다"[강조는 인용자의 것].[35]

이처럼 스킨십은 연관 당사자들을 헤픈 존재로 만들고, 급기야 두 사람 사이의 관계를 가로막을 뿐 아니라 단절까지도 야기한다.

---

33 그래서 페팅을 남성의 마음을 얻기 위한 수단으로 사용하는 여성들은 대체로 실패한다. 왜냐하면 남성들은 자신의 요구가 관철되면서부터 상대방에 대한 흥미를 잃어버리기 때문이다. 그러면서도 남성들은 -여기에 남성의 이중성이 드러나는데- 결혼 대상자로서는 내적 성품, 높은 이상, 자기 통제 등의 면에서 잘 갖춰진 여성을 원한다는 것이다(Herbert J. Miles, *op. cit.*, p. 63).

34 Helmut Thielicke, *The Ethics of Sex*, trans. John W. Doberstein(Grand Rapids, Michigan: Baker Book House, 1975 reprint), pp. 37-38.

35 David A. Seamands, "Sex: Inside and Outside Marriage," in *The Secrets of Our Sexuality*, ed. Gary R. Collins(Waco, Texas: Word Books Publisher, 1976), p. 160.

넷째, 스킨십에 대한 과거의 기억이 사라지지 않고 남아서 현재 및 장차의 관계에 부정적으로 작용한다. 우리의 기억력은 쇠퇴하기 마련이라서 세월이 흐를수록 망각과 혼동, 부정확한 연상과 중첩 등의 실수를 연출한다. 그런가 하면 또 어떤 종류의 이미지나 장면은 세월과 무관하게 생생히 우리의 뇌리를 장식하기도 한다. 성관계 전문가들은 스킨십에 대한 기억이 후자에 속한다고 말한다. 예를 들어 스몰은 다음과 같은 경고성 발언을 서슴지 않는다.

만일 그 사람이 심한 페팅에 탐닉하지 않았다면 후회할 바가 없을 것이라는 말이다. 사람은 페팅에 관한 이런 경험들을 비록 무의식 가운데 억압해 놓을지는 몰라도, 잊지는 않는 법이다. 기억은 그것들을 결혼 이후에라도 끄집어내고, 상상력은 그것이 마치 현재의 불륜성 에피소드인 것처럼 보이게 해석할 수 있다. 죄의식과 후회가 그대로 남는다. 이런 과거의 경험이 죄의식과 후회의 형태를 띠고 생생한 의식 가운데 되돌아오지 않는다 하더라도, 그것들은 억제(inhibition)의 형태로 나타날 수 있다.[36]

그렌즈(Stanley J. Grenz) 역시 −비록 결혼에서의 결속(bonding)을 설명한다는 점에서 맥락은 조금 다르지만− 과거의 경험이 어떻게 미래의 관계 형성에 장애 요인으로 등장하는지를 비슷하게 설명한다.

과거의 경험들은 결혼에 대해 심리적 문제가 되고 따라서 결속 과정을 방해하는 부가적 결속을 가져올 수 있다. 예를 들어, 그 경험들은 부부 중 한쪽이나 양쪽의 기억 가운데 감추어져 있는 바 과거에 형성된 결속을 계속 상기시킴으로써 결혼관계에 붙어 다니며 괴롭히는 제3자의 망령을 결속 과정 속에 유입할 수 있다. 배우자 가운데 한쪽이나 다른 쪽의 생각이 방황 가운데 이전의 짝을 찾아 되돌아가면, 결혼에서의 건실한 결속을 형성하는 일도 죄의식과 후회, 질투 혹은 과거를 재현하고 싶은 열망 등의 요인 때문에 복잡스레 꼬이게 된다.[37]

---

36 Dwight Small, "Dating: With or Without Petting," *op. cit.*, pp. 15-16.
37 Stanley J. Grenz, *op. cit.*, p. 206.

이런 과거의 기억들이 일으키는 역효과 가운데 특히 '비교'라는 것이 있다. 역시 그렌즈의 설명으로부터 도움을 얻자.

이것은 이전의 성적 경험이 현재까지 남아 있음으로써 본유적으로 도입되는 것인데, 곧 비교와 경쟁의 위험이다. 모든 배우자는 결혼의 관계 속에 이전의 모든 성적 경험들을 가지고 들어온다. 이러한 경험의 현존은 해당 결혼 대상자와 과거의 모든 연인들 사이에 비교하는 일을 거의 불가피하게 만든다. 물론 새로운 짝이 다른 이들보다 월등할 수도 있다. 그렇다 하더라도 이전의 경험이 그대로 남아 있다는 것은 이전의 침실 파트너들이 두 배우자의 심령 가운데 항시 −특히 결속의 과정이 아직 튼튼하지 못해서 한참 어려운 신혼기간 동안− 머물러 있다는 뜻이 된다. 성 경험이 있는 배우자에게는 이런 현상이 파괴적인 기억의 형태를 취할 수 있는 반면, 그의 (또는 그녀의) 배우자에게는 이전 파트너들의 망령이 자신의 자신감(self-confidence)에 대한 지속적 위협이 될 수 있다.[38]

과거의 스킨십 경험이 현재의 두 사람에게 '비교'의 망령으로 찾아오는 일은 너무나 확실한 현상이기 때문에 (또 이로 인한 심리적 폐해가 적지 않으므로), 경각심의 차원에서 다른 저자들의 묘사 또한 소개하는 것이 현명한 일일 듯하다.

다른 남성들과 함께했던 여성이나 다른 여성들과 함께했던 남성은 항시 비교의 가능성을 지닌다. 신체의 아름다움을 비교하고 각양 성적 기교를 비교한다. 다른 몸들 −당신이 알았던 바대로의 그 몸들− 은 당신과 함께 머물러 있다. 그런데 비교란 것이 사랑에 대해서는 치명적이다.[39]

성적 죄악의 또 다른 결과는 비교라는 덫이다. 어떤 면에서 우리의 모든 성적 만남은 프로그램화하도록 되어 있다. 어떤 남성은 성적으로 좀더 적극적이었거나 신체상 매력적이었던

---

38 *Ibid.*, p. 207.
39 Tim Stafford, *op. cit.*, p. 119.

파트너를 기억할 수도 있다. 어떤 여성은 좀더 섬세함을 나타내고 체격이 좀더 우람했던 남성을 기억할지도 모른다. 비교는 치명적이 될 수 있다.[40]

이처럼 스킨십의 경험은 기억이라는 통로를 활용해 장차의 남녀관계에 크나큰 심리적 장애물로 출몰한다.[41]

다섯째, 스킨십은 때로 두 사람 모두에게 현실적인 어려움과 번폐(煩弊)로움을 초래한다. 여기에서 말하는 "현실적인 어려움과 번폐로움"은 간단히 말해 임신(및 낙태)과 성병을 의미한다. 이 두 가지 사항을 하나씩 살펴보자.

스킨십이 임신까지 일으킨다는 데 대해 혹자는 의아해 할지 모르겠다. 보통 스킨십의 범주에는 성교가 배제되고, 성교가 개재되지 않았는데 임신할 수는 없다고 생각하기 때문이다. 이에 대해서는 두 가지로 답변할 수 있다. 첫째, 어떤 종류의 스킨십은 비록 성교의 단계까지 나아가지 않았음에도 불구하고 임신을 일으킬 수 있다. 예를 들어, 상호 수음 같은 행위가 이에 해당한다. 조이스 허기트의 해명은 우리의 의구심을 쫓아 버리기에 충분하다.

우리는 다시금 이 위험한 행위를 "네 이웃을 네 몸처럼 사랑하라"는 원리에 비추어 평가해야 한다.…한 가지 위험은 비록 남자의 성기가 질 속으로 완전히 침투해 들어가지 않는다 하더라도 이런 식의 방도에 의해 아이가 잉태될 수 있다는 것이다. 이런 종류의 애희(愛戱)에 탐닉해 있는 두 사람은 분명 매우 가까이 눕게 되고 또 서로를 자극하기 위해 더 가까이 접근하기 마련인데, 이 정도로 가까이 있기 때문에 정액이 질의 입구까지 흘러 들어갈 수 있다. 비록 이 정액이 우발적으로 뿌려진 것이기는 하지만 여성의 난자를 배란시키기에 충

---

40 Randy C. Alcorn, *op. cit.*, p. 232.
41 Joshua Harris는 자신이 쓴 책의 처음에 애나라는 여성이 결혼하는 꿈을 소개한다. 그 꿈속에서 애나는 신랑인 데이비드가 무려 여섯 명의 여자와 더불어 결혼을 서약하는 황당한 상황에 접한다. 그들은 데이비드가 과거 한때 마음을 주었던 여자들이다. 애나는 데이비드에 대해 배신감을 느끼지만, 꿈에서 깨자마자 곧 자신을 돌아보게 된다. "과연 나에게는 그런 남자들이 없다고 장담할 수 있을까?"[*I Kissed Dating Goodbye*(Sisters, Oregon: Multnomah Publishers, Inc., 1997), pp. 17-19]. 애나의 꿈이 실화인지 아니면 Harris가 상상해 낸 것인지는 알 수 없지만, 어쨌든 한 가지 사실은 명확하다. 저자는 과거의 성적 경험이 과거에만 머무르지 않고 그 이후 어떤 형태로든 경험자의 의식에 남아서 영향을 미친다는 것을 이런 식으로라도 독자들에게 알리고 싶었던 것이다.

분하고 따라서 아이가 잉태되는 것이다.[42]

둘째, 스킨십에 몰두하는 두 사람은 종종 성적 흥분 상태에서 절제력을 상실하고 선을 넘지 않겠다는 애초의 의도를 지키지 못하기 때문이다. 스킨십을 추구하는 많은 그리스도인들도 성교만큼은 결혼 이후로 유보해야 한다는 생각을 가지고 있다. 그것은 혼전의 성교가 성경의 교훈을 어기는 죄 된 행위라는 인식 때문이기도 하고, 또 풍요한 성 생활은 오직 결혼의 맥락에서만 가능하다는 견해 때문이기도 하다. 그러나 스킨십을 반복적으로 추구하다 보면 두 사람의 원칙은 지켜지지 않는 수가 늘어나고, 바로 그때 원치 않는 임신이 이루어질 수 있다.

이 같은 과정에서 한 가지 아이러니가 발생한다. 즉 평소 성교 행위에 대해 거리낌을 갖지 않는 대범한(?) 한 쌍보다 오히려 위에서 예를 들었듯이 가능하면 성교를 피하고자 한 그리스도인들 사이에 임신의 사례가 더 잦다는 것이다.[43] 그 이유는 간단하다. 전자의 경우에는 임신이 발생하지 않도록 늘 만반의 준비를 하는 반면, 후자의 경우에는 전혀 대비를 하지 않기 때문이다. 후자의 경우 미리 피임 준비를 하고 스킨십에 임한다는 것은, 자기들의 원칙을 중시하지 않는다는 뜻이 되기 때문에 그렇게 할 수가 없다.

일단 임신이 되고 나면 두 사람[44]은 매우 힘든 결정을 해야 한다.[45] 우선 낙태의 가능성이 있다. 그러나 그리스도인으로서 낙태의 방안을 취하기는 쉽지 않다. 양심의 가책이 만만치 않고, 또 실제로 의료 시설을 찾아가 임신 중절 수술을 받는 것도 보통 번폐스러운 일이 아니다.

---

42 Joyce Huggett, *Just Good Friends?*, p. 94.
43 이것은 미국 대학생의 경우에도 마찬가지다[Richard F. Hettlinger, *Living with Sex: The Student's Dilemma*(New York: The Seabury Press, 1966), pp. 127-128].
44 임신이 발생하면 두 사람 모두 힘들어지지만 그래도 피해가 더 직접적이고 크게 작용하는 것은 여성 쪽이다. 어떤 연구가들은 이 점과 관련해 "이런 통계 숫자에 포함된 소녀들은 시기상조의 결혼과 이혼, 자녀 학대, 자녀를 입양시키는 것에 대한 슬픔, 낙태에 따르는 정서적 쇼크, 그리고 산산이 조각 난 교육과 경력의 꿈 등 일련의 사태를 구성하는 일부가 된다"[Steve Clapp, Sue Brownfield, Julie Seibert, *A Christian View of Youth and Sexuality*, rev. ed.(Sidell, Illinois: C-4 Resources, 1981), p. 53]라고 말한다.
45 비슷한 처지의 예로서, Judith & Jack Balswick, *op. cit.*, p. 73을 보라. 여기에는 18세의 소녀 Cynthia가 임신한 경우를 사례로 들고 있다.

아이를 낳기만 하고 키우지 않는 것도 하나의 방안일 수 있다. 즉, 태어난 아이에게 입양을 주선해 주든지 입양 전문기관에 의뢰하는 것을 말한다. 그러나 이 일도 제대로 이루어지려면 많은 행정적·법적 절차를 밟아야 한다. 게다가 산모에게 뒤따르는 -어쩌면 평생 동안- 심리적 고통은 더욱 감당하기 힘들 것이다.

그렇다고 아이를 낳아 혼자 키울 수도 없는 일이다. 우선 부모와 친지의 따가운 시선을 어떻게 견딜 것이며, 정상적으로 축복받지 못한 아이를 데리고 신앙 공동체의 생활을 영위한다는 것도 무척 고통스러운 과정이 될 것이다.

물론 가장 합당하고 바람직한 방안은 두 사람이 합의해서 결혼을 추진하는 것이다. 또 신중성의 각도에서 보더라도 이것이 한국 상황에서는 제일 나은 선택으로 여겨진다. 이렇게 할 경우 어려운 것은, 이런 일이 발생하지 않았더라면 달성할 수도 있었을 경력의 개발과 자기 발전의 목표를 그냥 날려야 한다는 것이다. 게다가 당장 함께 살 집과 식구들의 생계 문제와 태어난 아이에 대한 양육비 등 경제적 부담이 훨씬 급박해진다는 점이다.

왜 이런 어려움과 곤란한 상황이 겹쳐서 찾아오게 되었는가? 이것은 두 말할 나위 없이 절제되지 않고 책임의식을 내팽개친 스킨십 행위 때문이다.

스킨십이 초래하는 또 다른 현실적 어려움으로 성병(sexually transmitted disease)이 있다. 성병은 박테리아에 의한 질병과 바이러스에 의한 질병으로 나뉜다.[46] 박테리아성 성병으로서는 임질(淋疾, gonorrhea), 매독(梅毒, syphilis), 클라미디아(Chlamydia)가 있다. 임질은 가장 흔한 형태의 성병인데 성기에 심한 염증을 일으킨다. 초기에 효과적인 치료를 받지 않으면 증상이 다른 생식기관으로 옮겨 가고 극단적인 경우 생식 불능을 초래할 수도 있다. 인후성(咽喉性) 임질(gonorrhea of the throat)은 목구멍 부위에 발생하는 임질로서 다른 성병과 달리 오랄 섹스에 의해 전염된다.[47]

매독은 혈류를 타고 퍼지는데, 파급성은 임질에 비해 떨어지지만 질병의 피해는 훨씬 더 크다. 병이 몇 년에 걸쳐 3기까지 진행되면 심장이나 중추신경계까지 타격을 받고, 그 결과 사지가 기형이 된다. 또 어떤 경우에는 질병이 잉태된 자녀에게 전이되는 수도 있다.

46　Ibid., pp. 49-56; Joyce Huggett, *Life in a Sex-mad Society* (Leicester, England: Inter-Varsity Press, 1988), pp. 30-34.

47　Joyce Huggett, *Just Good Friends?*, pp. 84-85.

클라미디아는 약한 형태의 임질로 생각할 수 있는데 림프샘에 염증을 일으키는 성병이다. 이 병이 방치될 때 골반내염증질환(pelvic inflammatory disease, PID) 같이 더 심한 증상으로 발전할 수 있다.

이상에 열거한 모든 박테리아성 성병은 주로 성교에 의해 전염된다.

바이러스성 질병에는 단순포진(單純疱疹, herpes simplex), 전염성단구(單球)증가증(mononucleosis), 회음부영류(會陰部 癭瘤, genital warts), 간염 등이 있다. 단순포진에는 두 가지 유형이 있는데, 제1형은 입술에 물집이 잡히는 식으로 나타나고 입맞춤이나 오랄 섹스에 의해 퍼진다. 제2형은 '회음부 포진'으로 알려져 있는데 생식기, 둔부, 대퇴부 등에 통증이 심한 상처나 물집을 일으킨다.

전염성단구증가증은 항간에 '키스병'이라고 알려져 있는데, 이는 구강으로 전염되는 바이러스가 원인이기 때문이다. 젊은이들에게는 졸음증, 목 쓰라림, 미열, 피곤감 등의 증상으로 나타난다.

회음부영류/성기사마귀는 성병 바이러스에 의해 회음부에 생기는 혹 모양의 조직체다. 성기사마귀 자체는 통증도 약하고 영향력도 미미하지만, 경부(頸部)나 생식기 부위에 암을 유발할 수도 있으므로 주의를 요한다.

간염은 성 활동에 의해 전염되는 간의 질환이다. A형 간염은 보통 항문의 접촉이 있을 때에만 전염이 된다. B형 간염은 바이러스가 침·혈액·정충·질액·땀 등에 살고 있기 때문에 여러 방도로 전염이 된다. A형은 증상이 미미하고 지속 시간이 짧으나 B형은 지속 시간이 훨씬 길고 황달을 불러올 수도 있다.

20세기 말에 크게 대두된 성 관계 질병은 인류 면역결핍바이러스(human immunodeficiency virus, HIV)로 인한 에이즈, 곧 **후천성면역결핍증**(acquired immunodeficiency syndrome, AIDS)이다. 대부분의 바이러스성 성병이 그렇듯 에이즈 역시 알려진 치료법이 존재하지 않는다. 이 병은 신체의 면역체계가 손상을 입어 다른 전염병이나 암에 대해 속수무책으로 반응할 수밖에 없는 비극적 결과를 낳는다.

에이즈는 혈액의 오염, 성적 접촉, 출산 전 접촉 등 매우 제한적 방도에 의해서만 전염이 된다. 이 가운데 성적 접촉이라 함은 항문 성교와 일반적 성교 행위를 가리키지만, 피부의 마손(磨損)이 있는 경우 오랄 섹스도 포함될 수 있다.

이처럼 과도하고 문란한 스킨십은 각종 성병의 온상이 되어 질병 당사자에게 견디기 힘든 신체적·정신적 고통을 유발한다.

지금까지 살펴보았듯 스킨십은 때로 임신과 성병이라는 매우 번폐스러운 사태를 초래한다는 점에서 문젯거리로 평가하지 않을 수 없다.

이번 분단에서 스킨십의 허와 실을 심층적으로 파헤쳐 보았다. 한편으로 스킨십은 연관 당사자와 상대방에 대해 그 나름대로 유익을 끼친다고 할 수 있다. 나는 이 점을 네 가지 항목으로 나누어 설명했다. 그러나 다른 한편으로 스킨십은 쉽게 간과할 수 없는 심각한 문제점 또한 표출한다. 이러한 문제점이 무엇인지 다섯 가지 항목에 걸쳐 내용을 개진했다. 이제 다음 분단에서는 스킨십에 대한 기독교 내의 다양한 반응을 소개한다.

IV.
스킨십에 대한 다양한 입장

그리스도인들은 스킨십에 대해 다양하게 반응해 왔다. 이런 다양성의 근본적 이유는 성경이 이 행위에 침묵하고 있기 때문이다. 엄밀하게 말해서, 성경은 그리스도인 남녀가 이성교제 중 스킨십과 관련해 어떤 행동방침을 취해야 할지 구체적인 지침을 제시하지 않을 뿐 아니라 심지어 그런 현상에 대해서조차 언급하지 않는다.[48] 결혼의 맥락을 벗어난 성적 교섭(고전 6:16), 배우자 이외의 대상과 갖는 성행위(출 20:14; 신 5:18; 마 5:27), 성적 문란의 문제(막 7:21; 고전 5:11; 갈 5:19; 살전 4:5; 벧전 4:3) 등에 대해서는 확실히 금령(禁令)을 발하고

---

48 자녀가 적정한 연령에 이르렀다고 판정될 때 부모가 나서서 배우자를 선택하는 전통의 문화권에서는 스킨십 문제가 대두될 수 없었으니, 이들에게는 이성교제의 시기나 기회가 주어지지 않았기 때문이다. 성경의 침묵도 구약 시대든 신약 시대든 이러한 사회·문화 체제의 반영 때문인 것으로 생각된다(Cf. David A. Seamands, "Sex, Inside and Outside Marriage," *op. cit.*, p. 156).

있지만, 혼전의 남녀가 신체적 친밀성을 추구하는 일에 대해서는 이렇다 할 교훈이나 방침을 제공하지 않는다는 말이다.

그리하여 그리스도인 지도자들[49] 가운데 어떤 이들은 매우 엄정한 금지 조치를 내리는가 하면, 또 어떤 이들은 정반대 입장에 서서 상당한 완화론을 펼치기도 한다. 그리고 나머지는 그 가운데 어느 한 곳을 점해 자신의 대처 방안을 설파하는 데 힘을 기울인다. 이러한 전체 형편을 한눈에 보기 위해 다음과 같은 도표를 소개하고, 그 네 가지 입장을 하나씩 살펴본다.

1. 엄정한 금지   2. 철저한 단속   3. 신중한 허용   4. 과감한 완화

1. 엄정한 금지 prohibition

이 입장은 모든 종류의 스킨십을 부적절하다고 보는 것이 특징이다. 이 입장을 가장 잘 대변하는 설명은 「사랑, 성, 그리고 관계」라는 책[50]에 나타나 있다. 저자 딘 셔먼(Dean Sherman)은 제9장 "어디까지가 너무 지나친 것인가?"(How far is too far?)에서 스킨십에 관해 다루고 있다. 그는 "모든 것이 내게 가하나 다 유익한 것이 아니요 모든 것이 내게 가하나 내가 무엇에든지 얽매이지 아니하리라"(고전 6:12)와 "모든 것이 가하나 모든 것이 유익한 것은 아니요 모든 것이 가하나 모든 것이 덕을 세우는 것은 아니니 누구든지 자기의 유익을 구하지 말고 남의 유익을 구하라"(고전 10:23-24)는 바울의 언명에 의거해 다음과 같이 자신의 원칙을 소개한다.

---

49 이 글에서는 주로 복음주의적 신앙을 견지한 이들을 논의의 대상으로 삼을 것이다.
50 이 책은 한국에서 「하나님이 디자인하신 성」, 박신민 역(도서출판 예수전도단, 2000)으로 번역되었다. 원본은 Dean Sherman, *Relationships: The Key to Love, Sex, and Everything Else*(Seattle, WA: YWAM Publishing, 2003)이다.

이것이 하나님께서 일하시는 방법이다. 그분은 우리가 원하는 어떠한 것도 할 수 있다고 하신다. 하지만 어떤 것은 어리석은 것이며, 어떤 것은 자신만 위하는 것이고, 어떤 것은 파괴적이며 잘못된 것이다. 바로 이점을 고려하는 것이 우리가 어떻게 행동해야 할 것인가에 대한 표준이 된다. 우리가 하려는 모든 일을 세 가지 간단한 질문에 따라 평가하는 것이 필요하다: '이것은 옳은가?' '사랑에서 우러난 것인가?' '지혜로운 것인가?'[51]

그리고 나서 셔먼은 스킨십을 '호색' '탐심' '감각적인 것' '속이는 것' '간음' '간통'의 개념과 연계시켜 설명한다. 그가 자세히 설명하고 있지는 않지만 그의 주장만큼은 명확하다. '호색' '탐심' '간통'과 연관된 행위가 어떻게 옳고 사랑에서 우러나고 지혜롭다고 할 수 있겠는가? 따라서 스킨십은 그리스도인으로서 천부당만부당하다는 것이다.

'엄정한 금지'로 분류될 수 있는 또 다른 내용이 조슈아 해리스(Joshua Harris)의 「No 데이팅」이라는 책[52]에 등장한다. 저자는 제목이 암시하듯 미국 사회에서 이루어지는 젊은 이들 사이의 데이트가 고질적인 문제점-그중 상당수가 스킨십과 연관되는데-을 안고 있기 때문에[53] 결연히 데이트 관행을 거부해야 한다고 주장한다.

물론 그렇다고 해서 그가 모든 형태의 데이트를 마다하는 것은 아니다. 그는 일대일로 하는 데이트는 피하지만 여러 명의 친구들과 함께하는 그룹 데이트는 거부하지 않는다.[54] 그것은 여러 명과 함께 그룹 데이트에 참여할 때는 스킨십의 위험이 뒤따르지 않기 때문이다. 비록 그가 모든 형태의 스킨십을 통째로 금해야 한다고 강경한 발언을 하고 있지는 않지만, 어쨌든 스킨십이 성적 순결을 유지하는 데 커다란 장애물이라는 주장은 도처에 깔려 있다.[55] 바로 이것 때문에 그의 입장을 '엄정한 금지'에 배속한 것이다.

'엄정한 금지'의 진영에 넣을 수 있는 또 다른 설명이 히스탠드(Gerald Hiestand)와 토마

---

51 Ibid., p 94.
52 원저는 Joshua Harris, *I Kissed Dating Goodbye*(Sisters, Oregon: Multnomah Publishers, Inc., 1997)인데, 「No 데이팅」, 이마리 역(도서출판 두란노, 1998)으로 번역되었다.
53 Ibid., pp. 31-42.
54 Ibid., p. 95.
55 Ibid., pp. 88-101.

스(Jay Thomas)의 글[56]에서 발견된다. 이들은 남녀관계의 범주를 세 가지로 상정하고 각 범주가 성적 관계와 어떻게 연관되는지 다음과 같이 도식화한다.[57]

가족	이웃	결혼
성적 관계를 금지	성적 관계를 금지	성적 관계를 명령

그리고 결혼 전의 남녀는 '이웃'의 범주에 들어가므로 그들 사이에서는 어떤 종류의 성적 관계도 허용될 수 없다고 주장한다.[58]

잠정적 평가

'엄정한 금지'를 내세우는 이들이 전적으로 틀린 것은 아니다. 그들은 많은 그리스도인 젊은이들이 세태에 휩쓸려 성적 무절제와 무분별 상태에 빠진 것을 개탄한 나머지 우려 반 경계 반의 심정으로 그런 입장을 취하게 된 것이다. 그것은 어느 정도 이해할 만하다.

그러나 그들의 내용 개진은 다음과 같은 점에서 비판을 불러일으킨다. 첫째, 그들은 스킨십을 부정적으로 보아야 하는 성경적 근거 제시에 있어서 좀더 공정해야 했다. (이것은 특히 서만의 경우 더욱 그렇게 여겨진다.) 스킨십과 관련된 것으로 인용되거나 거론된 구절들은 그 연관성이 매우 느슨하거나 간접적인 경우가 많았다.

둘째, 히스탠드와 토마스는 온 세상 사람들을 세 가지 범주-가족, 이웃, 결혼-로 나누었는데, 이 가운데 '이웃'이라는 범주가 다소 물의를 빚는다. 우선 이런 식으로 나눌 때 '이웃'의 범위가 '가족'이나 '결혼'에 비해 너무 넓고 그 소속원들 또한 무척 다양하다. 또 이성

---

56 Gerald Hiestand and Jay Thomas, *Sex, Dating, and Relationship: A Fresh Approach* (Wheaton, Illinois: Crossway, 2012).
57 *Ibid.*, p. 35.
58 *Ibid.*, p. 41.

교제 중의 남녀를 왜 꼭 이웃에 넣어야 하는지 잘 납득이 가지 않는다. 결혼 풍습에 비추어 볼 때 성경의 문화는 세 범주로 충분했지만, 오늘날에는 오히려 이성교제 중의 남녀를 별도의 범주로 분류해야 하지 않을까? 그렇다면 오히려 다음과 같은 도식이 더 적실하게 여겨진다.

가족	이웃	연애 남녀	결혼
성적 관계를 금지	성적 관계를 금지	성적 관계를 어떻게?	성적 관계를 명령

만일 이상의 제안에 일리가 있다면, 연애 도중의 남녀가 성적 관계를 어떻게 맺어야 할지에 대해서는 (성경은 이에 관해 이렇다 할 지침을 제시하지 않으므로) 새로운 논의가 필요하게 될 것이다. 이처럼 히스탠드와 토마스는 사람들에 대한 분류와 범주화에 있어 미흡했기 때문에 '엄정한 금지'의 입장으로 귀착되었다고 볼 수 있다.

셋째, 스킨십의 다양한 형태를 그 진전 정도에 따라 명확하고 체계적으로 제시하지 않았다. 스킨십을 설명함에 있어 '신체적 접촉'이나 '성적 행위' 등으로 뭉뚱그리거나 어떤 특정한 방식만을 대표적인 예로 제시했기 때문에 주장의 핵심이나 논점의 명징성(明徵性)이 때로 불투명하게 되었다.

넷째, 젊은 그리스도인들이 영적 성숙의 정도, 성에 관한 경험, 기독교적 관점의 형성 등에 있어 천차만별이라는 사실을 놓치고 있다. '엄정한 금지'를 내세우는 저자들은 은연중 그리스도인들의 스킨십과 관련해 대체로 미성숙하고 무책임하며 안목이 없는 대상인 것처럼 획일적으로 접근하고 있다. 만일 이런 점을 고려해 좀더 다변화된 지침이나 방안을 제시했다면 그들의 논변은 훨씬 설득력이 커졌을 것이다.

2. 철저한 단속 regulation

'철저한 단속'이란 스킨십의 다양한 형태나 단계들 사이에 선을 그어서 그리스도인 젊은이들이 그 선을 넘지 않도록 조치하는 일이다. 이 입장은 스킨십과 연관한 모든 행위를 도매금으로 취급하지 않는다는 점에서, 그리고 그 행위들 가운데 어디까지는 용납되고 어디서부터는 그렇지 않은지 구체적 지침을 마련한다는 점에서 '엄정한 금지'와 다르다.

이 입장을 꽤 오래전에 제시한 인물로서 허버트 마일즈(Herbert Miles)가 있다. 그는 미혼 그리스도인들의 이성교제를 크게 두 가지 범주-데이트 단계(social date)와 연애 단계(courtship)-로 나누고, 각각에 대해 다른 접근[59]을 시도한다. 마일즈는 데이트 단계에서의 스킨십[애무 행위]을 가벼운 것에서 시작해 좀더 강렬한 것에 이르기까지 네 가지 수준으로 구별했는데, "①손잡기, ②옷 밖에서 서로의 몸을 팔로 감싸기, ③입맞추기, ④옷 안에 손을 넣어 서로의 몸을 만지기"[60]가 그것이다.

그는 이 가운데 ③, ④에 대해서는 신체적·심리적·성경적 근거를 대며 극렬히 반대하지만, ①과 ②에 대해서는 -특히 ①에 대해서는- 거의 반대의 기미를 보이지 않는다.[61] 그렇다면 그는 데이트 단계의 남녀에게 가능한 스킨십을 ①과 ②의 수준으로 국한하고, 거기에 선을 그어 결코 ③과 ④의 수준으로 넘어가지 말아야 한다고 주장하는 것으로 해석할 수 있다.

'철저한 단속'에 속하는 좀더 최근의 저자들은 마일즈보다 훨씬 더 구체적이고 명료하게 선을 긋는다. 「데이트 스타트」[62]의 저자 로비 캐슬맨(Robbie Castleman)은 제8장 "만지

---

59 사실 이 면에서 Miles의 입장은 독특하다. 그는 데이트 단계에서의 스킨십에 대해서는 '철저한 단속'의 입장을 취하지만(Herbert J. Miles, *op. cit.*, pp. 61-66), 연애 단계에서의 스킨십과 관련해서는 "신중한 허용"으로 분류할 수 있는 입장을 제시한다(*Ibid.*, pp. 66-69). 그러므로 그의 조치는 양쪽 입장에 부분적으로 걸쳐 있다고 보아야 할 것이다. 이렇게 특이한 결과가 나타난 것은 그가 스킨십의 문제를 두 단계의 이성교제로 대별해서 다루기 때문이다.

60 *Ibid.*, p. 62.

61 *Ibid.*, pp. 62-66.

62 이 책의 원제는 Robbie Castleman, *True Love in a World of False Hope: Sex, Romance & Real People*(Downers Grove, Illinois: InterVarsity Press, 1996)로서, 한국어 번역이 암시하는 '데이트'다 훨씬 더

세요, 만지지 마세요"에서 "성적 행위를 위한 안전장치"라는 표제 하에 네 가지 규칙을 제시한다.[63]

- 첫 번째 규칙: 네 발은 바닥에 붙일 것.
- 두 번째 규칙: 옷을 벗지 말 것.
- 세 번째 규칙: 성욕을 자극하는 애무를 하지 말 것.
- 네 번째 규칙: 프렌치 키스는 금물.

이 규칙들은 의도에서는 마일즈의 방침과 비슷하지만 어쨌든 내용상으로는 좀더 구체적이고 상세한 설명을 대동한다.

이로부터 약 10년 후 출간된 책 「데이트, 그렇게 궁금하니?」는 내용의 초점이 훨씬 더 데이트 자체에 맞추어져 있다.[64] 성과 데이트에 관한 34가지 질문에 답하는 것이 이 책의 목표인데, 그중 1부 '성'에 관한 질문 가운데 네 번째가 "어디까지 허용되나요?"이고, 여기에서 스킨십의 문제를 다룬다. 마이어(Mindy Meier)는 여러 가지 내용으로 답변을 시도하는 가운데, 스킨십과 관련해 자신이 대학 때 세웠던 네 가지 구체적 기준을 소개한다.[65]

① 같은 침대에서 밤을 보내지 말라.
② 옷을 벗지 말라.
③ 여자라면 비키니 수영복, 남자라면 수영 팬츠로 가려지는 신체 부위는 만지지 말라.
④ 다른 사람 위에 눕지 말라.

이 기준들도 앞에서 소개한 캐슬맨의 네 가지 규칙과 크게 다르지 않다. 어쨌든 이 모

큰 주제들을 다룬다.

63 *Ibid.*, pp. 100-107.
64 원본 역시 Mindy Meier, *Sex and Dating: Questions You Wish You Had Answers To*(Downers Grove, Illinois: IVP Books, 2007)로 되어 있어, 번역판의 제목과 크게 다르지 않다.
65 *Ibid.*, p. 32.

든 지침들의 공통점은 데이트하는 남녀가 스킨십의 한도를 어디까지 정해야 하는지에 대해 안내하고 있다는 것이다. 그리고 이런 지침과 안내에는 어느 정도의 선을 넘지 않도록 단속하려는 의도가 명백히 반영되어 있다.

잠정적 평가

'철저한 단속'을 제안하는 이들은 이미 앞에서 힌트를 주었듯이 '엄정한 금지'보다 좀더 발전적이라고 할 수 있다. 그들은 자신들의 규제나 경고가 결코 성 자체를 부정적으로 보거나 금기시하고 있는 것이 아님을 누차에 걸쳐 설명한다. 또 모든 형태와 단계의 스킨십이 똑같이 문제가 된다고 보지 않는다는 점에서도 첫 번째 입장보다 개선되었다고 할 수 있다.

그러나 이 입장 역시 약점을 보유하고 있다. 첫째, 규칙이나 기준을 객관적으로 제시하는 것은 좋은데, 그렇게 하다 보니 스킨십에 연관된 당사자들의 주관적 상태나 조건-둘 사이의 헌약 관계, 성에 대한 통전적 시각 여부, 영적 성숙의 정도 등-은 하등 중요하지 않은 것처럼 뒷전으로 밀리고 말았다.

둘째, 스킨십의 사안이 착념하는 궁극적 지향점은 두 사람 사이의 인격적 관계와 소통이어야 하는데, 하마터면 이것이 규칙 및 기준의 준수 여부로 환원될 위험이 있다. 극단적으로 말해서, 상기한 규칙과 기준을 지키면서도 둘 사이의 인격적 성숙이나 소통의 수준에는 하등의 발전이 없을 수도 있다는 것이다.

그러므로 우리는 스킨십과 관련해 좀더 합리적이고 민감하며 좀더 실상을 반영하는 입장은 없나 찾게 된다. 그러다 보니 자연히 세 번째 입장에 관심이 쏠린다.

3. 신중한 허용 permission

스킨십과 관련한 세 번째 입장은 '신중한 허용'이다. 그런데 이 입장이 표방하는 '신중한 허용'에는 부연 설명이 필요하다. 이 입장에 속한 지도자나 전문가들은 자신들의 입장을 소개하는 표현이나 어투가 서로 다르고 부분 부분에 있어 강조점 또한 차이가 있다. 그러나 이들의 공통점은 스킨십과 관련한 허용의 선을 정하는 데 있어 특정한 행위나 형태를 명시하지 않고 오히려 연관 당사자들의 주관적 상태나 조건에 초점을 맞춘다는 사실이다. 따라서 어떤 형태의 스킨십은 용납될 수 있고 어떤 형태는 그렇지 않은지 구별하는 일이 개인의 주도적 판단과 분석에 맡겨져 있다. 바로 이런 의미에서 '신중한 허용'이라는 어구를 사용한 것이다.

이 입장에 속하는 것으로 처음 소개할 인물은 알콘(Randy Alcorn)이다. 그는 성적 친밀성의 단계를 설명하면서 다음과 같이 말한다.

> 미혼의 두 사람은 어디에다 선을 그어야 하는가? 그들은 손을 잡아도 되고 끌어안아도 되며 입을 맞추어도 되는가? 성경은 이러한 신체적 접촉의 수준에 대해 직접적 언급을 하지 않는다. 이런 질문들에 대한 답변의 관건은 어떤 수준의 신체활동이 사귀는 당사자들에게 성적으로 자극을 일으키는지 판정하는 데 있다. 핵심 질문은 **"어떤 시점에 이르면 몸이 성적 교섭을 위한 준비를 시작하는가?"**이다.…비록 몸이 성적 교섭의 준비를 시작하는 만인 공통의 지표(指標)가 존재하지는 않지만, 혼전 섹스를 삼가고자 하는 남녀라면 마찬가지로 몸과 감정이 성적 극치를 향하도록 몰아가는 모든 신체활동을 삼갈 것이다.…
> 결혼 전의 신체적 관계에 있어서 언제가 지나치게 멀리 간 것이 되는가? **나의 심장이 소형 착암기(鑿巖機, jackhammer)처럼 쿵쾅거리고 나의 호르몬이 소화용 호스의 물처럼 분류(奔流)할 때**, 내가 이미 지나치게 멀리 간 것이라는 강력한 단서가 된다[강조는 인용자의 것].[66]

그러므로 이러한 신체적·정신적 상태에 이르기 전 단계에서의 스킨십은 허용될 수 있다는 뜻이 된다.

신중한 허용의 입장을 취하는 것으로 사료되는 또 다른 인물은 두 번째 입장에서 선을 보인 마일즈다. 전기했듯 마일즈는 데이트 단계와 연애 단계를 구별하고 각 단계마다 스킨십의 한도를 달리 설정한다. 마일즈가 신중한 허용을 도입하는 것은 연애 단계에 처한 젊은 그리스도인들과 관련해서다. 그런데 그는 연애 단계를 다시금 세 가지 시기로 나눈다.[67]

---

66 Randy C. Alcorn, *Christians in the Wake of the Sexual Revolution*, pp. 220-221.
67 Herbert J. Miles, *op. cit.*, pp. 66-68.

첫째 시기는 어느 특정 대상 한 명과만 데이트를 하는 배타적 연애(going steady)의 때다. 둘째 시기는 서로 장래 계획에 대한 이야기를 나눔으로써 은연중에 결혼의 가능성을 타진(engaged-to-be-engaged)하는 때다. 마지막 셋째 시기는 결혼에 관해 최종 결정을 내리는 [engagement] 때로서 이때부터 결혼에 대한 구체적 준비가 시작된다.

마일즈는 이렇게 연애 단계에 접어든 두 남녀는 이제 결혼의 책임을 질 정도로 정신적·정서적·영적·경제적으로 성숙했다고 본다. 그리하여 그들에게는 사랑의 표현을 위해 제한적이고 통제된 정도의 신체적 접촉을 하는 것이 자연스럽고 그리스도인다운 일이라고 말한다. 물론 이때 네 가지 지침-①적합한 시간, ②적합한 장소, ③적합한 분별력, ④적합한 자제력[68]-이 따라붙는다. 다시 말해 두 사람에게 스킨십에 대한 올바른 이해-그것의 목적과 문제점, 한계점 등을 알고 있음-와 그에 따른 절제력이 수반된다면, 합당한 시간과 장소에서의 스킨십은 허용될 수 있다는 것이다.

'신중한 허용'의 또 다른 전형적 예로서 볼스윅 부부-부인인 쥬디스 볼스윅은 가족요법(family therapy) 분야 교수이고, 남편인 잭 볼스윅은 사회학 교수다-의 책에 예시된 내용을 들 수 있다. 이 부부는 그리스도인 부모를 위한 성 안내서를 저술했는데, 그 가운데 "다시금 순결!"(Reclaiming Virginity)이라는 장에서, "신체적 접촉은 어느 시점부터 성적 자극을 유발하는가?" 혹은 "데이트 관계에 있어서 어떤 단계에는 어떤 종류의 접촉이 합당한가?"라는 질문을 던진 뒤 여섯 가지 원리를 제시한다.[69]

①성적 친밀성의 정도가 그런 관계에 존재하는 사랑 및 헌신(commitment)의 정도와 상응하는가?
②자극에 대한 반응의 힘은 시간의 경과에 따라 감소한다는 수확체감의법칙(law of diminishing return)에 유념해야 한다.
③파트너 각자는 신체적 몰입과 활동에 대한 자신의 개인적 동기가 무엇인지 검토해야 한다.

---

68 *Ibid.*, pp. 68-69.
69 Judith & Jack Balswick, *op. cit.*, pp. 112-116.

④사랑의 관계에 연관된 두 사람은 관계의 전 영역에 대해 지속적으로 의사소통을 할 필요가 있다.

⑤파트너 둘 다 가이드라인을 수립하고 신체적 한도를 설정하는 데 책임을 질 필요가 있다.

⑥신체적 한도를 더 강하게 느낀 파트너에 의해 결정이 이루어지도록 하라.

⑦상기 모든 지침을 개관하는 것으로서 성경을 지침으로 삼고 그리스도 안에 있는 자유를 알라.[70]

그러나 뭐니 뭐니 해도 신중한 허용의 입장의 가장 큰 대변자는 허기트로 여겨진다. 그녀는 교제하는 남녀의 스킨십 문제를 다루면서 우선 양극단을 피하도록 종용한다.[71] 하나는 '금지'(prohibition)로서 두 남녀는 결혼하기까지 어떤 종류의 스킨십도 멀리해야 한다는 이론이다. 그러나 그와 정반대의 주장도 있으니 둘 사이에 진정한 사랑만 있다면 어떤 형태의 성적 표현-심지어 성교까지도-도 문제 될 것이 없다는 생각이다.

허기트는 전기한 두 가지 극단을 모두 부적합하다고 보면서 제3의 방안으로 '책임성 있는 접촉'(responsible touch)-우리의 표현으로는 '책임성 있는 스킨십'-을 제안한다. 이러한 접촉/스킨십에 대해 그녀는 "그것[접촉/스킨십]은 개인적 깨우침-사랑하는 이를 더 깊이 이해하도록 해주는 통로-으로의 모험이다. 이는 친밀성에 대한 말없는 언어(wordless language)다"[72]라고 말한다. 나아가 책임성 있는 스킨십이란 포옹, 애무, 입맞춤 등의 수단을 비(非)착취적/비이기적 방식으로(non-exploitatively) 활용하여 '나는 당신을 사랑합니다'라는 사실을 언어적 표현 없이 전달하는 일이다.[73] 그러므로 애정의 표현을 하는 것이 상대방의 몸이나 자신의 몸을 이기적으로 이용/착취한다든지 둘 사이의 관계를 위험에 빠뜨린

---

70 마지막 일곱째 원리는 앞서 소개한 책에는 들어 있지 않다. 이 항목은 역시 이 부부가 후에 펴낸 책, 「진정한 성」, 홍병룡 역(IVP, 2002)[Judith K. Balswick & Jack O. Balswick, *Authentic Human Sexuality: An Integrated Christian Approach* (Downers Grove, Illinois: InterVarsity Press, 1999], pp. 123-124에 추가되어 있다.

71 Joyce Huggett, *Growing into Love Before You Marry*, pp. 80-81.

72 *Ibid.*, pp. 81-82.

73 *Ibid.*, p. 88.

다든지 하면, 이것은 합당하지 않은 스킨십이 된다. 허기트는 이와 관련해 다섯 가지 사항을 강조한다.

① 특정한 신체적 접촉은 그 자체로서 마무리되도록 힘쓰고, 그것이 성교에 이르는 사랑의 유희 노릇을 하지 않도록 조심하라.
② 옷을 벗어 성욕을 유발한다든지, 함께 눕는다든지, 성감대를 과도히 자극하는 일을 피하라.
③ 여러 가지 성적 자극에 대해 개인적으로는 어떻게 반응하는지 서로 이야기함으로써 성적 긴장 상태에만 몰입되지 않는 법을 배우라.
④ 너무 빈번히 둘만 있는 것을 피하고 장시간에 걸친 애무 행위의 기회를 피하라.
⑤ 신체적 접촉이 여타의 소통 수단을 대치하지 않도록 주의하라.[74]

허기트는 이런 설명을 통해 연애 중의 그리스도인 남녀에게 어느 정도까지의 성적 표현은 허용이 되고 어떤 형태부터는 선을 넘어서는 것인지 당사자들이 기준을 설정하도록 했다. 그러나 이러한 설명과 지침의 제시가 체계적이거나 선명하지는 못했다.

이런 약점이 몇년 후 발간된 책 「데이트와 사랑의 미학」[75]에서는 깨끗이 사라졌다. 허기트는 이 책에서 '신중한 허용'의 입장에 필요한 모든 것을 매우 체계적이고 명료하게 담아낸다. 허기트는 먼저 스킨십의 단계/정도를 10가지 항목으로 밝힌 후[76] 항목별로 그 정당성을 타진한다.

① 성교(Genital intercourse)
② 오랄 섹스(Oral sex)
③ 상호 수음(Mutual masturbation)

---

74 *Ibid.*
75 원저는 Joyce Huggett, *Just Good Friends?: Growing in Relationships*(Leicester, England: Inter-Varsity Press, 1985)인데, 한국에서는 「데이트와 사랑의 미학」, 정옥배 역(IVP, 1987)으로 번역되었다.
76 Joyce Huggett, *op. cit.*, p. 90.

④ 심한 페팅(Heavy petting)

⑤ 페팅(Petting)

⑥ 오랜 입맞춤(Prolonged kissing)

⑦ 입맞춤(Kissing)

⑧ 꼭 껴안기(Cuddling)

⑨ 포옹(Embracing)

⑩ 손잡기(Holding hands)

1) 성교

사실 이 항목은 혼전 남녀와 연관된 스킨십의 범주에서 제외된다. 허기트는 이미 그 전 장(章)[77]에서 혼전 성교가 성경의 교훈에 위배된다는 것(고전 6:13, 18; 골 3:5; 살전 4:3)을 설명했다. 여기에서 성교를 도표의 맨 꼭대기에 둔 것은 단지 인식적 효과를 위해 스킨십의 한 항목처럼 취급한 것뿐이다.

2) 오랄 섹스

이는 남자 친구의 음경을 여성이 구강 내에 받아들이는 것 또는 남성이 여자 친구의 클리토리스를 입과 혀로 애무하는 것이다.[78] 허기트는 이 행위의 정당성을 평가하기 위해 네 가지 질문을 제시하고 답변을 시도한다.

① 이것은 안전한가?: 인후성 임질을 일으킬 수 있으므로 안전하지 않다.
② 이것은 사랑의 발로인가?: 오랄 섹스는 남성들이 이기적으로 행동하는 대표적 예이므로, 기독교적 사랑과는 거리가 멀다.
③ 이것은 영적 생활에 영향을 미치는가?: 경험한 이들의 솔직한 표현을 들어 보면 죄의식에 시달리는 경우가 많았다고 한다. 따라서 이것은 영적 생활에 부정적 영향을 끼

---

[77] *Ibid.*, p. 79.

[78] *Ibid.*, p. 92.

치는 것으로 보아야 한다.

④이것은 자연스러운 것인가?: 그리스도인 전문가들 사이에는 오랄 섹스의 자연성에 대해 의견이 나뉜다. 그러나 어쨌든 미혼자들에게는 어울리지 않는 일이다.

3) 상호 수음

음경을 질에 삽입하는 최후 행위는 삼가기로 동의한 가운데 서로가 완전한 오르가즘을 경험할 때까지 손으로 상대방의 성기를 자극하는 일이다.[79] 허기트는 이 항목에 대해 세 가지 표준만을 사용해 평가한다.

①이것은 안전한가?: 음경이 질에 완전히 삽입되지 않더라도 임신이 일어날 수 있고, 또 이런 행습에 너무 익숙해지면 여성의 경우에는 본격적 성 행위를 꺼리는 일종의 불감증이 유발될 수 있고, 남성의 경우에는 조루(早漏)에 시달릴 수 있으므로 안전하다고 보기 어렵다.

②이것은 책임 있는 사랑인가?: 이 행위는 상대방에게 상처를 줄 수 -임신의 경우 당사자들의 부모에 대해, 원치 않는 아이들이 태어남으로써 사회에 대해- 있으므로 결코 책임 있는 사랑이 되지 못한다.

③이것은 영적으로 영향을 끼치는가?: 이상과 같은 문제점을 가진 행위를 하면서 죄의식을 느끼지 않을 수는 없으므로, 결국 부정적인 영적 영향을 끼치는 것이라고 해야 한다.

4) 심한 페팅

이것은 여성의 옷 속으로 손을 넣어 가슴을 어루만지는 것, 또는 남성의 바지 지퍼를 내려 그의 성기를 어루만지는 것, 또는 여성의 대퇴부나 성기를 쓰다듬는 행위를 뜻한다.[80] 허기트는 이 항목에 대해서는 이전의 표준을 언급하지 않고 단지 그리스도인으로서의 책임성

---

79 *Ibid.*, pp. 93-94.
80 *Ibid.*, p. 95.

만 강조한다. 즉 심한 페팅에 몰입하는 것은 최고도의 성적 욕망을 자극해 오르가즘에 이르도록 만들기 때문에, 혼전의 이성교제 당사자들에게는 합당치 않다고 말한다.

5) 페팅

이것은 옷 밖으로 서로의 가슴이나 성기를 어루만지는 것, 그리고 어떤 형태로든 함께 눕는 것, 또 가벼운 입맞춤 이상의 모든 입맞춤[81]을 뜻한다.[82] 허기트는 이 항목과 관련해서는 종전의 판정 기준을 전혀 언급하지 않는다. 단지 이 행위가 얼마나 급속히 더 강렬한 욕구를 촉발하게 되는지, 그리하여 일단 시작하면 성교에 이르기까지 얼마나 멈추기가 힘든지에 대해서만 강조한다. 이 같은 우려와 경고로 미루어 보건대, 교제 중인 그리스도인 남녀들은 가능하면 페팅 역시 자제하게 되기를 기대하는 것으로 여겨진다.

지금까지의 설명을 종합해 보면, 허기트는 스킨십의 타당성을 판정하는 데 있어 ①위험성(안전성), ②기독교적 사랑과의 합치 여부, ③영적 생활에 대한 영향, ④자연성(자연질서에 걸맞음)이라는 네 가지 표준을 사용하고 있다. 또 스킨십을 9가지[성교를 제외함] 종류로 나누어, 그 가운데 '오럴 섹스' '상호 수음' '심한 페팅' '페팅' '오랜 입맞춤'은 합당하지 않은 항목으로 분류한다. 그러므로 언급이 없는 '입맞춤' '꼭 껴안기' '포옹' '손잡기'는 합당하게 여길 수 있는 항목으로 간주한다고 볼 수 있을 것이다. 그러나 어쨌든 이러한 합당성·부당성의 판별을 연관된 당사자들의 성숙한 판단과 지혜로운 결정에 맡기고 있기 때문에 '신중한 허용'의 예로 소개했다.

잠정적 평가

스킨십에 관한 여러 입장들 가운데 그래도 '신중한 허용'이 가장 선택할 만한 견해로 여겨진다. 그 이유는 첫째, 무엇이 성경적 지침인지를 가능한 한 공정하고 정확히 제시하고자 힘썼기 때문이다. 성경이 명료히 가르치는 바에 대해서는 성경적 권위에 힘입어 말하지만,

---

81 이 항목은 '오랜 입맞춤'으로서, 원래의 단계에서는 '페팅' 아래에 위치하고 있다.
82 *Ibid.*, p. 97.

그렇지 않은 경우는 사태의 실상과 객관적 사실들, 상황적 증거 등에 호소한다.

둘째, 이 입장의 주창자들은 무엇보다도 스킨십의 문제를 겪고 있는 당사자들의 자율성을 존중하고자 애를 쓴다. 그리하여 스킨십으로 인한 폐해와 위험이 자못 심각함을 알고 있음에도 불구하고 위협적이거나 고압적으로 접근하지 않는다. 오히려 무엇이 성숙한 그리스도인의 태도이고 지혜로운 행동방침인지 참을성 있게 설명함으로써 상대방으로부터 공감을 유도하고 설득을 이끌어낸다.

셋째, 스킨십과 관련해 비교적 안내가 자세하다(아마 이것은 특히 죠이스 허기트의 경우에 해당될 것이다). 스킨십의 여러 형태가 무엇인지, 각각의 단계/정도에 대해서는 어떤 평가 기준을 가져야 하는지, 어떤 행위는 무엇 때문에 문제가 되는지 상세하고 체계적으로 소개하고 있다. 이것은 과거의 저술이나 안내서들이 종종 모호한 표현에 머물고 구체적 설명을 피함으로써 도움이 되지 않았던 것과 커다란 대조가 된다.

4. 과감한 완화 relaxation

스킨십과 관련한 이 마지막 입장은 명칭이 보여 주듯 교제나 연애 중인 그리스도인 남녀에 대해 어떤 제약이나 구속도 가하지 않아야 한다는 진보적 견해를 내세운다. 물론 이때 두 사람 사이에 진정한 사랑이 전제되어야 한다는 것은 두말할 나위도 없다. 이 입장은 대체로 신학적 성격이 급진적인 이들 가운데 유행하고 있지만,[83] 그러나 반드시 그런 것만도 아닙니다.[84]

이 범주에 해당하는 주창자로서 먼저 헤틀링거(Richard F. Hettlinger)를 소개한다. 그는 감독교회 계통의 대학에 교목으로 있으면서 자신의 의견을 개진했다. 우선 그는 성(sex)과 관련해 "본인이 의미하는 바 남성과 여성 사이의 그 놀랍도록 풍성한 관계 – 신체적 혹은

83　David A. Seamands, "Sex, Inside and Outside Marriage," pp. 157 및 165[후주 18]의 내용을 참조하라.
84　어떤 이들은 신학적으로 보수주의적 입장을 견지하면서도 스킨십과 관련해서는 매우 개방적인 –'과감한 완화'라고 분류할 수 있는– 입장을 취하는 수도 있다. 그 대표적인 예로서 Steve Clapp, Sue Brownfield, Julie Seibert, op. cit., pp. 5, 39, 40-41을 보라.

성적 쾌락이라는 것은 그 일부에 지나지 않는데-로서의 성이야말로 인간의 경험 가운데 가장 건설적이고 해방적이며 풍요롭게 만드는 요소이다"[85]라고 말한다. 그러므로 전통적인 기독교의 경우처럼 성을 죄악시하거나 억제하는 것도 잘못이지만, 동시에 플레이보이 식의 성적 관념 또한 합당치 않다고 여겨 배척한다. "성적 교섭은 개인적 사랑과 헌신의 합당하고 이상적인 표현이므로, 그런 관계가 없이 즐기는 일은 그저 차선책일 뿐만 아니라 연관 당사자들의 정직과 성숙에 잠재적 해악 요인이 되기도 한다."[86] 그는 특히 남녀관계에 있어서 탐욕(lust)과 사랑을 구별한다.

> 탐욕과 사랑 사이의 차이가 전자는 성적이고 후자는 정신적이라는 데 있다는 것은 아니다. 사랑의 관계에 있어서, 상대방은 사물이 아니라 자아적 존재로 만나게 된다. 여성 애인은 남자가 순전히 그녀로부터 얻어낼 수 있는 바 때문이 아니라 그녀라는 인물 자체 -신체로서만이 아니라 인격체로서도- 때문에 향유된다. 그는 자신의 만족뿐 아니라 그녀의 만족-그녀의 주저함과 두려움, 욕구 및 열망 등과 더불어-에도 관심을 갖는다.[87]

헤틀링거의 이러한 설명은 남녀관계에 대한 기독교의 근본정신을 잘 반영하는 것이라고 할 수 있다. 그는 실상 성교 행위가 갖는 특별한 성격을 고려할 때 결혼이라는 항구적 헌약과 별도로 이루어지는 성관계가 바람직하지 않다는 것도 인정하고, 또 성 행위와 자녀 생산 사이의 근본적 단절은 인간의 성적 특성을 부인하는 일이라고도 주장한다. 여기까지만 보면 그의 입장은 흡사 전통주의자들과 큰 차이가 없어 보인다. 그러나 그렇지 않다는 것이 그 다음부터 확연히 드러난다.

> 결혼 때까지 기다리는 일을 변호하는 것과 칭송하는 것은 이 정도면 충분하리라. **그러나 본인은 하나의 원칙과 하나의 이상이 아무리 건전하다고 해도 그것을 절대적 법칙으로 격상시키는 일은 피하고 싶다.** 특히 경험이 가르치듯 그런 원리를 절대적이고 명쾌하게 적용

85　Richard F. Hettlinger, *op. cit*., p. 1.
86　*Ibid*., p. 47.
87　*Ibid*., p. 51.

하는 일이 불가능한 경우에는 더욱 그러하다. 앞에서 살폈듯이 우리의 문화에서는 종종 젊은 짝들이 성적 본능의 조숙한 각성과 사회가 설정하는 바 이른 결혼을 방해하는 경제적 장벽 사이에 갇혀 있다. 그런 상황에서 때로 오직 결혼의 헌신 이후에만 이상적으로 또 온전하게 완성할 수 있는 연합을 앞당긴다 해도 정당하게 여김을 받아 마땅한데, 이는 거의 불가피한 일이다. 만일 결혼을 계획하는 두 사람이 충분하고 자유롭게 토론한 후 쌍방의 합의에 의해 성교를 받아들인다면, 또 만일 임신의 가능성을 명확히 수납하고 그에 수반한 희생을 기꺼이 받아들일 용의가 있다면, 그리고 또 그들이 성숙해 있고 서로 존경과 사랑 가운데 굳게 서 있다면, 그런 행위가 결혼보다 앞선다고 해도 그것[성교]이 그들에 대해서 갖는 의미심장성에는 거의 아무런 차이가 없을 것이다[강조는 인용자의 것].[88]

헤틀링거는 연애 중의 젊은이들이 처한 상황을 고려했을 때, 사랑과 헌신만 되어 있다면 혼전의 성관계 - 각양 스킨십은 말할 것도 없고 - 가 얼마든지 정당화될 수 있다고 본다. 또 거기에서 그치지 않고 한 걸음 더 나아간다.

나는 여기에서 한 걸음 더 나아가 어떤 경우에는 혼전의 성교가 더욱 심각한 사태 - 의미 있고 소중한 관계가 매우 타당한 이유들 때문에 결혼이라는 완성까지 이르지 못한 채 시들고 사멸해 버리는 일 - 에 대한 대안이 될 수 있다는 것까지 말하고 싶다. 도덕주의자들이 손쉽게 가정하듯 혼전 성교가 항시 탐욕이나 이기심으로 인해 존재한다는 것은 사실에 부합하지 않다. 커켄덜(Kirkendall)은 성교가 두 사람으로 하여금 분명코 서로에 대한 이해와 신뢰 및 사랑을 증진시킨 여러 경우들을 기록하고 있다[Lester A. Kirkendall, *Premarital Intercourse and Interpersonal Relationships*, pp. 190-192].[89]

그러므로 헤틀링거에게 결국 중요한 것은 두 사람 사이의 관계다. "어떤 형태의 성적 친밀성이든 - 손을 잡든, 입을 맞추든, 네킹(necking)이나 애무를 하든, 구강 및 다른 수단에

---

88 *Ibid.*, p. 139.
89 *Ibid.*, p. 140.

의해 생식기를 자극하는 일이든, 성교든— 그 정당성과 가치는 두 사람이 서로에 대해 지니는 태도에 달렸다. 두 자아가 진정으로 만나는 일이 없는 곳에서는 상호 반응이나 매력이라는 기본적 감각—심지어 공식 데이트에서 헤어질 때 갖는 굿나이트 키스조차—이라도 전혀 부당한 것이 된다."[90] 그러나 반대로 "결혼에서와 같이 자기 자신을 충분히 그리고 자유롭게 던지는 헌신이 있는 곳에서는 상호 용납이 되는 신체적 자극이 문제될 것도 없고 부당한 것도 아니라는 것을 오늘날 도덕주의자들조차 용인할 준비가 되어 있다. 아직 혼전인 두 사람의 관계 가운데 어느 시점에 이르면 애무를 통한 오르가즘이나 구강-생식기적 접촉 같은 친밀한 행위가 적합하고 정당화될 수 있는지는 오직 성숙하고 책임성 있는 두 사람 자신들만이 결정할 수 있다.[91]

'과감한 완화'의 입장으로 분류되어 마땅한 또 하나의 설명이 복음주의적 윤리학자 스메디스에게 발견된다. 스메디스는 「크리스천의 성」[92] 제8장 "책임성 있는 페팅/애무 행위"(Responsible Petting)에서 자신의 입장을 소상히 밝힌다. 우선 그는 '페팅'을 전희(前戱, foreplay)와 구별해 전자는 "성교 자체를 목적으로 하지 않고 두 사람이 상대방의 육체를 부드럽게 어루만지는 것"[93]으로 밝힌다.

페팅이 이처럼 성교에 이르는 수단이 아닐 수도 있다면, 그 의의는 무엇인가? 간단히 말해서, "페팅은 자유롭고 책임성 있게 이루어질 때 개인적 관계를 탐색하는 수단으로서 이해와 사랑 안에서 성장하는 경험이다"[94] 이 점을 좀더 자세히 설명하면 다음과 같다.

> 페팅은 섬세하게 조율된, 상호 발견에의 도구가 될 수 있다. 그것이 성교에 다다를 대담성은 없으되 성교를 향해 출발하는 스릴은 맛보려는 값싼 방도가 될 필요는 없다. 페팅은 그 자체가 목적이 될 수 있다. 그것은 두 사람이 전혀 성교를 할 의도 없이 서로에 대한 느낌을 탐색하는 과정이 될 수 있다. 융통성이 있으면서도 인식 가능한 한계를 두면서 개인적 친근

---

90 *Ibid.*, pp. 147-148.
91 *Ibid.*, p. 148.
92 루이스 스메디스, 「크리스천의 성」, 안교신 역(도서출판 두란노, 1997).
93 Lewis B. Smedes, *op. cit.*, p. 130.
94 *Ibid.*, p. 134.

감과 공유 의식을 전달하는 소통 활동이 가능하다.…페팅은 절제와 훈련이 요구되는 바 개인적 이해와 친밀감에서의 모험이다.[95]

그런데 문제는 페팅이 실상 그 자체로 종결되지 않는다는 데 있다. 스메디스 역시 이러한 어려움을 익히 알고 있다.

페팅은 한편으로 모든 신체적 성격의 성적 표현들을 피하는 것과 다른 한편으로 성교를 향해 신속히 돌진하는 것 사이의 중간점이다. 하지만 페팅은 또 전체적 연속선에 있어서 1/10이거나 9/10의 지점일 수도 있다. 개인적 관계가 헌신하는 바에 대해 심원하고 밀착적일수록 페팅의 정도도 당연히 더 깊어진다. 그러나 어떤 사람들에게는 중간점이 곧 종착점이 될 수도 있다. 페팅을 단지 성교를 향한 일방적 통로로 간주하는 이들의 실제적 걱정은 진짜로 걱정거리가 될 만한 것이고, 우리가 현실적이 되려면 반드시 깨달아야 하는 점이기도 하다. 젊은 사람들이 그들 관계의 질과 깊이를 평가할 수 있는 능력을 항시 갖추고 있는 것이 아니고, 그들은 종종 합당한 친밀성의 종착점에 이르렀을 때 그것을 말해 주는 신호음을 듣지도 못한다. 또 페팅이 냉정하고 계산된 개인적 탐색 행위가 아니라는 점 또한 기억되어야 한다. 이것은 급속도로 증폭되는 뜨거운 열정을 수반한 채 너무나 빨리 자제력을 주변으로 몰아낸다. 그러므로 페팅을 하는 두 사람이 그들의 열정이 끓어오르는 동안 어떻게 그들의 합당한 종착점을 인식하고 존중할 정도로 자기 비판적이고 민감할 수 있느냐 하는 것이 실제적 질문이 된다.[96]

그러므로 스메디스에게는 페팅의 정도나 단계와 관련해 어디에서 선을 긋느냐 하는 것이 큰 의미를 갖지 못한다. 오히려 "페팅의 도덕성은 두 사람 사이의 개인적 친밀도와 헌신에 따라 결정된다. 어떤 커플에게는 '가벼운 페팅'조차도 옳지 않을 수 있고, 다른 커플에게는 매우 '심한 페팅'이라도 올바른 것일 수 있다."[97]

---

95 *Ibid.*, pp. 130-131.
96 *Ibid.*, pp. 131-132.
97 *Ibid.*, p. 135.

결국 책임성 있는 페팅의 관건은 페팅의 형태를 정하는 일이나 당사자의 심리 상태에 있는 것이 아니라 행위자가 페팅에 가져오는 것이 무엇이냐에 달렸다. 즉, 바로 그 행위를 하기 직전까지 그의 자아가 무엇으로 채워져 있느냐 하는 것이다. 스메디스는 이것을 명료하게 하기 위해 다음과 같이 몇 가지 구체적 질문을 던진다.

그는 어떤 가치들을 높이 평가하도록 배워 왔는가? 그가 자신을 위해 가장 원하는 것은 무엇인가? 자기 욕망의 목록들을 어떻게 배열하고 있는가? 어떤 것이 그의 인생에서 가장 첫자리를 차지하고 있는가? 자신을 위해 세운 인생의 목표는 무엇인가? 그는 다른 사람들, 즉 친구나 가족 또는 자기가 숭배하는 사람들을 존중하도록 배워 왔는가? 자기 자신에 대해서는 어떻게 느끼고 있는가? 장래에 자신을 위해 또 자신에게서 어떤 일들이 일어나기를 기대하는가? 요약하자면, 어떤 성품이 나타나기 시작했으며 그가 자신의 인생에 대해 어떤 각본을 쓰고 있는가?[98]

자아의 형성은 또 다른 사람들과의 관계와도 맞물려 있다. 특히 자신에 대한 감정은 그가 다른 이들을 어떻게 간주하느냐와 상관성이 높다. 스메디스는 이런 내용을 페팅의 대상자와 연관시키며 다시금 질문을 던지고 설명을 제시한다.

그는 다른 사람의 육체를 그 사람 자아의 연장으로 존중할 수 있는가? 그리고 인격적 존재로서의 상대방에 대해 깊은 관심과 존중심을 가지고 페팅의 문제에 접근할 수 있는가? 그가 상대방을 대하는 모습에는 하나님께서 인간을 가치 있게 여기시는 것이 적용되고 있는가? 만일 그렇다면, 그는 −심지어 페팅을 시작하기 전이라도− "나는 과연 저 사람에게 무엇을 해주기 원하고 또 그 사람에게서 무엇을 원하는 것일까?"라는 질문을 할 것이다. 특별하고도 깊은 자아의 욕구를 가진 이 사람과의 관계에서 나는 지금 어디에 서 있는가? 자기의식의 한 구석에서 이런 질문들을 해 본 젊은 남녀들이라면, 상대방의 신체를 자기 자아적 욕구의 충족 도구로 이용하려는 경향이 덜 할 것이다. 또한 두 사람 모두 정지신호 표지

---

98 *Ibid.*, pp. 135-136.

들을 훨씬 더 잘 알아차릴 것이며, 자신들이 물러서야 할 올바른 순간을 알아차릴 수 있을 것이다.[99]

잠정적 평가

'과감한 완화'의 입장은 듣는 이들로부터 적지 않은 설득력을 불러일으키는 합리적이고 적실하며 대상 존중적인 내용으로 꽉 차 있다. 특히 페팅(및 성적 행위)을 그리스도인의 책임성과 연관시키는 것은 매우 합당하고 바람직한 설명으로 여겨진다.

그러나 그런 많은 강점에도 불구하고 그들의 입장을 양손 들고 환영하기가 쉽지 않다. 왜 그럴까? 무엇이 마음을 불편하게 하는 것일까? 네 가지 항목으로 답변하면 다음과 같다. 첫째, 스킨십과 관련해 젊은이들이 겪는 현실적 어려움을 고려한다는 것이 지나쳐, 성경의 가르침과 신앙 전통에 입각한 지침보다 훨씬 더 중요한 것처럼 간주되고 있다. 이것은 특히 성교를 다른 스킨십의 형태와 동일선상에서 평가하는[100] 헤틀링거의 경우 더욱 뚜렷이 나타난다.

둘째, 젊은이들의 영적 성숙과 책임성은 꽤 많은 경우 '과감한 완화'로 보호받을 만큼 충분히 준비되어 있지 못하다. 헤틀링거든 스메디스든 젊은이들을 인격적으로 존중하고 그들의 영적 성숙이 스킨십의 이슈와 관련해 이룰 수 있는 바를 상기시키고 장려하는 것은 좋은 일이다. 그런데 과연 그들이 그 정도로 성숙해 있고 책임성 있는 그리스도인이란 평가를 받을 정도로 알찬 자아 형성이 되어 있느냐는 것이다. 특히 성적 친밀성을 표현하는 데 있어서 필요할 때마다 분별력과 자제력을 발휘할 수 있느냐는 말이다. 안타깝게도 다소 부정적이고 비관적이라고 나는 생각한다. 그렇기 때문에 과감한 완화를 주창하는 이들의 이상과 젊은이들의 현실 사이에 큰 간극이 존재함을 지적하지 않을 수 없다.

셋째, 사랑과 헌신/헌약(commitment)의 깊이에 따라 스킨십의 정도가 결정될 수 있다는 주장은 그 나름대로 일리가 있다. 만일 어떤 젊은이가 건전한 판단력과 일관성 있는 자기비판의 태도를 견지한다면, 상기한 원칙은 스킨십과 관련해 꽤 센스 있는 가이드라인 노

---

99 *Ibid.*, p. 137.
100 Smedes는 Hettlinger와 달리 성교만큼은 다른 스킨십의 형태와 구별된다는 것을 강조한다(*Sex for Christians*, pp. 107-116).

룻을 할 수 있을 것이다. 그러나 막상 이런 원칙을 현실에 적용하다 보면, 사랑과 헌신의 깊이를 측정하기가 용이하지 않다. 많은 젊은이들은 '사랑'을 주관적으로 해석한다. 순간의 열정과 압도적 감각을 깊은 사랑과 혼동하는 정도만큼 진한 스킨십은 막무가내로 정당화되곤 한다. 결혼에 대한 헌약도 마찬가지다. 많은 젊은이들이 사귀는 이와 결혼할 것이라고 믿고 또 공언까지 한다. 그리고 그런 자기 확신에 스스로 속아 주저 없이 높은 단계의 스킨십으로 나아간다. 그러나 인간의 변덕스런 마음과 예측 불허의 환경적 요인은 불행하게도 과거의 헌약이 물거품에 지나지 않는 것임을 수없이 보여 준다. 이렇듯 사랑과 헌신의 깊이를 믿기 힘든 처지에서 어떻게 상기 주장의 타당성만 붙들고 있을 수 있겠는가?!

넷째, 페팅을 성교와 구별되는 애정 표현의 수단으로 간주하는 일은 실상 큰 실효를 거두지 못한다. 스킨십에 관한 스메디스의 도덕론은 양자의 이론적·실제적 구별 가능성에 기초하고 있다. 페팅을 성교에 이르는 예비적 단계로만 파악하지 않고 그 자체로서 완비된 성적 활동으로 간주하는 것이다. 이론상으로는 그의 설명에 동의하지만 실제로는 –방금 지적한 바와 같이 두 번째 문제점이 참이라면– 그런 구별에 아무런 의미가 없다. 일단 통제 불능의 스킨십에 휩싸인 젊은이들이 성교 직전에 정신을 차리고 그 이상의 선을 넘지 않는 일은 거의 찾아보기 힘들 것이다. 오히려 반복되는 애정 표현의 습관은 –처음에 의도했든 의도하지 않았든– 조만간 최후의 종착점에 이름으로써야 멈출 것이기 때문이다.

5. 스킨십에 대한 개인적 소견

지금까지 스킨십에 대한 다양한 입장들을 네 가지 유형으로 대별해 보았다. 비록 각 입장 뒤에 '잠정적 평가'를 부가했지만, 지금까지의 내용은 어디까지나 여러 전문가들과 지도자들이 스킨십에 대해 어떤 반응을 보이는지 소개하는 것이 주된 목적이었다. 이 분단의 마지막 지면에서는 이런 다양한 입장들에 대한 나의 개인적 견해를 표명하고자 한다.

첫째, 누구에게나 적용이 가능한 스킨십의 범위로서 '손잡기 〉포옹 〉껴안기 〉가벼운 입맞춤'을 제시하고자 한다. 이것은 그리스도인 젊은이 전체를 대상으로 해서 구체적이면서도 합리적이고 안전하다고 여겨지는 한계를 정해 본 것이다. 그리스도인 젊은이들이 사귀는 동안 스킨십과 관련해 이 한계를 넘지 않는다면 스킨십의 유익은 향유하고 스킨십의 폐해는 피할 수 있으리라고 생각한다.

스킨십의 범위로서 이상의 내용이 합리적이고 안전하다고 여기는 것은 다음과 같은 고려 사항 때문이다.

① 이상의 행위는 공적 장소에서조차 허용이 된다.
② 이성간의 친밀성을 유지하는 데는 이런 범위의 행동으로 충분한다.
③ 스킨십의 범위가 이 정도이면 혹시 헤어진다고 해도 그 상대방과 더불어 그리스도 안에서 친구로 지낼 수 있다.
④ 이 정도의 스킨십은 나중에라도 후회할 바를 남기지 않는다.
⑤ 혹시 다른 그리스도인과 결혼을 한다고 해도 그 배우자에게 부끄럽거나 미안한 마음을 갖지 않을 수 있다.

둘째, 스킨십의 위험과 폐해를 막기 위해 구체적인 행동의 규칙을 정하는 것은 크게 바람직하지 못하다. 젊은이들을 스킨십의 위험과 폐해로부터 지키겠다는 일념 하에 필요하다고 여겨지는 행동규칙을 구체적으로 정하는 수가 있다. 그리하여 "네 발은 바닥에서 떼지 말 것" "옷을 벗지 말 것" "같은 침대에서 밤을 보내지 말 것" "다른 사람 위에 눕지 말 것" 등등 금지 형태의 수칙을 전면에 내세우는 것이다. 이런 조치가 가진 이점은 무언가 분명하고 확실한 지침을 제시한다는 느낌을 전달하고 또 전달받는 것이다.

그러나 이러한 규칙 제시는 예상 외의 문제를 일으킬 수 있다. 우선 이런 규칙을 지키는 것에 이성교제의 사활이 달린 것처럼 율법주의화될 수 있다. 또 남녀가 사귀다 보면 이런 규칙만으로는 해결할 수 없는 많은 상황들을 만나는데, 이때 융통성 있는 대처가 힘들게 된다. 뿐만 아니라 금지를 자꾸 강조하면 인간의 심성상 어떻게든 그런 행동을 하고 싶은 유혹에 빠진다. 결국 규칙을 어기지 않으면서 자신의 욕구를 충족시키는 사악한 지혜가 배양될 수도 있다.

그러므로 만일 꼭 규칙을 정해야 한다면 사귀는 두 사람의 특정한 상황이 반영되는 매우 구체적인 사항들을 서로의 합의 하에 한시적(限時的)으로 명시할 수는 있을 것이다.

셋째, 사귐이 오래 지속되었지만 결혼이 늦어지는 이들의 경우에는 스킨십의 범위와 관련해 주관적 조건의 점검이 필요하다. 이 항목은 모든 그리스도인들에 대한 일반적 지침이 아니라 일부 몇몇 그리스도인들을 염두에 두고 만들어진 것이다. 그리스도인들 가운데에는 둘이 사귐을 가진 지 많은 시간이 흘렀지만 특수한 환경적 요인 때문에 당장 결혼을 성사할 수 없는 이들이 있다. 이들은 이런 상황을 겪으면서 스킨십의 범위를 '가벼운 입맞춤'으로 한정하는 것이 적어도 자신들의 경우에는 지나치게 비합리적이라고 느끼게 된다. 이 경우 어떻게 하면 그리스도인의 자유와 안전을 함께 지키는 것이 될까? 이런 경우 중요한 역할을 하는 것은 두 당사자의 세 가지 주관적 조건이라고 생각한다.

① 개인의 전반적인 영적 성숙
② 상대방에 대한 희생적 사랑
③ 결혼에의 확고한 의지

만일 이 세 가지 조건이 충분히 갖추어졌다면, 그 이상의 스킨십 범위를 결정하는 데 있어서 어느 정도의 자율성을 인정해 주어야 한다는 것이다.

그런데 이상의 세 가지 조건을 점검하는 것이 근본적으로 당사자들의 책임이지만, 누군가 신앙의 선배-선교단체의 지도자든 상담가든 멘토든 부모든 아니면 출석 교회의 목회자든-가 그들의 평가가 자기 편의와 합리화의 수단으로 오용되지 않도록 도와야 한다고 주장하는 바이다. 즉 상기한 세 가지 조건이 연관 당사자 모든 이에게 공통적으로 적용되지만, 실제 적용을 시도할 때에는 각 사람별로(case by case) 면밀한 검토가 필요하다는 말이다.

이번 분단에서 스킨십에 관한 다양한 입장들-**엄정한 금지, 철저한 단속, 신중한 허용, 과감한 완화**-을 소개했고, 뒷부분에 이르러서는 개인적 소견을 세 가지 항목으로 피력했다. 이제 마지막 분단에서는 좀더 확대된 전망 가운데 스킨십 문제를 비추어 보고, 개인적 성찰에 의거해 제안 사항을 작성함으로써 글을 마무할 계획이다.

V.
보충적 제안 사항

이 마지막 분단에서는 젊은 그리스도인들이 스킨십 문제를 좀더 원만히 다룰 수 있도록 하기 위해 필요하다고 생각되는 항목들을 권면의 형식으로 제시하고자 한다. 이 제안 사항들은 이 글의 앞부분에서 지금까지 뚜렷이 강조되지 않았던 점들을 정리한다는 점에서도 중요하지만, 더욱 의미심장한 것은 과거를 돌아보며 이성교제 및 스킨십과 관련해 개인적으로 깨닫고 중요시하게 된 바를 술회한다는 점이다.

1. 남성과 여성 사이의 차이에 대해 숙지해야 한다

이 항목에서 거론하는 '차이'는 남녀 사이의 성심리적 차이를 의미한다. 남녀 사이에 성적 차이가 존재하고, 여기에는 신체적 차이뿐 아니라 심리적 차이 또한 연관된다는 것을 부인할 사람은 없을 것이다. 그러나 개개인이 만나 관계를 맺고 상호작용을 하는 삶의 실제 상황으로 가면 우리는 종종 이러한 차이를 잊거나 간과한다. 그 이유는 우리는 누구나 남자이거나 여자 중 한쪽이므로 —또 이것은 태어나서 죽을 때까지 평생 바뀌지 않는 조건이므로— 결국 어느 한쪽 성의 시각만을 견지한 채 살 수밖에 없기 때문일 것이다. 더군다나 성의 차이가 거의 모든 것에 영향을 준다고 할 수 있는 이성교제나 스킨십 문제로 들어가면, 우리는 더욱 더 상대방의 경험이 어떠할지에 대한 관점적 이해가 결여되기 쉽다. 따라서 우리는 평소에 —또 사전에— 이성과의 차이에 대해 확실하게 파악하고 인식해야 한다.

어떤 학자는 남녀간 성적 감각의 차이를 다음과 같이 묘사한다.

> 객관적 묘사를 위주로 하는 대부분의 저자들은 여성의 심화된 신체감각을 다음과 같은 사실과 연관시킨다. 즉 여성의 성은 시간적·공간적으로 산개되어 있는 반면, 남성의 성은 시간적·공간적으로 특정한 부분에 집중되어 있다. 여성의 성적 경험은 일련의 다양한 국면들

-월경, 성교, 잉태, 임신, 출산 및 수유 등- 가운데 긴 시간에 걸쳐 퍼져 있다. 이와는 대조적으로 남성의 성적 경험은 성교 직전 단계와 성교 행위에 집중되어 좀더 단순하고 심리적으로 좀더 제약적이다. 비슷하게 여성의 성은 공간적으로도 질, 음핵, 유방 및 좀더 민감한 부위 등에 퍼져 있다. 남성의 성은 좀더 단순하고, 공간적으로도 성기 부분과 손, 입술 등에 집약되어 있다. 그리하여 성적 신체라는 것이 여성의 의식에는 여러 형태로 여러 시간대에 찾아오지만, 남성의 성적 신체는 그의 의식 속에 좀더 일정한 형태로서 특정한 시간대에만 찾아온다.[101]

신학자인 틸리케 역시 남녀의 성적 차이와 그로 인한 관계적·행위적 특이점들을 놓치지 않고 있다. 그는 정절과 관련해 등장하는 이중표준(double standard)의 문제-여성에 대해서는 철저하게 정절이 요구되지만 남성에 대해서는 그렇지 않은 것-가 실상 남녀의 생리학적 차이에 뿌리를 둔 것이라고 말한다.

남성과 여성에게 정절(virginity)을 다르게 평가하는 것, 환언하면 '이중표준적 도덕론'은 아마도 다소는 성적 기관의 생리학적 구조에 기초를 둔 것-물론 그렇다고 해서 결코 그런 도덕론이 정당하다는 것은 아니다!-이라고 말할 수 있을 것이다. 여성은 무언가를 자기 자신에게 받아들이는 형태인가 하면 남성의 성기는 외부를 지향하고 자신으로부터 멀어지는 형태-곧 방출만이 능사다-를 취한다. 무언가를 **수용하는** 양상과 무언가로부터 **해방되는** 양상이 대조를 나타낸다. 전적으로 생리학적인 견지에서 본다면, 여성은 성적 만남(sexual encounter)으로부터 무언가를 받아들이는 (의료 전문가들은 비록 수태가 일어나지 않는다고 해도 이것이 중요하다고 지적한다) 반면, 남성은 무언가를 방출하고 무언가를 제거해 버린다.[102]

남녀의 이런 차이는 성 행위에 대한 의미와 해석의 차이로 연결된다. 즉, 여성은 성적 관계에서 자신의 전 존재를 투입하지만, 남성은 자신의 인격을 성적 활동으로부터 분리시

101　Stephen B. Clark, *Man and Woman in Christ*(Ann Arbor, Michigan: Servant Books, 1980), p. 387.
102　Helmut Thielicke, *op. cit.*, p. 83.

키곤 한다는 것이다.

> 여성은 자신이 받아들이는 자, 곧 자신을 주고 자신의 전 존재로 참여하는 자이므로 성적 만남은 그녀에게 심원한 흔적을 남긴다.…
>
> 그러므로 [남성은] 자신의 자아라는 개인적 영역에 여성의 개입을 허락지 않음으로써 진정한 사귐이나 인간으로서의 동역자 관계가 생기는 것을 거부하고, 그녀를 본능의 해소를 위한 목적으로 이용하는 가운데 단지 자아의 신체적 표면(forefield)에만 들어오도록 하는 것이다. 그러므로 유념할 바는 남자의 본성이 신체적 영역을 이와 같은 표면으로 해석할 −아니면 잘못 해석할− **수가 있고, 성을 인격적 차원까지 침투해 들어오는** 것으로가 아니라 단지 인격의 부수적 요소인 것으로 해석할 가능성이 있다는 것이다. 이것은 성적 만남이 어떻게 남성에게 흔적도 특징도 남기지 않도록 할 수 있는지, 어떻게 인격의 핵심부를 건드리지 않을 수 있는지 −혹은 그라는 존재를 건드리지 않는 것처럼 보이는지− 나타내 준다.[103]

이제 이런 차이를 좀더 성적 양상에 치중해 살펴보면 남녀 사이에는 다음과 같은 대조점이 극명히 드러난다.

- 남성은 성과 관련해 신체적으로 쏠리는 경향이 있으나 여성은 감정적으로 또 관계적으로 쏠리는 경향이 있다.
- 남성은 이미지와 시각에 의해 자극을 받으나 여성은 느낌, 냄새, 촉각 및 말에 의해 자극을 받는다.
- 남성은 언제 어디서든 성 행위를 시도할 수 있으나 여성은 그렇지 않다.
- 남성은 성적 반응이 빠르고 성 행위 도중 딴 것에 주의를 빼앗기지 않으나 여성은 성적 반응이 느리고 쉽게 다른 것에 주의를 빼앗긴다.
- 남성은 성적 만족을 위해 오르가즘이 필요하지만 여성은 꼭 그렇지 않다.
- 남성의 오르가즘은 짧고 격렬하고 신체 집중적이며 단회적이지만, 여성의 오르가즘

---

103 *Ibid.*, pp. 84, 85.

은 느리게 진행되고 더 격렬하고 정서적 성격이 강하며, (적어도 원리상으로는) 여러 번에 걸쳐 일어날 수 있다.[104]

이런 모든 신체적·생리적·심리적 차이가 이성교제와 스킨십에 끼치는 영향은 무엇일까? 우선 사춘기 아이들의 경우 – 비록 미국의 사례이기는 하지만 – 부터 살펴보자.

아마도 사춘기에 접어든 당신의 딸은 그녀의 남자 친구와 친밀해지고 가까워지고 싶은 욕구를 충족하고 싶어 성관계를 맺을 것이다. 반대로 당신의 아들은 자신이 남자로서 어떤 존재인지 발견하기 위해 자기 여자 친구와 성관계를 가질 것이다. 10대가 왜 성 행위를 하는지 말하는 것을 들어 보면, 여자 아이는 성 행위 자체는 달갑지 않았지만 사랑받는 느낌은 좋았노라고 말하는 경우가 드물지 않다. 반면 남자 아이들은 종종 그들의 성적 편력을 언급하곤 한다.[105]

대학생들의 형편 역시 성적 차이를 나타내는 것은 마찬가지다. 다음의 글을 읽어 보면 이런 차이가 남녀 사이에 어떤 오해를 낳는지에 대해서도 일가견을 가질 수 있다.

여성에 대한 자신의 감정이 깊든 깊지 않든 진전된 형태의 애무나 성 행위는 남학생에게 있어서 상당히 탐나는 일이다. 만일 로맨틱한 관계가 존재하지 않는다면 여학생에게는 그런 행위가 별로 끌리지도 않고 심지어 비위를 거스르게 할 것이다. 만일 남성이 매력적이고 그와 함께 있는 것이 즐겁다면, 그녀는 그 이상의 스킨십을 수용할 것이다. 그러나 이것은 그녀가 그런 행위를 원해서가 아니고 그가 그것을 원한다니까 그를 기쁘게 하기 위해 그렇게 하는 것이다. **어쩌면 그녀는 자신의 열정적인 애정 행위가 깊은 헌신의 표현이기 때문에 남성의 집착과 열정 또한 비슷한 헌신을 반영한다고 상당히 그릇된 추정을 하는지도 모른다. 그 남학생 편에서도 애무 행위에 대한 그녀의 즉응성(卽應性, readiness)이 그의 경우처럼 자**

104　Walt Larimore & Barb Larimore, *His Brain, Her Brain* (Grand Rapids, Michigan: Zondervan, 2008), pp. 111-112.
105　Judith & Jack Balswick, *op. cit.*, p. 84.

기 안에 있는 에로틱한 열정을 반영한다고 똑같이 그릇되게 생각할 수 있다. 그리하여 스킨십에 있어서 그녀가 정말로 원하는 것보다 더 진전이 있도록 압박을 가하기도 한다[강조는 인용자의 것].[106]

한 여성 전문가는 이와 같은 상황을 매우 적실하게 묘사한다. "여학생은 그녀로서 아직 준비되지 않은 섹스 놀이를 하는 것이니, 왜냐하면 그녀가 근본적으로 원하는 것은 사랑이기 때문이다. 또 남학생은 그가 아직 준비되지 않은 사랑놀이를 하는 것이니, 왜냐하면 그가 원하는 것은 섹스이기 때문이다."[107]

이처럼 스킨십과 관련해 남성과 여성 사이에 의미·목적·해석상 차이가 나타나는 것은 결국 남성과 여성 사이의 성적·심리적 차이 때문이다. 나의 과거를 돌아보면, 남녀의 차이를 인식하는 면에서 너무나 부족했던 것 같다. 그 누구도 이에 대해 제대로 설명을 해주지 않았던 것이다. 오히려 결혼을 하고 아내와 성생활을 영위하면서 매우 긴 세월 후에야 비로소 이러한 사실을 절감하게 되었다. 만일 내가 이런 차이점을 제대로 숙지하고 있었더라면, 이성교제나 데이트-별로 많이 해 본 것은 아니지만-와 관련해 커다란 의식의 변화가 있었을 것이다.

그러므로 그리스도인 젊은이들은 남녀간에 존재하는 이런 차이점을 깊이 인지하고 이성교제와 스킨십에 임해야 할 것이다. 그래야만 상대방의 행위와 반응에 대해 오해하지 않을 뿐만 아니라 마땅히 자신이 취할 조치에 있어서도 지혜와 분별력을 잃지 않게 될 것이기 때문이다.

2. 뚜렷하고 합당한 목표를 가지고 데이트에 임해야 한다

데이트는 젊은 남녀가 사귐을 갖고 관계를 발전시키는 데 있어서 매우 중요한 프로그램이

106　Richard F. Hettlinger, *op. cit.*, pp. 118-119.
107　이는 Mary Calderone, "How Young Men Influence the Girls Who Love Them," *Redbook*(July, 1965)에 나타난 내용인데, Richard F. Hettlinger, *op. cit.*, p. 119에 인용되었다.

자 활동이다. 그들 사이에 친밀성이 깊어지는 것이 대부분 데이트를 통해서이고 스킨십의 문제가 등장하는 맥락도 주로 데이트이기 때문에, 데이트는 이성교제에서 상당히 높은 위치를 차지한다고 해야 할 것이다. 그러므로 그리스도인 젊은이들이 어떻게 데이트에 임하고, 어떻게 데이트를 활용하느냐에 따라 이성교제의 성패가 좌우된다고 해도 결코 과언이 아니다.

그렌즈는 데이트의 목표를 세 가지로 잡는다.[108] 첫째, 데이트는 젊은이들이 자기 또래의 대상과 더불어 기분 전환도 하고 사교적 기술도 습득하는 오락적·교육적 기회가 된다. 둘째, 데이트는 이성의 대상과 어떻게 관계를 맺는지 배우고 탐색하는 계기를 마련해 준다. 셋째, 데이트는 결혼관계에 있어서 자신에게 요구되는 특질이 무엇이고 장래의 배우자로부터 기대하는 특질이 무엇인지를 고려하게 만드는 이성교제의 장을 제공한다. 이런 세 가지 목표를 염두에 둘 때 데이트 시의 행동에 대한 근본적 고려 사항이 어떠해야 하는지 명확히 드러난다.

무엇이 데이트 시의 온당한 행동인지 판정하는 데 있어서 가장 기본이 되는 것은, 개인의 행동이 둘 사이의 건강한 관계를 수립하는 데 기여를 해야 한다는 것이다. 데이트하는 두 사람은 데이트 이벤트를 활용해 각자가 성숙한 사람이 되는 것 – 즉 상대방과 더불어 긍정적이고 유익이 되는 쪽으로 관계를 맺는 것 – 에 우선적인 관심을 쏟아야 한다. 그렇다면 데이트는 연관된 사람 각자를 세워 주는 것이어야 한다.[109]

이처럼 데이트는 건전한 관계의 수립을 통해 각자의 성숙을 장려하는 데 초점이 맞추어져야 한다. 동시에 스킨십 역시 데이트가 지향해야 할 이러한 전반적 목표에 비추어 그 합당성이 논의되어야 한다. 구체적으로 그렌즈의 평가는 다음과 같다.

이런 이유로 해서 신체적 성격의 성 행위에만 골몰하는 것은 데이트하는 두 사람에게 해가

---

108 Stanley J. Grenz, *op. cit.*, p. 211.
109 *Ibid.*, pp. 211-212.

된다. 이런 관계의 신체적 차원에만 집중하는 것은 두 사람이 인격적 존재로서 가지고 있는 은사와 가능성을 탐색하는 일에 전념하지 못하도록 만든다. 또 그들이 관계를 통해 개개인으로서 성장해 나가는 즐거운 경험을 빼앗아 버린다.[110]

여기 그렌즈의 평가에 해당하는 한 가지 사례가 있다. 다소 긴 내용이기는 하지만 명료한 이해를 위해 소개한다.

쥬안(Juan)과 모니크(Monique)는 독실한 신앙인이었지만 후에야 이런 진리[스킨십을 최소화하는 것의 중요성: 인용자 주]를 체득하게 되었다. 쥬안은 교회에서 자랐고 재능 있는 가수이자 교회 성가대의 평신도 리더였다. 모니크는 다른 주에서 이 도시로 이사 왔는데, 그녀도 노래 부르는 것을 좋아해서 성가대에 합류했다. 그들은 거기서 만났고 즉시 서로에게 매력을 느꼈다.

그들은 음악 하는 이들답게 로맨틱한 사람들이었던 고로, 그들의 데이트 생태는 동화책에 나오는 식으로 장미와 은은한 불빛에서의 식사와 음악으로 가득했다. 곧 그들은 사랑에 깊이 빠졌고 결혼을 이야기했다. 데이트한 지 불과 두세 달만에 약혼을 했다.

약혼과 더불어 그들은 좀더 성적으로 밀접해도 ―비록 그들이 '그 행위'라고 부르는 것은 결혼 때까지 미루기를 원했지만― 괜찮다고 느끼게 되었다. 그들은 여러 가지로 일을 벌였는데 어쨌든 그 마지막 욕구만큼은 통제할 수 있었다. 그런데 그들의 열정과 친밀성은 증폭되는 반면, 다른 일들은 허물어지고 있었다. 쥬안에 대한 어떤 점들이 모니크를 짜증나게 했고, 이것은 상대방의 경우에도 마찬가지였다. 급하게 가까워진 사람들이 으레 그렇듯이 그들의 관계는 급하게 멀어졌다. 그들이 알아차리기도 전에 약혼은 취소되었고 그들 사이에는 침투 불능의 담이 가로놓이게 되었다. 그들은 교회에서 아직도 서로에 대해 친절하게는 대할 수 있었지만 존경심은 이미 사라지고 없었다.

모니크는 말한다. "내가 쥬안을 볼 때마다 우리가 함께 성적으로 행했던 일들을 생각하지 않을 수 없어요. 저는 제 자신을 존중하지 않고, 물론 그 사람도 존중하지 않아요. 그를 쳐

---

110 *Ibid.*, p. 212.

다보는 것이 힘들고 내 자신이 무가치하게 느껴져서 성가대를 그만두었어요. 심지어 어쩌면 교회도 딴 데를 찾아야 할 것 같아요. 나는 같은 성가대에서 찬양을 하면서 그와 함께 앞에 나서서 예배를 드릴 수가 없어요."

"이게 끔찍하게 들린다는 걸 알지만 어쩔 수 없어요. 나는 그가 그 위에 서 있는 것을 보면서 옷을 하나도 걸치지 않은 그의 모습을 상상해요. 이것은 예배드릴 수 있는 나의 능력을 망쳐 놓는 일이죠! 사실 그것은 내가 하나님과 동행하던 것을 모조리 엉망으로 만들어 놓았어요. 내가 내 자신을 용서할 수 있을까, 또 이런 이미지를 마음 밖으로 몰아낼 수 있을까 회의가 들어요."

"만일 내가 우리끼리 행한 일들을 모든 이에게 말한다면 무슨 일이 생길까 가끔씩 궁금해져요. 사람들이 계속해서 그가 성가대석 위에 서도록 허락을 할까요? 아니면 우리 둘 다 교회에서 쫓아낼까요? 나는 얼마나 어리석었는지요. 내가 과거로 돌아가 행동을 다르게 할 수만 있다면 얼마나 좋겠어요? 그러나 나는 우리가 결혼할 것이고, 또 그것 때문에 어떻게 해도 괜찮다고 철석같이 믿었던 거죠. 참으로 잘못된 일이었어요."[111]

이와는 반대의 이야기도 있다. 콜린(Colin)과 재닛(Janet)은 대학 교회에서 만나 우정을 나누다가 로맨틱한 사랑의 관계로 발전했다. "그들은 함께 기도했고, 함께 휴식을 취했고, 함께 휴가를 보냈으며, 서로에 대해 자신의 희망과 야심, 실패와 불안정을 이야기했다. 그들이 형성한 관계의 기초는 따뜻하고 서로 받아 주며 이해하는 사랑-상대방을 품어 주고 상대방의 잠재력을 이끌어내고 싶어 하는 것-에 있었다."[112] 비록 그들이 졸업 이후 서로 다른 길을 걸어야 했기 때문에 서서히 멀어지고 끝내 헤어져야 했지만, 둘이 보낸 이성교제의 시간은 결코 헛되지 않은 것이었다. 그들이 경험한 유익은 이러했다.

콜린은 다른 무엇보다도 인간으로서, 그리스도인으로서, 남자로서 성숙했음을 발견했다.… 그는 소년기의 자기중심성-그에 대해서는 지금도 약간 부끄러워하는데-이 '다른 이에 대

---

111 Rick Stedman, *Pure Joy!: The Positive Side of Single Sexuality* (Chicago: Moody Press, 1993), pp. 142-143.
112 Joyce Huggett, *Just Good Friends?*, p. 54.

한 의식'(재닛에 대해서만이 아니라 다른 일반 사람들의 필요를 깊이 이해하는 것)으로 대체되었다. 이기주의는 이타적 개방성과 연민에 의해 쫓겨났고 10대의 불안정으로 말미암은 투박함은 친절함과 부드러움으로 바뀌었다.

재닛 역시 그와의 우정이 영적 성숙에 기여했음을 깨달았다.…콜린의 남성적 통찰력에 귀 기울임으로써 하나님에 대한 자신의 견해가 넓어졌고 성령께서 자신의 삶에도 의미 있는 분임을 이해하게 되었다.

게다가 콜린과의 우정은 그녀가 어떻게 이성의 대상들과 관계를 맺어야 하는지 −어떻게 그들 속에서도 편안할 수 있는지− 가르쳐 주었다. 콜린이 그녀에게 제공한 선물 가운데 하나는 그녀가 자신의 여성 됨을 받아들이는 능력이었고, 실상 이 우정 때문에 하나님과 타인들이 자기를 보듯 자기 자신을 볼 수 있는 능력이 크게 신장되었다.[113]

이상의 사례를 보면 그리스도인 젊은이들이 어떤 목표와 의식을 가지고 데이트에 임하느냐에 따라 그 결과가 천양지차가 될 수 있음을 알 수 있다. 전자는 스킨십의 전횡에 휘둘려 둘 사이의 관계는 말할 것도 없고 하나님과의 관계까지도 망친 데이트 사례다. 반면 후자는 두 사람이 상대방의 인격적 성숙에 초점을 맞춤으로써 오직 이성교제에서만 가능한 특이한 가치를 창출한 데이트 사례다.

그러므로 그리스도인 젊은이들은 어떤 이성과 만남을 시작할 때, 그리고 그 이후 그 대상과 더불어 데이트를 통한 사귐을 갖는 내내, 어떻게 하면 그들의 교제가 서로의 인격적·영적 성숙에 기여할 수 있을지 심각하게 고민해야 한다. 그리하여 스킨십은 오직 이런 목표를 염두에 둔 가운데 그 한계가 결정되어야 하고 그 유익이 평가되어야 한다. 이런 점에서 허기트의 제안은 매우 실제적이고 적절하다.

① 당신이 계발하는 모든 우정 가운데, 사귀는 사람에게 하나님의 샬롬(온전함)이 임하도록 당신이 할 수 있는 모든 것을 다하겠다고 −비록 그것이 당신 자신을 계속해서 희생적으로 내주어야 한다 하더라도− 결심하라.

---

113 *Ibid.*, p. 55.

②그 대상에게 해가 되는 것-정신적으로, 영적으로 혹은 정서적으로-은 어떤 일도 하지 말라.
③당신 친구의 신체적·정서적 안녕에 관심을 기울이라.
④그(혹은 그녀)가 계속해서 영적으로 성장하는지 관심을 가지라.
⑤그(혹은 그녀)가 하나님을 지속적으로 섬기도록 최선의 노력을 다하라.
⑥그 사람의 잠재력을 총체적으로 이끌어내도록 최선의 노력을 다하라.[114]

3. 미래를 위해 자신을 준비해야 한다

그리스도인들은 현실에 충실하고 현재라는 순간들을 충만히 살아야 한다. 거기에는 누구도 토를 달 수 없다. 그런데 그렇게 "현실에 충실하고 현재라는 순간들을 충만히" 살기 위한 요건 가운데 한 가지는 자신이 미래에 어떤 됨됨이의 인물로서 어떤 생애를 살 것인가에 대한 최소한의 비전과 아이디어가 있어야 한다는 사실이다. 이것은 성적 존재로서도 마찬가지다. 내가 오늘의 미혼생활을 의미 있고 보람되게 영위하려면, 장차 내가 어떤 배우자가 되어야 하고 내가 어떤 결혼생활을 꾸며 가야 할지에 대한 대충의 꿈과 희망이 있어야 한다는 말이다.

이것은 더욱 범위를 좁혀서 스킨십의 문제에 있어서도 크게 다르지 않다. 내가 장래의 배우자에게 어떤 성적 존재로 드러나고 장차 어떤 성생활을 유지하고자 하는지에 대해 핵심적인 아이디어를 가지고 있어야만 오늘의 이성교제와 스킨십의 행위가 좀더 건실해진다.

그렇다면 우리는 의미 있고 풍성한 결혼관계를 위해 최소 두 가지 방면으로 자신을 준비해야 한다. 이 두 가지는 배우자를 위한 준비와 결혼생활을 위한 준비다. 실상 이 두 가지는 상호 긴밀히 연관되지만 개념의 명료화를 위해서 나누어 보았다.

---

114 Joyce Huggett, *Life in a Sex-mad Society*, pp. 18-19. 원래 저자는 10가지 사항을 제시했는데, 그 가운데 가장 적실하다고 여겨지는 6가지 사항만 언급했다.

1) 배우자를 위한 준비

이상적으로 말해서, 한 젊은이는 장래의 배우자를 위해 깨끗한 몸과 마음을 준비해야 한다. 진정한 사랑은 자신을 상대방에게 "남김없이 주는" 것인데, 이때 내놓는 자신의 몸은 깨끗하면 깨끗할수록 좋다는 말이다. 어떤 지도자들은 이런 순결의 방침을 그리스도와 교회의 관계로부터 도출한다.

> 그리스도께서 자신의 배우자(교회)를 위해 자신을 영적으로 챙겨 놓듯이 우리 역시 우리의 남편이나 아내를 위해 자신을 성적으로 챙겨 놓도록 부르심을 받은 것이다.…그리스도께서 교회와 연합하셨듯이, 남편도 자기 아내와만 연합해야 한다.
> …따라서 그리스도께서 자신의 배우자를 위해 일편단심의 헌신을 표현한 것처럼 싱글들도 장래의 배우자를 위해 자신의 성을 챙겨 놓아야 한다.[115]

여기에서 '챙겨 놓는다'는 것은 어떤 특정한 목적을 위해 하나의 사물/대상을 따로 떼어놓는 준비 성격의 행위를 말한다. 상기 저자들의 논리에 의하면, 그리스도인으로서 그리스도의 모범을 좇고자 하는 젊은이들이라면, 그들 역시 미래의 배우자를 위해 깨끗한 몸을 '챙겨 놓아야' 한다는 것이다.

옛날과 달리 사람들은 좋은 배우자가 되려면 어느 정도의 성적 경험이 있어야 하는 것으로 행여 잘못 생각할지 모른다. 이제는 시대가 바뀌어서 배우자들은 성적인 면에서도 서로 스스럼이 없고 자연스러워야 하지 않겠느냐는 것이다. 그러나 이것은 진정으로 배우자를 위해 준비되는 것이 아니다. 스태포드(Tim Stafford)는 오늘날의 풍조를 거스르며 정반대로 말한다.

> 아직 결혼하지 않은 사람들은 성적으로 미숙한 것이 좋다. 처녀(혹은 총각)는 경험을 하지 못한 사람으로서, 그런 미경험이 그로 하여금 남편이나 아내와의 '첫 시간'에 의한 형성에 대해 철저히 자신을 열도록 만들어 준다.…처녀들(혹은 총각들)은 그들의 몸을 아무에게도

---

115 Gerald Hiestand and Jay Thomas, *op. cit.*, p. 28.

준 적이 없으므로 몸과 관련해 일종의 수줍음 같은 것을 가졌다. 이 수줍음은 그저 수줍음 이외에 아무것도 아닐 수 있다. 그러나 이것은 몸을 소중히 여겼다는 표시 – 한 사람에게만 줄 수 있는 선물 – 일 수 있다.[116]

혹자는 상기 주장이 과학적 증거에 어긋나는 것이 아닌지 의구심을 품을지도 모르다. 즉, 혼전 성 경험이 높을수록 결혼관계에서의 만족도 또한 높다는 것이 연구 결과가 아니냐는 것이다. 그러나 실상은 그렇지 않다. 엄밀하게 말해서, 혼전 성 경험과 결혼관계에서의 만족 사이에 긍정적 연관성이 있는지 부정적 연관성이 있는지 현재로서는 정확한 판정을 내릴 수 없다는 것이 학계의 보고다.[117] 그러나 어쨌든 둘 사이에 상당한 연관성이 있다는 견해가 확증된 사실이 아니라는 점만큼은 확실히 말할 수 있다.[118]

이렇듯 그리스도인 젊은이는 장래의 배우자를 위해 자신의 몸을 순전히 지키도록 해야 하고, 이것이 또 현재의 스킨십 방침에도 영향을 미쳐야 한다.

2) 결혼생활을 위한 준비

젊은 그리스도인들은 또 장차의 보람된 결혼생활을 위해서도 미리 준비를 해야 한다. 그러려면 성적 활동이 결혼생활과 관련해 갖는 의미가 무엇인지 알 필요가 있다. 어떤 이는 성행위가 결혼에 대해 갖는 의미를 그 행위가 부여하는 특이한 인격적 지식에서 찾는다.

> …우리는 성적 행위 가운데 남성(혹은 여성)이라는 존재가 무엇인지 알게 되고 또 상대방으로 하여금 여성(혹은 남성)이라는 존재가 무엇인지 발견하도록 돕는다. 우리는 처음으로 매우 확고히 우리가 성적 존재라는 것의 의미가 무엇인지 발견한다. 성적 교섭은 청소년 시절 성적 면모의 대부분을 점유하던 불안·의혹·혼미 및 (때로) 두려움을 내쫓아 버린다. 우리는 자신을 새로이 알게 된다.

---

116 Tim Stafford, *op. cit.*, pp. 119, 120.
117 Lester A. Kirkendall, *op. cit.*, pp. 202-204.
118 오히려 Hettlinger는 Kinsey 보고서에 대한 정확한 해석 및 기타 연구 결과에 기초해, 결혼 전의 정절이 결혼 후의 성공적 삶에 기여한다고 소신 있게 밝힌다(Richard F. Hettlinger, *op. cit.*, pp. 131-134).

또 마찬가지로 중요한 바로서, 우리가 이전에 타인을 알았던 것과는 전혀 다른 식으로 상대방을 알게 된다. 새로운 정보를 입수한다는 것이 아니라 그의 (혹은 그녀의) 삶 속 가장 깊은 중심-이것이 참으로 남성 혹은 여성으로 존재한다는 것의 의미인데-에 대한 통찰력을 얻게 된다는 말이다. **여기에서 우리는 우리 자신을 내주는 법을 배우면서 우리 자신을 알게 되고, 그(혹은 그녀)가 자신을 온전히 우리에게 내줄 때 그 대상을 알게 된다. 여기에는 분명코 다른 방식으로는 절대 가능하지 않은 그런 종류의 지식이나 통찰력이 존재하는 것이다**[강조는 인용자의 것].[119]

성적 교섭은 이같이 특유한 종류의 인격적 지식을 중개하는 수단이므로, 이러한 최초의 행위가 이루어지는 결혼생활 또한 의미심장한 것이 된다.

그런가 하면 또 어떤 이는 남녀의 성적 교섭이 이룩하는 '연합'-이는 오직 합법적인 결혼관계 내에서만 가능한데-에 초점을 맞추어 설명한다.

결혼에서 남성과 여성은 '한 몸'(one flesh)이 된다. 이것은 그들의 사랑이 절정에 이르는 바 성교를 통해 그들이 인간 연합의 원초적 패턴을 회복한다는 뜻이다.…

비록 '한 몸'으로의 연합이 성교-성적 기관의 결합 행위-에 의해 수립되는 신체적 연합이지만, 동시에 여기에는 전 존재가 연루되고 인격이 가장 심층적 수준에서 영향을 받는다. 이것은 전체로서의 남성과 전체로서의 여성이 연합하는 일이다. 그들은 그 가운데에서 가족이나 인종 등 여타의 인간관계적 연합체와 전적으로 다르고 대비되는 새롭고 독특한 연합체가 된다[강조는 인용자의 것].[120]

성적 교섭은 단지 신체적 결합으로 끝나는 것이 아니라 다른 어떤 인간관계도 산출할 수 없는 전인격적 결속-곧 '한 몸'-을 이룩한다. 결혼생활은 이런 신체적이며 전인격적인 연합이 이루어지고 보존되는 신적 제도다.

---

119 William Hamilton, *The Christian Man* (Philadelphia: The Westminster Press, 1956), p. 60.
120 Derrick Sherwin Bailey, *The Mystery of Love and Marriage: A Study in the Theology of Sexual Relation* (New York: Harper & Brothers Publishers, 1952), p. 44.

이제 성적 행위가 결혼생활에 주는 의미를 결혼 서약의 구체적 실현이라는 각도에서 조망하는 설명을 소개한다. 그렌즈는 결혼에서의 서약이 세 가지 사항에 대한 약속을 포함한다고 말한다.

> 결혼의 서약에는 다양한 차원이 존재한다. 그런데 서약의 의도는 이런 차원 하나하나를 통해 남성과 여성이 교제 가운데 함께 사는 토대적 공동체를 결혼 속에 산출하려는 것이다. 이 목적을 위해 서약 내용에는 당사자들이 서로 값없이 주고받겠다는 약속이 포함된다.
> 또 서약은 투명성에 관한 약속을 포함한다. 인문 과학 분야들은 건강한 관계를 육성하는 수단으로서 이러한 개인적 개방의 중요성을 기술한다. 결혼의 결속을 형성한다는 것은 배우자들은 서로 가장 깊은 필요와 꿈과 목표 등을 나눔으로써 서로에 대해 투명하겠다는 다짐을 하는 것이다.
> 마찬가지로 결혼 서약에는 상대방을 전적이고 무조건적으로 받아들이겠다는 약속이 들었다. 이 또한 훌륭한 결혼을 위해 매우 중요한 점이고, 또 진정한 공동체의 표시가 된다. 결혼의 결속을 형성함에 있어서 배우자들은 서로를 온전히 받아들이겠다고 함께 약정한다.[121]

성적 행위의 의의는 결혼 서약의 다양한 차원을 가시적으로 행동화한다는 데 있다. 배우자들은 성적 교섭을 통해 값없이 주고받고, "벌거벗었으나 부끄러워하지 않을" 정도로 투명해지며, 또 상대방을 완전히 받아들인다. 이처럼 성적 교섭은 결혼 서약이 의미하는 바를 체현해 내는 가시적 연출 행위인 것이다. 반대로 결혼의 서약이 동반되지 않는 성적 교섭은 성 행위의 신체적 면모에만 집중함으로써 그 행위가 상징해 마땅한 인격적 차원의 의의를 짓밟아 버린다.

나는 지금까지 성적 행위가 결혼생활과 관련해 갖는 의미를 세 가지 각도로 소개했다. 성 행위는 배우자들 사이에 특유한 인격적 지식을 부여하고, 다른 어떤 데에서도 찾아볼 수 없는 전인격적 결속을 이루어내며, 결혼 서약의 관계적 가치를 구현한다. 그런데 이런 의미의 실현은 오직 결혼의 맥락에서만 가능하다. 따라서 미혼의 그리스도인들은 장차의

---

121 Stanley J. Grenz, *op. cit.*, p. 85.

결혼생활이 어떠해야 할지를 내다보는 가운데 이성교제와 스킨십이라는 현실적 문제를 풀어 가야 할 것이다.

여기에서 혹시 나의 제안 – 장차의 배우자와 결혼생활을 위해 준비해야 한다는 것 – 이성에 대한 부정적 견해 때문에 생긴 것으로 오해하는 이들이 있을까 해서 사족 같지만 한마디만 덧붙인다. 기독교가 성을 결코 부정적으로 볼 수 없는 이유는, 성경이 성적 즐거움과 성적 경험을 긍정적인 시각에서 묘사하기 때문이다(잠 5:15-19; 아 7:1-13; 딤전 4:1-5). 그러나 무분별한 이성교제와 스킨십은 당사자들로부터 성생활의 풍성하고 심원한 차원을 앗아가곤 한다. 그러므로 바로 이런 유익이 온전히 향유되도록 보호하기 위해[122] 상기와 같은 제안을 하는 것이다.

돌이켜 보건대, 나 역시 젊은 시절에 이런 준비의 중요성에 대해 거의 의식하지 못했던 것 같다. 우선은 역시 누구도 이런 점에 대해 말해 주지 않았다. 스킨십에 대한 것은 말할 것도 없고 이성교제에 대한 책조차 월터 트로비쉬(Walter Trobish)의 「나는 너와 결혼하였다」밖에 소개되어 있지 않았다. 물론 가끔 미국 저자들의 책을 읽었지만, "장래 배우자를 위해 또 결혼생활을 위해 내가 미리미리 준비해야겠구나"라는 각성이 형성될 만큼 깊은 인상을 받지는 못했다. 이제 뒤늦게나마 인생의 후배들에게 이 점을 강조하고 싶다. 장래의 배우자를 위해, 또 결혼생활을 위해 몸과 마음을 깨끗이 보존하겠노라고 하나님 앞에서 단단히 결심하라고 말이다.

4. 과거의 죄를 청산하고 새 출발을 해야 한다

젊은 그리스도인들은 미래의 배우자와 결혼생활을 위해 몸과 마음을 깨끗이 해야 한다고 역설했다. 그런데 이런 강조는 곧 많은 이들의 마음속에 의문을 일으킨다. "이미 자신이 더럽혀졌는데 어떻게 깨끗한 몸과 마음을 운운할 수 있단 말인가?" "내가 이미 성적 방면에서 실수와 죄를 저질렀다면 어떻게 미래를 위해 몸과 마음을 깨끗이 할 수 있겠는가?" 분

---

122 *Ibid.*, p. 204.

명 이런 질문들은 그냥 지나칠 수 없고, 미래를 내다보는 이들이라면 반드시 적절히 다루어야 할 문젯거리들이다. 젊은 그리스도인들의 마음속에 떠오르는 의문점들은 대개 다음과 같은 것들이다.

"나는 자신을 용서할 수 없습니다. 또 잊을 수도 없고요. 성적인 죄가 내게 남긴 죄의식을 어떻게 좀 지워 버릴 수는 없을까요?"
"나는 내 남친과 성적으로 너무 멀리 나갔어요. 하나님께서 저를 용서하실까요?"
"내가 과거를 망쳤다면 미래도 그렇게 되는 걸까요?"
"개인의 정절을 회복하는 일이 정말로 가능할까요?"
"나는 늘 신체적으로 지나치게 나가서 내 인생과 남자들의 인생을 엉망으로 만들었어요. 그러고 나면 후회하리라는 걸 알면서도 무엇 때문에 그렇게 하는지 이해가 가지 않아요. 이 죄의식을 어떻게 할까요?"[123]

그리스도인들을 괴롭히는 성적 죄악들은 무척 다양하다. 어떤 것은 '죄'라는 명칭을 붙이는 것조차 지나치게 느껴지는 '경미한 실수'나 '미숙한 행동거지'가 있는가 하면 생애 전체에 점철된 성적 부도덕의 현상에 이르기까지 무척 범위가 넓다. 성적 죄악들에 대해 대체로 다섯 가지 범주를 정할 수 있다.

① **범주 1**: 마음속으로 공상을 하거나 특정한 성적 이미지를 떠올리는 일.
② **범주 2**: 이성교제 대상을 충분히 배려하지 않음으로써 야기한 실수, 불친절, 무례, 불손 등의 이기적 행태.
③ **범주 3**: 농도가 짙은 종류의 스킨십과 그 이상의 행위(예를 들어, 심한 페팅, 상호 수음, 성교 등).
④ **범주 4**: 과거에 저지른 어떤 특정한 성적 행위(예를 들어, 간음, 성폭행, 매춘 등).
⑤ **범주 5**: 오랜 세월에 걸쳐 반복해 온 성적 행습들(예를 들어, 포르노 탐닉, 문란한 성관

---

123 Joyce Huggett, *Life in a Sex-mad Society*, p. 56.

계, 여러 대상과의 혼전 동거 등).

이상의 범주는 선별적이고 상호 중첩적이어서 철저히 포괄적이지도 않고 범주와 범주 사이가 완벽히 구별되는 것도 아니다. 그렇지만 그럼에도 불구하고 성적 죄악이라는 것이 무엇인지 개관할 수 있는 자료는 될 수 있을 것이다. 내가 이 글에서 염두에 둔 죄의 형태는 주로 **범주 3**의 것이지만, 그렇다고 해서 꼭 거기에만 국한되는 것은 아니다.

그리스도인들은 이러한 성적 죄악의 현실에 직면해 바람직하지 않은 길을 포기하고 부지런히 마땅히 가야 할 길을 찾아야 한다. 만일 어떤 이가 죄를 죄로 인정하지 않거나, 회개의 조치를 자꾸 뒤로 미루거나, 자신의 죄로 말미암아 자포자기한 채 계속 죄에 탐닉하거나, 아니면 그저 죄의식의 늪에서 버둥거리거나 한다면 그는 전자에 속한 것이 된다. 오히려 그리스도인으로서는 마땅히 후자를 택해야 할 터인데, 이것은 인정 〉 고백 〉 사죄/용서 〉 새 출발의 수순을 밟는 것이다.

그러면 좀더 구체적으로 어떻게 함으로써 과거의 죄를 용서받고 새 출발을 할 수 있을까? 크게 두 가지 방도가 있다. 하나는 **직접적 해결 방식**으로서 범죄한 그리스도인이 하나님께 직접 자신의 죄를 아뢰고 용서를 경험하는 패턴이다.

> 내가 이르기를 내 허물을 여호와께 자복하리라 하고 주께 내 죄를 아뢰고 내 죄악을 숨기지 아니하였더니 곧 주께서 내 죄악을 사하셨나이다(셀라).(시 32:5)

> 만일 우리가 우리 죄를 자백하면 그는 미쁘시고 의로우사 우리 죄를 사하시며 우리를 모든 불의에서 깨끗하게 하실 것이요.(요일 1:9)

상기 구절에 나타난 하나님의 사죄 약속은 얼마든지 성적 죄악에도 해당된다. 그러므로 만일 어떤 이가 자신의 성적 죄악이 하나님의 법에 어긋난 것임을 솔직히 인정하고 그러한 죄의 실상을 하나님께 자백한다면 하나님께서는 얼마든지 그 죄를 용서하실 것이다.

그러나 성적 죄악과 관련해 과거를 청산하는 데는 종종 **간접적 해결 방식**을 취하는 것도 큰 도움이 된다. 성적 죄악을 저지른 그리스도인들은 대체로 죄의식의 무게에 짓눌려,

복음에 나타난 용서의 사실과 하나님의 약속을 믿으면서도 자기 자신의 경우에 효과적으로 적용하지 못하는 수가 많다. 바로 이때 간접적 해결 방식이 주효하다.

간접적 해결 방식은 범죄한 그리스도인이 신앙의 선배나 전문 상담가를 찾아가서 도움을 받는 패턴이다. 가령 예를 들어, 마일즈는 존(John)이라는 대학생의 경우를 소개한다. 존은 2년 전에 어떤 부인의 유혹을 이기지 못해 꼭 한 번 성관계를 맺었고, 그 이후 지속적으로 죄의식에 시달렸다. 마일즈는 그와의 상담을 통해 −자백, 대화, 성구 설명(시 103:12; 미 7:19; 사 1:18; 렘 31:34), 점검 등− 드디어 존으로 하여금 하나님의 온전한 용서를 확신하도록 도움을 베풀었다. 이런 상담 과정을 마일즈는 다음과 같이 상세히 보도한다.

① 그[존]는 자신이 범죄한 것을 시인했다(시 51:3).
② 그는 자신의 죄에 대해 진정한 후회, 슬픔, 통회의 마음을 가졌다(시 51:9).
③ 그는 자신의 문제를 혼자서 해결할 수 없음을 깨달았다(시 51:16).
④ 그는 내적 고민과 죄의식 가운데 용서와 사죄를 갈망했다(시 51:9).
⑤ 그는 하나님께서 자기를 용서해 주십사 기도하고 간청했다(시 51:1, 7, 10).
⑥ 그는 하나님의 값없는 용서를 이해하거나 받아들일 수 없었을 때, 자신을 도울 조언자를 찾았다. 그는 도움 받기를 갈구하면서, 상대방을 신뢰하는 가운데 자기 문제의 세부 사항을 비밀리에 털어놓았다(잠 12:15).
⑦ 성경을 살피는 가운데 하나님의 용서의 성격이 명확해지고 단순해지자 그는 하나님의 개인적 용서를 받아들일 수 있게 되었다. 그리하여 그는 절대적이고 기쁨에 찬 하나님의 면제 행위를 받게 되었고 또 환영했다(시 51:8).
⑧ 이 경험은 그를 하나님께 영적으로 더 가까이 이끌어 주었고, 그는 이것을 방벽 혹은 방어벽으로 활용해 더 이상 성적 죄악을 짓지 않도록 보호받았다(시 51:12-13). 그리하여 존은 "가서 다시는 죄를 범하지 말라 하시니라"(요 8:11)는 예수님의 지시를 따르기로 결심하면서 다시금 인생의 여정에 올랐다.[124]

---

[124] Herbert J. Miles, *op. cit.*, pp. 184-185.

그런가 하면 이상과는 전혀 다른 상담 과정을 겪은 여학생의 경우도 있다. 그녀는 자신의 성적 죄악이 '용서받지 못할 죄'(unforgivable sin)에 해당하는가 질문할 정도로 심한 고통과 번민에 빠져 있었다. 허기트는 그 여학생이 쓴 일기 내용을 통해 그녀의 고뇌가 얼마나 심각했는지 보여 준다.

아버지여, 오늘은 저의 무가치함에 초점을 맞출 수밖에 없나이다. 저는 넝마와 누더기 가운데에서 당신 앞에 수치스럽고 어리벙벙하며 당황한 채 서 있나이다. 제게 이런 일이 일어날 수 있었을까요? 그렇습니다. 일어나고 있습니다. 저는 당신 앞에 추하고 무기력하며 완전히 당황한 채 서 있나이다. 어떻게 제가 당신을 이토록 근심케 할 수 있었을까요? 어떻게 제가 당신의 사랑으로부터 돌아서 그런 현란한 빛들을 보고 쫓아갈 수 있었을까요?
(9개월 후)
당신께 나아오며 내 실패의 범위와 유효 연수를 다시금 상기케 만드는 이것으로 말미암아 충격을 받습니다. 저는 상처의 둔통과 속이 온통 드러난 환부를 지닌 채 당신께 나아옵니다. 그 어떤 것도 이런 고통을 치유하든지 이렇게 짓누르는 죄의식을 제거할 수 없는 것일까요? 이런 상태로는 당신을 섬길 수가 없나이다. 내가 관련하던 모든 것을 포기해야만 할 것 같습니다. 저는 정말로 무가치합니다.[125]

일 년 내내 죄의식에 짓눌려 있던 이 여학생이 허기트를 찾아왔을 때 그녀는 상담가로서 평소와 다른 대응 방법이 필요하다고 생각했다.

그리스도인들을 상담한 나의 경험에 비추어 볼 때, 죄의식의 뿌리가 이 정도로 깊으면 그저 용서에 대해 말을 나누는 것이나 연관된 성구를 인용하는 것은 크게 도움이 되지 않는다. 내담자가 이런 식의 고뇌에 빠져 있을 때 필요로 하는 것은, 아직까지도 속에서 울부짖고 있는 상처에 하나님의 사랑이라는 유향을 발라 주는 일이다.

이 여학생이 빠져 있던 성적 죄악의 성격에 대해 이야기한 후 나는 "하나님께서 당신에 대

---

125 Joyce Huggett, *Life in a Sex-mad Society*, pp. 62-63.

해 어떻게 생각하시는지 보여 주십사 요청해 봅시다"라고 제안했다. 우리는 기도했다. 그리고는 하나님께서 이 여학생의 상상력을 만지셔서 그녀가 하나님의 자유케 하시는 사랑을 —그 진리와 실상과 방출력을— 보고 듣고 느끼고 알게 해 달라고 부탁했다.

우리가 몇분 동안 함께 하나님 앞에서 침묵 가운데 머무른 후 나는 그녀의 마음속에 무슨 일이 일어났는지 말해 보라고 권했다. 그녀는 말했다. "이거 참 신기한데요. 어쨌든 나는 내 자신과 예수님의 모습을 보고 있었어요. 그분은 내가 큰 짐을 지고 있는 것을 보여 주셨는데, 그것이 내가 처리하기에는 너무나 무겁고 부담스런 것이었어요. 그분은 그의 큰 팔을 보이시며 자기가 그 짐을 지게 해 달라고 요청하셨죠. 저는 그렇게 했어요. 그분은 그것을 내게서 받으셨습니다. 그러자 그분은 "자, 이제 함께 걷자꾸나"라고 말씀하셨습니다. 우리는 나란히 서서 호수에 이르는 길까지 걸어갔습니다. 우리는 잠시 호수를 보며 서 있었는데, 예수께서 "보려무나!"라고 말씀하셨어요. 내가 보는 동안 그분은 내 짐꾸러미를 호수 속으로 던져 버렸습니다. 나는 풍덩 하는 소리를 들었고 짐이 떨어진 장소로부터 물결이 퍼져 나가는 것을 보았는데, 그러자 그것은 사라져 버렸습니다.

"이제 사라졌다!" 그것이 바로 그분의 말씀이었습니다. "네 죄의 짐은 사라졌다. 나 또한 더 이상 기억하지 않을 것이다. 너는 자유롭다." 그것이 얼마나 위안이 되었는지요. 나는 이 일이 진짜라는 것을 알았어요. 너무나 고마웠죠. 나는 이제 그분을 위해 무엇이든 할 수 있어요. 무엇이든 말이에요. 그러나 나는 그저 아무나에게 이야기한 것이 아니었어요. 그분은 매우 거룩한 분이었지요. 이제 나는 정말로 달라지지 않을 수 없다는 것을 알아요.

그 여학생은 용서받고 치유되고 해방되었으며 다시금 세움을 입고 깊은 도전을 받은 채 떠나갔다.[126]

상기한 여학생의 사례는 용서의 경험이 앞서 소개한 존의 사례와는 사뭇 다르다. 존의 경우에는 좀더 성구 내용 중심적이고, 합리적이고, 거의 상식에 호소하는 식으로 상담이 진행되었다. 그러나 이 익명의 여학생 경우에는 문제 해결의 비중이 좀더 상상력과 감성에 의존하는 식으로 이루어졌다. 이것은 내담자가 가진 죄의 내용, 죄의식의 정도, 개인의 기

---

126 *Ibid.*, pp. 63, 65.

질과 신앙 특징에 따라 얼마든 달라질 수 있을 것이다. 사실 모든 죄는 **어떤 특정 개인의 죄**이기 때문에 −그리고 성적 죄악은 더군다나 더 그러하기 때문에− 모든 사람에게 일률적으로 통하는 일반적인 규칙을 수립하는 것이 가능하지 않다.[127]

그러나 그럼에도 불구하고 죄에 대한 솔직한 인정이 있고 통회의 심정과 개전에의 의지가 수반될 때, 하나님은 어떤 식으로든 우리에게 사죄의 은혜를 허락하실 것이다. 이와 관련해 나는 끈질긴 회개의 정신이 중요함을 강조하고 싶다. 내가 20세 후반의 젊은 나이에 겪었던 어려움 중의 하나는 소위 '시각 간음'−"음욕을 품고 여자를 보는 자마다 마음에 이미 간음하였느니라"(마 5:28)−에 관한 죄의 문제였다. 젊음이 용솟음치고 남성 호르몬의 분비와 작용이 왕성할 때였는지라 이 말씀은 정말 지키기 힘든 고통의 원천이 되곤 했다. 그래서 당시 늘 이런 죄에 빠지지 않기를 기도했고, 이것은 내가 죄인인 것을 깨닫는 주요 계기로 작용했다.

어느 날인가는 하루를 시작하는 아침녘에 오늘도 범죄하지 않게 해 달라고 기도하며 집 문을 나선 적이 있다. 그런데 불과 10여 분도 지나지 않아 매우 야리꾸리한(?) 옷차림을 한 여성을 지나치게 되었다. 비록 뒤를 돌아다보지는 않았지만 나는 그 여성의 모습과 이미지를 뇌리에 간직한 채 즐기고 있음을 발견했다. 가슴이 무너져 내리는 것 같은 허망함 가운데 "이렇게 쉽게 빠져들다니…" 하는 자기 모멸의 한숨이 새어 나왔다. 그러나 거기에 굴하지 않고 다시금 용기를 내어 회개하고 길을 갔다.

그러나 그날은 이상하게도 시각 간음의 시험이 연거푸 닥쳤다. 그래서 두 번째는 마침 지나가는 길 옆의 교회당 문이 열려 있기에, 그 안에 들어가서 다시 회개하고 나오며 결심을 새롭게 했다. 잠시 후 버스를 탔는데 거기에도 또 시험의 기회가 악마의 벌린 입처럼 나를 기다리고 있었다. 그날 나는 몇 차례 이런 괴로운 과정−일상에 임하고, 시험에 굴복하고, 후회하고, 죄를 자백하고, 용서받고, 재결심하는 일−을 겪었던 것 같다. 왜 그날은 그런 일이 겹쳐서 일어났는지 아직까지도 잘 알 수 없다. 어쨌든 그때로서는 참으로 견디기 힘든 시련이었다.

비록 그날처럼 힘들지는 않았지만 젊은 시절 이러한 외로운 싸움은 끊이지 않고 계속

---

[127] Joyce Hugget는 성적 죄악과 관련해 사죄의 경험 여부나 시기조차 획일적으로 얘기할 수 없다고 말한다 (*Growing Into Love*, pp. 75-76).

되었다. 당시에는 참으로 무의미하고 염치없이 (용서받고 나서 얼마 있지 않아 똑같은 죄를 범하고 다시금 하나님 앞에 나가 똑같은 내용으로 죄를 자백해야 한다는 사실 때문에) 느껴졌던 이 고군분투의 훈련이, 그러나 나중에는 엄청난 유익을 동반하고 나를 찾아왔다. 나는 그 기간을 통해 내가 죄인이라는 것을 철두철미하게 깨달았을 뿐만이 아니라 죄·용서·십자가·은혜 등 복음적 사실들의 의미를 경험적으로 체득하게 되었던 것이다.[128]

그러므로 오늘날의 그리스도인 젊은이들에게도 이와 같은 권면을 하지 않을 수 없다. 비록 죄의 무게가 무겁고 끊임없이 우리의 양심을 괴롭힌다고 해도, 거기에 좌절하지 말고 다시금 하나님께 나아가 죄를 자백하고 용서받으라고 말이다. 이 길 외에 다른 방도가 없다. 그것은 성적 죄악의 내용이 무엇이든지 얼마나 어렵고 복잡하든지 간에 해당되는 말이다. 혹시 같은 죄를 반복해 짓고 괴로울 때 다음과 같은 하나님의 말씀이 젊은 그리스도인들에게 용기를 불러일으킬 수 있지 않을까 생각해 본다.

대저 의인은 일곱 번 넘어지더라도 다시 일어나려니와 악인은 재앙으로 말미암아 엎드러지느니라.(잠 24:16)

그렇다! 의인은 넘어지지 않는 사람이 아니요, 넘어지지만 다시금 일어나는 사람이다. 그것도 일곱 번씩 넘어져도 여덟 번째 일어나는 사람-우리말의 칠전팔기(七顚八起)와 묘하게 상통하는데-이 바로 의인이라는 것이다! 또 하나의 성구를 소개하고 싶다.

나의 대적이여 나로 말미암아 기뻐하지 말지어다 나는 엎드러질지라도 일어날 것이요 어두운 데에 앉을지라도 여호와께서 나의 빛이 되실 것임이로다 내가 여호와께 범죄하였으니 그의 진노를 당하려니와 마침내 주께서 나를 위하여 논쟁하시고 심판하시며 주께서 나를 인도하사 광명에 이르게 하시리니 내가 그의 공의를 보리로다.(미 7:8-9)

문맥을 다소 벗어나는지 모르지만, 나는 이 구절이 반복되는 성적 죄악으로 고민하는

---

128 이런 경험들은 후에 '죄와 용서' 같은 주제를 다루는 데 매우 중요한 역할을 했다[송인규, 「나의 주 나의 하나님」, 개정판 (IVP, 1990), pp. 139-143].

젊은이들에게도 중요한 지침이 될 수 있다고 생각한다. 우리가 죄로 인해 넘어질 때 우리의 대적인 사탄이 기뻐하겠지만, 우리는 거기에 굴복하지 말고 다시금 분연히 일어나야 한다. 우리의 범죄가 우리에게 고통의 흔적을 남기고 심령에 고뇌를 초래하겠지만, 결국 하나님께서는 우리를 연단하고 훈련하셔서 광명으로 인도하실 것이다.

이런 소망과 선한 싸움의 정신을 가지고 성적 죄악의 문제를 헤쳐 나가는 이들과 그렇지 않은 이들 사이에는 하늘과 땅의 차이가 생긴다. 비록 처음에는 양자 사이에 매우 미세한 간극밖에 없는 것으로 보일지 모르지만, 세월이 흐르고 신앙의 연륜이 쌓이면서 두 대상은 흡사 베드로와 가룟 유다처럼 사이가 벌어질 것이다. 바라기는 오늘날의 젊은이들이 그들을 얽어매는 과거의 죄악에 굴종하지 말고 진솔한 회개와 용서의 경험을 통해 늘 새 출발의 도상에 오르게 되기를 소망한다.

이제 스킨십에 대한 청문회는 그 긴 주장과 논박과 응수의 작업을 마치려 한다. 과연 스킨십은 이성교제와 친밀성의 수립을 위해 꼭 필요한 요소로 대우를 받아야 할 것인가? 아니면 겉만 아름답게 포장된 폭발물처럼 위험하기 짝이 없는 유해 요인으로 낙인이 찍혀야 할 것인가? 나름대로 스킨십을 객관적이고 공정한 태도로 묘사하고자 애를 썼다. 이제 최종 판정은 독자의 책임으로 넘어갔다. 당신의 평가는 무엇인가?

참고문헌

1. 단행본

송인규, 「나의 주 나의 하나님」, 개정판(IVP, 1990).

Alcorn, Randy C., *Christians in the Wake of the Sexual Revolution: Recovering Our Sexual Sanity* (Portland, Oregon: Multnomah Press, 1985).

Bailey, Derrick Sherwin, *The Mystery of Love and Marriage: A Study in the Theology of Sexual Relation*(New York: Harper & Brothers Publishers, 1952).

Balswick, Judith & Jack Balswick, *Authentic Human Sexuality: An Integrated Christian Approach* (Downers Grove, Illinois: InterVarsity Press, 1999).

_____, *Raging Hormones*(Grand Rapids, Michigan: Zondervan Publishing House, 1994).

Castleman, Robbie, *True Love in a World of False Hope: Sex, Romance & Real People*(Downers Grove, Illinois: InterVarsity Press, 1996).

Clapp, Steve, Sue Brownfield, Julie Seibert, *A Christian View of Youth and Sexuality*, rev. ed. (Sidell, Illinois: C-4 Resources, 1982).

Clark, Stephen B., *Man and Woman in Christ*(Ann Arbor, Michigan: Servant Books, 1980).

Dominian, Jack, *The Growth of Love and Sex*(Grand Rapids, Michigan: William B. Eerdmans Publishing Company, 1982).

Grenz, Stanley J., *Sexual Ethics: An Evangelical Perspective*(Louisville, Kentucky: Westminster John Knox Press, 1997).

Hamblett, Charles and Jane Deverson, *Generation X*(Greenwich, Conn.: Gold Medal Books, 1964).

Hamilton, William, *The Christian Man*(Philadelphia: The Westminster Press, 1956).

Harris, Joshua, *I Kissed Dating Goodbye*(Sisters, Oregon: Multnomah Publishers, Inc., 1997).

Hettlinger, Richard F., *Living with Sex: The Student's Dilemma*(New York: The Seabury Press, 1996).

Hiestand, Gerald and Jay Thomas, *Sex, Dating, and Relationships: A Fresh Approach*(Wheaton, Illinois: Crossway, 2012).

Huggett, Joyce, *Growing into Love Before You Marry*(Downers Grove, Illinois: InterVarsity Press, 1982).

_____, *Just Good Friends?: Growing in Relationship*(Leicester, England: Inter-Varsity Press, 1985).

_____, *Life in a Sex-mad Society*(Leicester, England: Inter-Varsity Press, 1988).

Kirkendall, Lester A., *Premarital Intercourse and Interpersonal Relationships*(New York: The Julian Press, Inc., Publishers, 1961).
Larimore, Walt & Barb Larimore, *His Brian, Her Brain*(Grand Rapids, Michigan: Zondervan, 2008).
Meier, Mindy, *Sex and Dating: Questions You Wish You Had Answers To*(Downers Grove, Illinois: IVP Books, 2007).
Miles, Herbert J., *Sexual Understanding Before Marriage*(Grand Rapids, Michigan: Zondervan Publishing House, 1971).
Sherman, Dean, *Relationships: The Key to Love, Sex, and Everything Else*(Seattle, WA: YWAM Publishing, 2003).
Smedes, Lewis B., *Sex for Christians: The Limits and Liberties of Sexual Living*, rev. ed.(Grand Rapids, Michigan: William B. Eerdmans Publishing Company, 1994).
Stafford, Tim, *The Sexual Christian*(Wheaton, Illinois: Victor Books, 1989).
Stedman, Rick, *Pure Joy!: The Positive Side of Single Sexuality*(Chicago: Moody Press, 1993).
Thielicke, Helmut, *The Ethics of Sex*, trans. John W. Doberstein(Grand Rapids, Michigan: Baker Book House, 1975 reprint).
Trobisch, Walter, *I Married You*(London: Inter-Varsity Press, 1972).

2. 서적의 일부

Seamands, David A., "Sex, Inside and Outside Marriage," in *The Secrets of Our Sexuality*, ed. Gary R. Collins(Waco, Texas: Word Books, Publisher, 1976), pp. 149-165.
Small, Dwight, "Dating: With or Without Petting," in *Essays on Love*, Walter Trobisch et al(Downers Grove, Illinois: InterVarsity Press, 1968), pp. 13-21.

3. 사전

"친밀하다," 고려대학교 민족문화연구원 국어사전편찬실 편, 「고려대 한국어대사전: ㅈ~ㅎ」(고려대학교 민족문화연구원, 2009).
Brown, Leslie, ed., "intimate," *The New Shorter Oxford English Dictionary*, Vol. 1: *A-M*(Oxford: Clarendon Press, 1993).

4. 논문 및 연구자료

글로벌리서치, 「기독 청년 성 의식 조사」(글로벌리서치, 2013).
서상원, 「대중매체가 한국 교회 고등학생의 성 의식에 미치는 영향」(아세아연합 신학대학원 석사학위 논문, 1998).
유애순, 「TV 드라마 담론 생산 과정과 사회의미 형성에 관한 연구: '혼전동거' 관련 드라마 〈옥탑방 고양이〉와 〈애정의 조건〉에 대한 분석을 중심으로」(성균관대학교 석사학위 논문, 2005).

자료1.
도움이 될 만한
도서 목록

김창서(나눔N누림교회 전도사)

1. 성경적 관점

「성 윤리학」, 스탠리 그렌즈 지음, 남정우 옮김(살림, 2003)

스탠리 그렌즈는 복음주의 입장에서 조심스럽지만 설득력 있게 성적 이슈들을 다룬다. 그는 포괄적으로 인간을 성적 존재로 다루며, 성행위에 대해 신학적 이해를 시도하며 이 한 권의 책에서 혼약, 이혼, 기술공학과 피임의 문제, 독신과 동성애 이슈를 모두 다루고 있다.

「진정한 성」, 잭 볼스윅/주디 볼스윅 지음, 홍병룡 옮김((IVP, 2002)

책의 전체 구성은 '창조-타락-구속'의 전통적인 방식을 따르고 있다. 여전히 보수적인 입장이라 할 수 있지만 성과 성 정체성의 기원과 형성을 생물학적·심리학적·사회문화적 요인들과 연결해 분석한다는 점이 장점이다. 더불어 성관계의 의미를 '언약' '은혜' '능력 부여' '친밀함'과 같은 관계적 개념으로 제시하고 있다는 점이 설득력을 가진다.

- 「크리스천의 성」, 루이스 스메디스 지음, 안교신 옮김(두란노, 1997)
- 「성 거룩한 갈망」, 리사 맥민 지음, 강선규 옮김(IVP, 2006)
- Daniel R. Heimbach, *True Sexual Morality: Recovering Biblical Standards for a Culture in Crisis*(Wheaton, Illinois: Crossway Books, 2004).

2. 사회·문화적 관점

「철학 섹슈얼리티에 말을 건네다」, 김재기 지음(향연, 2008)

1991년 난데없이 폭발한 '성과 철학' 수강생들로 인해 부랴부랴 준비해 시작한 강의 노트가 2005년 교육방송의 강좌로 다듬어져 책이 되었다. 그때와 달리 이제 강의의 인기는 시들하지만 산부인과나 비뇨기과 의사, 청소년이나 여성 문제 전문가들이 전문가 취급받는 사태는 깊은 이해가 뒤따르지 못했음을 보여 준다. 저자는 '인간의 성'이란 웅장한 건축물을 그렇게 단편적으로 다룰 수 없다고 주장하며 다양한 철학적 사고를 쉽고 재미있게 풀어 낸다.

「**현대 사회의 성 사랑 에로티시즘: 친밀성의 구조변동**」, 앤소니 기든스 지음, 황정미 외 옮김(새물결, 1996)

교회 문화와 언어에 젖어 있다 보면 '새로운 시각'으로 자신의 연애나 사랑을 정리할 필요가 느껴지기도 한다. 기든스는 근대화로 출현한 '낭만적 사랑'이 공적 영역마저 민주화시키는 '친밀성의 구조 변동'으로 인해 '합류적 사랑'으로 이행하고 있음을 밝힌다. 기든스가 만들어 내는 몇몇 개념어가 어렵게 느껴질 수도 있지만 새로운 시선으로 자신의 사랑을 성찰하게 만드는 매력이 있다.

- 「사랑은 지독한, 그러나 너무나 정상적인 혼란」, 울리히 벡 외 지음, 강수영 외 옮김(새물결, 2002)
- 「성의 역사 1, 2, 3」, 미셸 푸코 지음, 이규현 외 옮김(나남, 2004)
- 「사랑과 연애의 달인 호모에로스」, 고미숙 지음(그린비, 2008)[개정증보판, 북드라망, 2012]
- 「욕망해도 괜찮아」, 김두식 지음(창비, 2012)

3. 연애 코칭

「**사랑하기 좋은 날**」, 김지윤 지음(포이에마, 2011); 「**고백하기 좋은 날**」(2012)

교회에는 흔히 '결혼 적령기'를 지난 여성들이 많다. 7:3이라는 여남 성비의 불균형이 그 이유일 수도 있다. 하지만 문제는 결혼을 당연시하는 사회에서 싱글로 남아 있는 시간이 괴롭기만 하다는 점이다. 저자는 독신으로 살 결심이 전혀 없으나 계속 연애와 상관이 없는 여자들을 위해 돌직구를 서슴지 않는다. 한편 반대로 그 유리한 성비에도 불구하고 여전히 싱글인 남성들도 있다. 두 번째 책은 이러한 남성들을 목표로 하고 있다. 좀처럼 빠져나갈 틈이 없는 대상 설정을 하고 돌직구만 던져 대는 무서운 책이다.

「**오우 연애**」, 정신실 지음(죠이출판부, 2012)

앞서의 책이 연애의 문턱에도 못 가고 좌절한 남녀들을 위한 것이라면, 이 책은 '은혜'라는 가상의 인물이 첫사랑을 경험하는 데서부터 결혼에 이르기까지의 과정을 담아 독자들에게 엿보게 한다. 연애에 대한 보다 현실적인 그림을 그리게 하는 장점이 있고, 이제 서툴게 시작하는 연인들에게 보다 어울리는 적극적 훈수를 둔다.

- 「데이트와 사랑의 미학」, 조이스 허기트 지음, 정옥배 옮김(IVP, 1987)
- 「여자는 사랑이라 말하고 남자는 섹스라 말한다」, 배정원 지음(한언, 2010)

4. 결혼 준비

「즐거움을 위한 성」, 휘트 부부 지음, 권영석 외 옮김(IVP, 2000)

저자(에드)는 가정의로서 결혼 상담을 하면서 그리스도인 부부들이 활용할 수 있는 성적 기교와 부부의 성생활에 관한 강의 테이프를 만들었다. 그 이후 결혼관계에서 아주 흔히 나타나는 성적 부적응의 문제들에 대해 의학적 해결책을 넘어 성경적 해결책 역시 제시하고 싶어져 이 책을 썼다. 저자가 제시하는 성경적 기초는 아주 간단하다. "적절한 사랑의 방식으로 상호 만족을 주는 성적 결합은 하나님이 위대한 영적 진리를 보여 주시는 방법이다."

「결혼의 신비」, 마이크 메이슨 지음, 정성묵 옮김(두란노, 2013)

결혼에 대한 책을 결혼 2년차의 저자가 썼다. 그것도 수도사를 꿈꾸다 사랑에 빠져 결혼한 남자가! 그것도 약혼해서 결혼하기까지 써온 글을 편집한 것이라니 놀라지 않을 수 없다. 약혼할 때 새 신자였던 저자가 신앙이 성숙해지는 과정과 결혼에 이르는 일이 함께 진행되기에 결혼과 신앙이 유래 없이 진지하게 섞여 고민되고 있다. 결혼에 대한 고민이 많은 남성들에게 가장 잘 어울릴 책.

- 「영혼의 친구 부부」, 폴 스티븐스 지음, 강선규 옮김(IVP, 2003)
- 「결혼건축가」, 래리 크랩 지음, 윤종석 옮김(두란노, 2010)

5. 교육 현장을 위한 가이드

「교회에서 가르치는 성 이야기」, 한국여신학자협의회 성폭력문제 연구반 지음(여성신학사, 1999)

여성 신학자들이 낸 보기 드문 책이다. 아우구스티누스의 영향을 받은 잘못된 성 이해에서 벗어나 성을 하나님이 주신 축복의 선물로 보는 관점이 배어 있다. 특별히 청소년에게 초점을 맞춘 책이지만 청년들이 읽어도 무방할 듯하다. 청소년에게 잘 맞는 언어를 사용한 점이 장점이자 단점이며, 교사용 자료가 포함되어 있다는 점은 큰 장점이다.

「성 상담」, 조이스 & 클리포드 패너 지음, 김의식 옮김(두란노, 2003)

성 문제를 전문으로 하는 임상 전문가의 책이다. 상담자를 위한 책이라 문제와 치료의 구조로 기술되었다. 본인에게 문제가 없다고 생각하는 사람들에겐 난처한 형식이지만 자신에게 문제가 있음을 자각한 적극적인 내담자와 그를 상대하는 상담자에게는 유용한 지침을 준다.

부분적으로 읽어 볼 만한 책

- 「성, 거룩한 갈망」, 리사 맥민 지음, 강선규 옮김(IVP, 2006) 중에서 2장 청소년기.
  저자는 책 전체에서 기독교 공동체를 통해 혼란한 현실에 대안을 제시하려 노력한다. 2장에서는 특별히 성병에 대한 분명한 지식으로 청소년들이 무방비하게 문화에 휩쓸리지 않게 도움을 주려 하는데, 그 지식들이 유용하다.

6. 독신

「싱글 하나님의 뜻」, 앨버트 Y. 쉬 지음, 임종원 옮김(서로사랑, 2005)

결혼 연령이 계속 늦춰지고 싱글의 비율이 증가하는 상황에서 그들에 대한 교회의 성경적 이해가 부족하다. 저자는 싱글들을 결혼한 사람들과 동일한 위치에 있는 사람들로 보는 것이 균형 잡힌 성경적 관점임을 주장한다.

「하나님이 주신 독신의 은사」, 데이비드 M. 호페디츠 지음, 임신희 옮김(엔크리스토, 2007)

현실적으로 교회에서는 결혼을 해야 완전해진다거나 결혼한 사람만 교회 지도자가 될 수 있다는 등의 편견이 있다. 저자는 노골적으로 독신에 대한 그러한 편견에 도전한다. 성경 속에 나타나는 독신자 8명의 이야기는 독신으로 하나님을 섬기는 방법을 보여 준다.

부분적으로 읽어 볼 만한 책

- 「독신과 결혼」, 폴 투르니에 지음, 정동섭 옮김(IVP, 1998)
  「모험으로 사는 인생」의 12장을 발췌해 만든 소책자.
- 「성 윤리학」, 스탠리 그렌즈 지음, 남정우 옮김(살림, 2003) 중에서 9-10장.
- 「성 거룩한 갈망」, 리사 맥민 지음, 강선규 옮김(IVP, 2006) 중에서 3장.
  저자는 결혼관계로 묘사되는 하나님의 사랑은 남편과 아내의 배타적인 사랑, 곧 다름과 닮음이 '한 몸'을 이루는 아름다움을 보여 주는 반면, 독신은 하나님의 포괄적인 사랑, 모든 사람에 대한 사랑을 반영한다고 주장한다.

7. 동성애

1) 동성애에 대한 성경적 기준: 같은 성경 본문에 대해 전통적인 논증과 그와 상반되는 논증이 동시에 존재한다. 아래 두 책을 비교해 보라.

- 「기독교와 동성애」, 이경직 지음(기독교연합신문사, 2006)
- 「성서가 말하는 동성애」, 다니엘 헬미니악 지음, 김강일 옮김(해울, 2003)

부분적으로 읽어 볼 만한 책

- 「현대 사회 문제와 그리스도인의 책임」, 존 스토트 지음, 정옥배 옮김(IVP, 2011) 중에서 16장.
- 「신약의 윤리적 비전」, 리처드 헤이스 지음, 유승원 옮김(IVP, 2002) 중에서 16장.

- 「성 거룩한 갈망」, 리사 맥민 지음, 강선규 옮김(IVP, 2006) 중에서 3장.

2) 동성애에 대한 현실적 대응: 복음주의자들의 대응과 보다 유연한 대응이 실천적 측면에서는 비슷한 강조점을 갖고 있다. 아래 두 책을 비교해 보라.

- 「동성애에 대해 교회가 입을 열다」, 어윈 W. 루처 지음, 홍종락 옮김(두란노, 2011)
- 「누가 무지개 깃발을 짓밟는가: 성소수자 혐오 범죄로 죽임을 당한 이들을 기억하며」, 스티븐 스프링클 지음, 황용연 옮김(알마, 2013)

3) 국내의 상황과 사례들을 보려면 아래 책들을 참고하라.

- 「동성애에 대한 기독교적 답변」, 기윤실부설 기독교윤리연구소 편(예영커뮤니케이션, 2011)
- 「하느님과 만난 동성애」, 슘 프로젝트 지음(한울, 2010)

자료2.
설문조사 문항

국민 의견 여론조사(온라인 조사용 제목)

[온라인 조사용 문구로 수정해 조사 진행함]

안녕하십니까? 글로벌리서치에서는 '국민 의견 여론조사'를 수행하고 있습니다. 조사 내용 중에는 귀하의 성 인식을 묻는 질문이 다수 포함되어 있습니다. 귀하의 답변 내용은 통계적인 분석을 위해서만 사용되며, 통계법에 의해 철저히 비밀이 보장됩니다. 조사에 참여하시겠습니까?

선정 질문

SQ1 귀하는 결혼을 하셨습니까?
① 예 → **면접 종료**
② 아니오

SQ2 귀하는 어떤 종교를 갖고 계십니까?**(하나만)**
① 기독교(개신교)
② 천주교 → **면접 종료**
③ 불교 → **면접 종료**
④ 기타 → **면접 종료**
⑤ 종교 없음 → **면접 종료**

SQ3 귀하의 성별은 무엇입니까?
① 남성
② 여성

SQ4 귀하의 연령은 어떻게 되십니까?
만 _____ 세(만 20-39세 이외는 면접 중단)

SQ5 귀하가 살고 계신 지역은 어디입니까?
① 서울
② 인천/경기
③ 부산/경남/울산
④ 대구/경북
⑤ 광주/전라
⑥ 대전/충청
⑦ 강원/제주

SQ6 현재 귀하가 살고 계신 지역은 다음 중 어디에 해당합니까?**(하나만)**
① 대도시
② 중·소도시
③ 읍/면 지역

I. 신앙생활 일반

문1 귀하는 언제부터 교회에 다녔습니까?(하나만)
① 태어나서부터
② 초등학교 이전부터
③ 초등학교 시절부터
④ 중학교 시절부터
⑤ 고등학교 시절부터
⑥ 대학에 진학한 이후부터
⑦ 대학교 졸업한 이후부터
⑧ 기독교인이지만 교회는 출석하지 않음

문2 귀하는 현재 교회 예배에 얼마나 자주 참석하고 있습니까?
① 매주 한 번 이상
② 2주에 한 번
③ 한 달에 한 번
④ 두 달에 한 번
⑤ 두 달에 한 번 미만

문3 귀하는 교회에서 대학부/청년부 활동을 하고 있습니까?(하나만)
① 현재 참여하고 있음
② 참여한 적은 있지만 현재는 참여하지 않음
③ 참여 경험은 없지만 참여 의향 있음
④ 경험 및 의향 모두 없음

문4 그럼 선교단체 활동은요?(하나만)
① 현재 참여하고 있음
② 참여한 적은 있지만 현재는 참여하지 않음
③ 참여 경험은 없지만 참여 의향 있음
④ 경험 및 의향 모두 없음

문5 귀하는 지난 일주일 동안 QT, 즉 개인 경건시간을 몇 회 정도 가지셨습니까?
① 일주일에 5번 이상
② 일주일에 3-4번
③ 일주일에 1-2번
④ 2-3주에 1번
⑤ 한 달에 1번 이하
⑥ QT를 하지 않는다.

문6 귀하의 신앙의 정도는 다음 4가지 중 어디에 속한다고 생각하십니까? 솔직하게 응답해 주십시오.
① 교회에 다니지만 종교가 내 삶에서 큰 비중을 차지하지 않는다.
② 나는 예수님을 믿으며 그분을 알기 위해 노력하고 있다.
③ 나는 예수님과 친밀한 관계를 맺고 있으며 매일 그분의 인도하심을 의지한다.
④ 예수님은 내 삶의 전부이며, 나는 일상생활 속에서 그분을 드러내려고 노력한다.

II. 성 의식 일반

문7 귀하의 결혼 계획은 어떻게 됩니까?
① 반드시 결혼할 것이다.
② 할 수도 있고 안 할 수도 있다.
③ 결혼하지 않을 것이다.

문8 귀하는 '성(性)'에 대해 어떻게 생각하십니까? 자신의 견해에 가장 가까운 것을 하나만 선택해 주십시오.
① 성스러운 것이다.
② 거북하다/불편하다.
③ 즐거움을 위한 방편 중 하나이다.
④ 인간으로서 자연스러운 것이다.
⑤ 자녀 생산을 위한 것이다.
⑥ 잘 모르겠다.

문9 귀하는 평소 성에 관한 지식을 주로 어디에서 얻습니까? 우선순위대로 2가지만 선택해 주십시오.

1순위: _____   2순위: _____

① 친구나 선배
② 형제 혹은 자매
③ 학교 수업이나 강의
④ 성교육/전문의와 상의
⑤ 이성친구나 성관계
⑥ 잡지, 서적, 만화, 신문
⑦ 영화, 라디오, TV, 비디오
⑧ 인터넷, 모바일
⑨ 기타(   )

문10 현재 귀하의 성에 관한 고민 내용은 무엇입니까? 우선순위대로 2가지만 선택해 주십시오.

1순위: _____   2순위: _____

① 성에 대한 지나친 관심/욕구
② 성적 호기심에 대한 죄책감
③ 성 정체성 혼란
④ 성적 피해(성폭력, 임신. 성병 등)
⑤ 순결 문제
⑥ 자위행위
⑦ 신체 문제(음경/유방 크기, 월경 등)
⑧ 기타(   )
⑨ 고민 없다.

문11 성에 관한 고민해결 방법은 무엇입니까? 우선순위대로 2가지만 선택해 주십시오.

1순위: _____   2순위: _____

① 친구나 선배와 상의
② 형제 혹은 자매와 상의
③ 학교 상담실/건강전문가(의사, 간호사)와 상의
④ 이성친구나 성관계를 통해 해결
⑤ 잡지나 서적을 통해 해결
⑥ 혼자 고민
⑦ 인터넷 검색을 통해 해결
⑧ 운동이나 취미활동
⑨ 기타(   )

문12 교회에서 이성교제나 성 관련 교육을 하는 것이 얼마나 필요하다고 생각하십니까?
① 매우 필요하다.
② 약간 필요하다.
③ 별로 필요하지 않다.
④ 전혀 필요하지 않다.

문13   지금까지 학교나 교회에서 성교육을 받은 경험이 있습니까?

구분	수강 여부	
	있다	없다
(1) 학교	1	2
(2) 교회	1	2

문14   [문13-2의 1 응답자만] 지금까지 교회에서 받은 성교육에 대해 어느 정도 만족하십니까?
① 매우 만족한다.   ③ 어느 정도 불만족한다.
② 어느 정도 만족한다.   ④ 매우 불만족한다.

문14-1 [문14의 응답]과 같이 생각하시는 이유는 무엇입니까?

_____

_____

문15   귀하는 혼전 순결을 지켜야 한다고 생각하십니까?
① 반드시 지켜야 한다.   ② 반드시 지킬 필요는 없다.

문16   다음 사항에 대하여 어떻게 생각하는지 해당하는 번호에 표시해 주십시오.

	매우 그렇다	조금 그렇다	그저 그렇다	별로 그렇지않다	전혀 그렇지않다
① 사랑한다면 결혼 전에 성관계를 해도 된다.					
② 낙태는 어떠한 경우에도 해서는 안 된다.					
③ 육체적인 성관계는 친밀감을 높인다.					
④ 공공장소에서 애정표현을 할 수 있다.					
⑤ 우리 사회에는 성 개방 풍조가 만연해 있다.					
⑥ 기독교에서는 성의 자유로운 표출을 억압하고 있다.					
⑦ 우리 사회에서는 성폭력이나 성추행 문제가 심각하다.					
⑧ 나는 동성애를 받아들일 수 있다.					
⑨ 나는 혼외 성관계(외도)를 받아들일 수 있다.					

III. 이성 교제와 스킨십

문17 귀하는 이성친구를 사귈 때 어떤 점을 중요하게 생각하십니까? 우선순위대로 2가지만 선택해 주십시오.

1순위: _____　　　　2순위: _____

① 가정환경　　　　　　　　　　⑦ 성격
② 가치관　　　　　　　　　　　⑧ 외모
③ 건강　　　　　　　　　　　　⑨ 경제력
④ 공감대(대화소통) 정도　　　　⑩ 종교
⑤ 나이　　　　　　　　　　　　⑪ 기타(　　　　　　　　)
⑥ 학벌

문18 귀하는 다음의 각 항목을 경험해 보신 적이 있으십니까?

	있다	없다
① 이성친구(애인)을 사귄 적이 있다.	1	2
② 손을 잡거나 팔짱을 끼어 본 적이 있다.	1	2
③ 포옹이나 입맞춤을 해 본 적이 있다.	1	2
④ 성적 애무(페팅)을 해 본 적이 있다.	1	2
⑤ 이성과 성관계를 해 본 적이 있다	1	2

문19 귀하는 이성과의 관계 정도에 따라 어느 정도까지 스킨십이 가능하다고 생각하십니까?

	손잡기나 팔짱끼기	포옹이나 입맞춤	성적 애무 (페팅)	성관계
① 친구 사이	1	2	4	5
② 교제 상대	1	2	4	5
③ 결혼을 약속한 사이	1	2	4	5

문20 귀하가 가장 최근 이성친구 혹은 애인과 스킨십을 가진 경험에 대해서 여쭤 보겠습니다. 그 상대 이성과는 어디까지 스킨십을 가지셨습니까?

① 손잡기나 팔짱끼기　　　　　　④ 성관계
② 포옹이나 입맞춤　　　　　　　⑤ 스킨십을 하지 않았다.
③ 성적 애무(페팅)

문21 그 상대 이성과 말씀하신 수준의 스킨십까지 진행되는데 시간이 얼마나 걸렸습니까? 처음 만난 날부터 스킨십이 진행된 시점까지의 기간을 말씀해 주십시오.

_____ 개월 _____ 일

문22 그 상대 이성과는 어떤 관계였습니까?
　　　① 친구 사이　　　　　　　　　　　　③ 결혼을 약속한 사이
　　　② 교제 상대　　　　　　　　　　　　④ 기타(　　　　　　　　)

문23 귀하는 공공장소에서 이성과 스킨십을 하는 것에 대해서 어떻게 생각하십니까?
　　　① 손잡고 팔짱끼는 것까지는 공공장소에서 해도 괜찮다.
　　　② 포옹이나 입맞춤을 하는 것까지는 공공장소에서 해도 괜찮다.
　　　③ 공공장소에서 성적 애무 이상의 어떠한 형태의 스킨십을 해도 상관없다.

IV. 성 태도(행동)

문24 다음 사항에 대하여 경험이 있는지 해당하는 번호에 표시해 주십시오.

	있다	없다
① 포르노 잡지, 비디오를 본 적이 있다.	1	2
② 전화나 인터넷 통신으로 성적인 대화를 나눈 적이 있다.	1	2
③ 유사 성행위 업소에 가 본 적이 있다.	1	2
④ 성매매 업소에 가 본 적이 있다.	1	2
⑤ 자위행위를 해 본 적이 있다.	1	2
⑥ 임신을 한 경험이 있다(본인 혹은 상대자).	1	2
⑦ 낙태시술을 한(시킨) 경험이 있다(본인 혹은 상대자).	1	2
⑧ 동성과 성적 행위를 해 본 적이 있다.	1	2

문25 귀하는 성적 욕구를 느끼면 주로 어떻게 해소하십니까?(하나만)
　　　① 성관계를 한다.　　　　　　　　　　⑤ 의지를 갖고 참는다.
　　　② 자위행위를 한다.　　　　　　　　　⑥ 성매매 업소를 찾는다.
　　　③ 포르노 등 성 관련 잡지/동영상을 본다.→ 문26로　　⑦ 기타(　　　　　　　　)
　　　④ 운동이나 취미생활에 몰두한다.

문26 귀하는 얼마나 자주 성 관련 잡지/동영상을 보십니까?(하나만)
　　　① 매일　　　　　　　　　　　　　　④ 월 2-3회 정도
　　　② 주 2-3회 이상　　　　　　　　　　⑤ 월 1회 이하
　　　③ 주 1회 정도

V. 혼전 성관계

문27 [문18의 성관계 경험자만]
이제부터는 귀하의 성관계 경험에 대해 여쭙겠습니다. 지금까지 성관계를 한 상대는 몇 명입니까?

_____ 명

문27-1 첫 관계는 언제였습니까?
① 초등학교 때
② 중학교 때
③ 고등학교 때
④ 대학 재학 중
⑤ 최종학교 졸업 후

문27-2 실례지만 그 당시의 상대는 누구였습니까?
① 친구 사이
② 교제 상대
③ 결혼을 약속한 사이
④ 한두 번 만난 이성
⑤ 유흥업 종사자
⑥ 가족/친척

문28 가장 최근의 성관계에 대해 여쭤 보겠습니다. 그때 성관계의 상대는 누구였습니까?
① 친구 사이
② 교제 상대
③ 결혼을 약속한 사이
④ 한두 번 만난 이성
⑤ 유흥업 종사자
⑥ 가족/친척

문28-1 당시 성관계를 했던 장소는 어디였습니까?
① 본인(상대방) 집
② 비디오방/노래방
③ 여관/모텔/호텔
④ 유흥업소
⑤ 야외/공원/공공화장실
⑥ 자동차 안
⑦ 사무실
⑧ 기타(   )

문29 귀하의 경우, 상대 구분 없이 현재 성관계를 어느 정도의 빈도로 하십니까?
① 주 2-3회 이상
② 주 1회 정도
③ 월 2-3회 정도
④ 월 1회 이하
⑤ 2-3개월에 1회 미만
⑥ 현재는 하지 않는다.

문30 귀하가 성관계를 갖는 가장 큰 이유는 무엇입니까?(하나만)
① 상대방이 원해서
② 성적 충동/욕구를 해소하기 위해서
③ 사랑을 확인하거나 확신을 주기 위해서
④ 음주 등으로 인해 자제력을 잃어서
⑤ 2-3개월에 1회 미만
⑥ 기타(   )

VI. 인구통계학적 특성

DQ1 귀하의 거주 형태는 어떻게 됩니까?
① 가족 모두 함께 산다. → DQ3로 이동
② 혼자서 자취/하숙
③ 형제/자매와 자취/하숙
④ 친구와 함께 자취
⑤ 기숙사/학사
⑥ 친척집 기거
⑦ 기타(   )

DQ2 귀하가 부모님과 떨어져서 생활한 지는 얼마나 되었습니까? 지금까지 부모님과 떨어져서 지낸 기간을 모두 합산하여 말씀해 주십시오.

_____ 년 _____ 개월

DQ3 귀하의 최종학력은 어떻게 됩니까?
① 중졸 이하
② 고졸 이하
③ 대학 재학
④ 대학원 재학 이상

DQ4 귀하는 어느 정도로 흡연을 하십니까?
① 흡연을 전혀 하지 않는다.
② 하루에 반 갑 정도 피운다.
③ 하루에 한 갑 정도 피운다.
④ 하루에 한 갑 이상 피운다.

DQ5 그렇다면 귀하는 음주를 어느 정도로 하십니까?
① 술을 전혀 마시지 않는다.
② 주 1-2회 정도 마신다.
③ 주 3-4회 정도 마신다.
④ 거의 매일 마신다.

DQ6 귀하는 직업은 무엇입니까?
① 직장인
② 자영업 → DQ8로 이동
③ 학생 → DQ8로 이동
④ 무직 → DQ8로 이동
⑤ 기타(   ) → DQ8로 이동

DQ7 [직장인만] 귀하는 현재 어떤 형태로 고용되어 있습니까?
① 정규직
② 비정규직/파트타임

DQ8 마지막으로 귀하의 가족들이 벌어오는 가구 총 소득은 월 평균 얼마입니까?

_____ 만 원

소중한 의견 주셔서 감사합니다.

한국교회탐구센터

한국 교회, 특히 개신교는 지난 120년 동안 초기의 민족적 수난과 열악한 상황 속에서 민족과 함께 고난 받으며 괄목할 성장을 거듭했습니다. 그러나 오늘날 한국 교회는 사회에 희망을 주지 못한 채 오히려 비난을 받으며 쇠락의 모습을 보이고 있습니다. 그동안 한국 교회의 변화와 갱신, 개혁을 위한 제안들이 많았습니다. 그러나 단순히 아름다운 과거로 돌아가거나 새로운 프로그램을 도입하는 것으로는 해결되지 않는 보다 근본적인 대수술이 필요합니다. 이를 위해서는 무엇보다 한국 교회가 자신을 객관적으로 살피고 성찰함으로써 밑바닥으로부터 일어나는 뼈저린 회심과 새로운 비전이 중요합니다.

한국교회탐구센터(The Research Center for the Korean Churches)는 이러한 노력의 일환으로 시작된 작은 몸짓으로서, '하나님나라를 위한 교회, 한국 교회를 위한 탐구'를 모토로 2011년에 설립되었습니다. 우리가 습관적으로 답습해 왔지만 성서적·신학적·역사적 기반은 모호한 한국 교회의 관행과 면모들을 하나하나 밝혀 갈 것입니다. 신학교에서도 교회에서도 제대로 다루지 않았던, 그리고 세상 속에서 하나님나라를 위해 거룩한 제사장으로 부름 받은 성도들의 삶 속에서도 구현되지 못했던 과제들을 진지하게 탐구할 것입니다. 한국교회탐구센터는 한국 교회의 참된 회복을 위해 우리의 신앙 공동체에 대한 비판적인 분석과 선지자적 연민을 함께 일깨울 것입니다.

구체적으로 매년 '교회탐구포럼'을 개최함은 물론 연구 활동 및 자료 발간 등을 위해 힘쓸 것입니다. 그동안 "한국 교회와 직분자: 직분제도와 역할"(2011년), "한국 교회와 여성"(2012년), "급변하는 직업 세계와 직장 속의 그리스도인"(2013년), "교회의 성(性), 잠금 해제?"(2014년) 등의 주제로 포럼을 개최했습니다.

한국교회탐구센터 연락처
주소 _ 121-838 서울 마포구 동교로 156-10
전화 _ 070-8275-6360
팩스 _ 02-333-7361
홈페이지 _ http://www.tamgoo.kr
이메일 _ tamgoo39@naver.com

교회의 성(性), 잠금 해제?
기독 청년들의 성 의식과 성 경험 보고서

초판 발행_ 2014년 4월 24일

편집위원장_ 송인규
편집위원회_ 권도균, 유제필, 이철민
책임편집_ 김영미
발행인_ 신현기

발행처_ 한국기독학생회출판부(IVP)
등록번호_ 제313-2001-198호(1978.6.1)
주소_ 121-838 서울 마포구 동교로 156-10
대표 전화_ (02)337-2257 팩스_ (02)337-2258
영업 전화_ (02)338-2282 팩스_ 080-915-1515
직영 서점/카페 산책N잇다_ (02)3141-5321
홈페이지_ http://www.ivp.co.kr
이메일_ ivp@ivp.co.kr

ISBN 978-89-328-1175-8
   978-89-328-1171-0(세트) 94230

ⓒ 한국기독학생회출판부 2014

책값은 뒤표지에 있습니다.
무단 전재와 복제를 금합니다.